创新性网络与新媒体专业“十四五”精品教材

新媒体数据分析

主　编　刘应波　陈如华　李　娟

副主编　王莹莹　刘妤慧　吕灵凤　张梦影

哈尔滨工程大学出版社

Harbin Engineering University Press

内容简介

本书是一本新媒体数据分析教程，从两条线对新媒体数据进行了深度解读。本书从数据分析的基本认知、数据分析的常见方法、整理数据的技巧和数据的可视化处理，以及视频平台、图文平台和直播平台的数据分析等方面，对新媒体数据分析的基础知识和核心操作技巧进行了全面剖析；对抖音、快手、视频号、西瓜视频、微博和公众号平台的具体数据进行了实战分析，帮助读者从入门到精通新媒体数据分析。

本书既可作为新媒体相关专业的教材，也可作为新媒体的创业者、各公司负责新媒体运营的工作人员、新媒体公司的管理者、专业的网络推手、新媒体公司或部门的培训教材。

图书在版编目（CIP）数据

新媒体数据分析 / 刘应波，陈如华，李娟主编. -- 哈尔滨 ：哈尔滨工程大学出版社，2021.8

ISBN 978-7-5661-3243-7

Ⅰ. ①新… Ⅱ. ①刘… ②陈… ③李… Ⅲ. ①数据处理－应用－传播媒介－研究 Ⅳ. ①G206.2-39

中国版本图书馆 CIP 数据核字（2021）第 170977 号

新媒体数据分析
XINMEITI SHUJU FENXI

责任编辑 张 曦
封面设计 赵俊红

出版发行 哈尔滨工程大学出版社
社 址 哈尔滨市南岗区南通大街 145 号
邮政编码 150001
发行电话 0451-82519328
传 真 0451-82519699
经 销 新华书店
印 刷 唐山唐文印刷有限公司
开 本 787 mm×1 092 mm 1/16
印 张 14.5
字 数 371 千字
版 次 2021 年 8 月第 1 版
印 次 2021 年 8 月第 1 次印刷
定 价 68.00 元
http：//www.hrbeupress.com
E-mail：heupress@hrbeu.edu.cn

前　言

在新媒体账号运营的过程中，如果只顾生产内容却不评估发布的内容用户喜不喜欢，那么即便发的内容再多，也难以获得预期的营销效果。而进行数据分析的一个主要目的就是对运营效果进行评估，了解账号的整体运营效果，以及用户对新媒体账号发布的内容的喜爱程度。也正是因为如此，许多新媒体运营者都会不定期地进行数据分析，用以调整自身的运营情况。

本书是为运营者提供系统数据分析方法的一本新媒体数据分析实践类图书。本书不仅对数据分析的基本认知、数据分析的常见方法、整理数据的技巧和数据的可视化处理，以及图文平台、视频平台和直播平台的数据分析方法进行了具体的解读，还针对性地讲解了抖音、快手、视频号、西瓜视频、微博和公众号平台的数据分析方法。

本书案例丰富，每个知识要点都配备了具体的案例，很多数据的查询甚至展示了具体的操作步骤，因此即便是不了解新媒体数据分析的运营者，也能快速读懂本书，并运用书中的知识对账号的数据进行全面分析。而如果运营者同时运营了多个新媒体平台的账号，那么可以从本书中找到更适合各个平台的数据分析方法。

本书由刘应波（云南国土资源职业学院）、陈如华（上海戏剧学院）和李娟（南昌县中等专业学校）担任主编，由王莹莹（长春汽车工业高等专科学校）、刘妤慧（辽宁经济职业技术学院）、吕灵凤（咸阳职业技术学院）和张梦影（河南测绘职业学院）担任副主编。本书的相关资料和售后服务可扫封底微信二维码或登录 www.bjzzwh.com 下载获得。

特别提示，本书在编写时是基于当前各新媒体平台和软件截的实际操作图片，但从编辑到出版需要一段时间，在这段时间里，软件界面与功能会有调整与变化，比如有的内容删除了，有的内容增加了，这是软件开发商做的更新，请在阅读时，根据书中的思路，举一反三，进行学习。

本书既可作为新媒体相关专业的教材，也可作为新媒体的创业者、各公司负责新媒体运营的工作人员、新媒体公司的管理者、专业的网络推手、新媒体公司或部门的培训教材。

由于编者水平有限，书中难免有疏漏之处，恳请广大读者批评指正。

编　者

2021 年 5 月

目 录

第 1 章 数据分析的基本认知

第 2 章 数据分析的常见方法

第 3 章 整理数据的基本技巧

第 4 章 数据的可视化处理

第 5 章 视频平台的数据分析

第 6 章 图文平台的数据分析

第 7 章 直播平台的数据分析

第 8 章 抖音数据分析

第 9 章 快手数据分析

第 10 章 视频号数据分析

第 11 章 西瓜视频数据分析

第 12 章 微博数据分析

第 13 章 公众号数据分析

第 1 章　数据分析的基本认知

本章导读

数据分析这个词大多数人都不陌生，但是很多人却不一定知道数据分析的一些基本内容。本章主要讲解新媒体数据分析的基础内容。

本章重点

- 数据分析的益处
- 重点分析的数据
- 查看数据的地方
- 提高账号数据的方法

1.1 数据分析的益处

要想更好地运营新媒体账号，就必须学会借助数据分析了解账号的运营情况，并寻找提升账号运营效果的突破口。做好新媒体数据分析有很多好处，例如可以提高用户黏性、更好地打造爆款内容、找准运营方向以及获得更多收益等。本节主要介绍新媒体数据分析的益处。

1.1.1 提高用户黏性

各新媒体平台已经成为时下的重要营销渠道，无论是微信公众号、微博，还是抖音、快手，都吸引了许多人的入驻。入驻平台之后，可以借助平台提供的数据对账号的运营情况进行分析，提升账号的运营效果。

例如，在微信公众平台的后台就为用户提供了一套分析系统，这套数据分析系统能够帮助用户更精准的营销，有效地提高粉丝的黏性。但是，很多人看到后台的数据，却不知从何入手。其实这些数据能够带来很多启示，关键看会不会解读这些数据。

微信公众号的运营关键就是做好用户的运营。没有足够数量的用户群体，再多的努力可能也难以获得预期的运营效果。因此，要特别关心用户的动态，了解用户的数量变化情况。平时可能还看不出用户变化的作用，但是当推出了新的计划后，用户数据的变化就能起到很好的指示作用。它能够反应新计划的实施效果，能够据此总结经验，查漏补缺。

以微信公众号的运营为例，可以通过对微信后台的图文数据进行分析，找出内容存在的不足，从而打造出更能吸引用户的内容。如果一篇文章不仅阅读量达到了一定的数量，转发量还非常高，那就说明用户对文章的内容非常感兴趣。当他们将文章转发分享到自己的朋友圈时，他们的朋友也会看到这些文章；如果他们的朋友也对文章的内容感兴趣，那么文章内容的传播力度会更大，传播的范围也会更广。

反之，如果一篇文章的阅读量和转发量都不高，那就说明文章还有很多需要改进的地方。对此，可以通过图文数据来判断用户的喜好，然后打造更受用户欢迎的内容，这样就能提高用户的黏性，让更多用户成为你的铁粉。

1.1.2 打造爆款内容

要想做好账号的运营，就必须找到时下热点，打开营销的思路，打造更多爆款内容，从而获得更多用户的关注。要想获得这些热点，更好地打造爆款内容，就必须结合各个平台的数据排行分析热点的具体热度。

1. 百度指数分析趋势

百度指数平台是互联网时代比较重要的数据平台之一，该平台是基于百度用户行为数据建立起来的平台。通过该平台的指数数值，能够快速了解某个热点的火热程度。

如果想要了解某个热点的火热程度，只要在百度指数搜索栏中输入热点关键词即可。如图 1-1 所示为热门电视剧《上阳赋》的搜索指数趋势图。

图 1-1　热门电视剧《上阳赋》的搜索指数趋势图

当遇到好几个同类的热点，不知道哪个热点更受用户关注时，可以在热点关键词后面添加对比词，查看哪一个热点的关注指数更好。如果在打造内容时适当地结合当前的热点，那么打造的内容更容易吸引用户的注意。通过百度指数可以了解到的信息如图 1-2 所示。

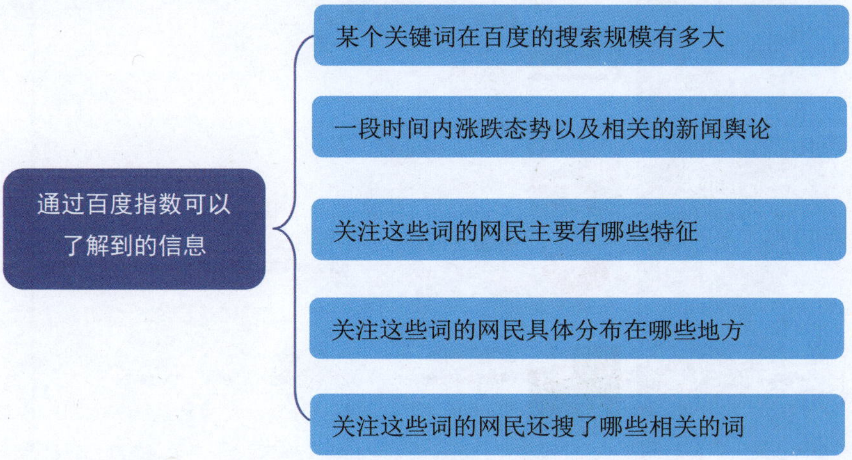

图 1-2　通过百度指数可以了解到的信息

2．微博热门话题分析热门

微博上的热门话题，向人们展示了微博内关注度比较高的热门事件。可以单击“热门话题”板块的“查看更多”按钮，如图 1-3 所示。

操作完成后，即可进入“热门话题”界面，查看微博当前热门话题排行情况，如图 1-4 所示。

图 1-3　单击“查看更多”按钮

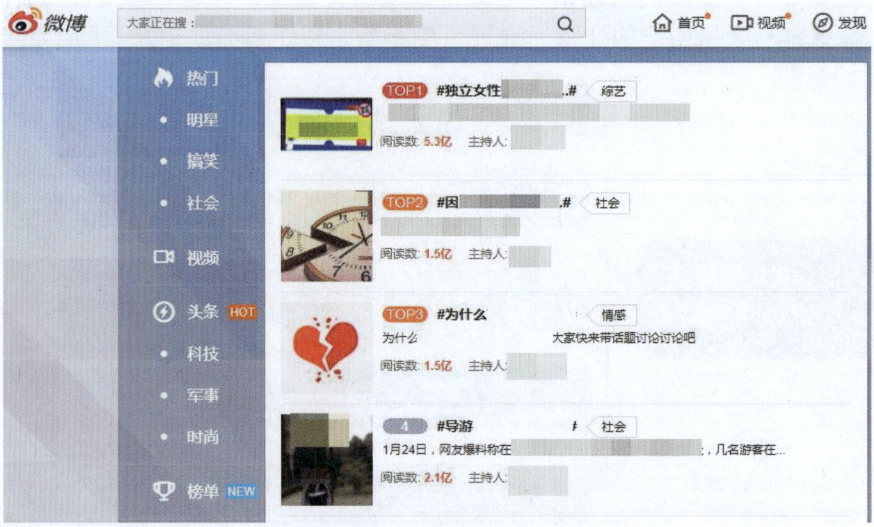

图 1-4　微博“热门话题”界面

可以根据账号运营的方向，找到平台与账号运营方向相关的话题，然后将这个话题嵌入到自己推送的内容中，以此提高用户对内容的关注度和查看欲望。

3．灰豚数据分析产品

对于电商类或者以销售产品为主的运营者来说，关注市场行情是很有必要的，因此要了解商品行情，知道哪些产品好卖。对此，可以通过灰豚数据来查看商品销售情况。

灰豚数据平台为用户提供了“淘宝版”和“抖音版”两种数据分析版本，可以选择对应的版本查看商品的销售数据。以查看“淘宝版”为例，可以单击灰豚数据平台“首页”界面中的“淘宝版”按钮，如图 1-5 所示。

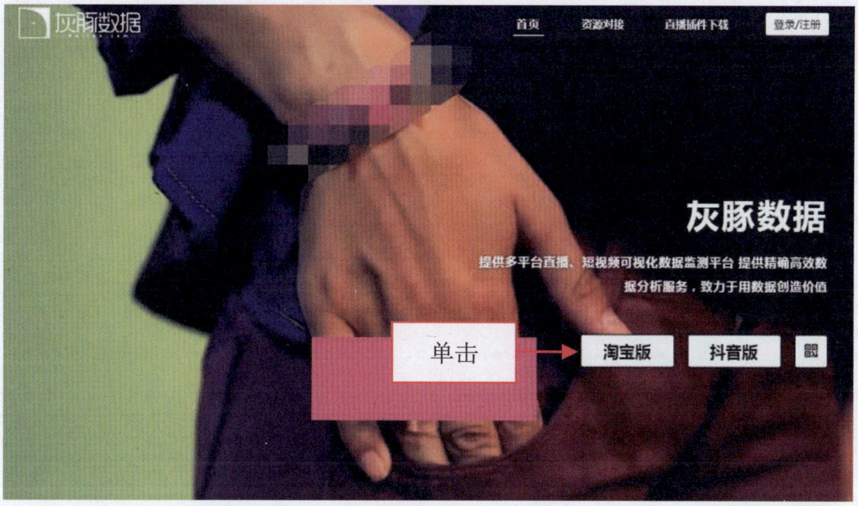

图 1-5 单击“淘宝版”按钮

操作完成后，便可以在灰豚数据淘宝版平台的“商品分析”板块中进行商品搜索，或查看“爆款商品榜”“潜力新品榜”和“返场商品榜”。可以单击灰豚数据淘宝版平台菜单栏中的“商品分析→商品搜索”按钮，进入“商品搜索”界面，如图 1-6 所示。在该界面中，可以查看某类或某种商品的“关联播主|直播（数）”和“商品月销量”。

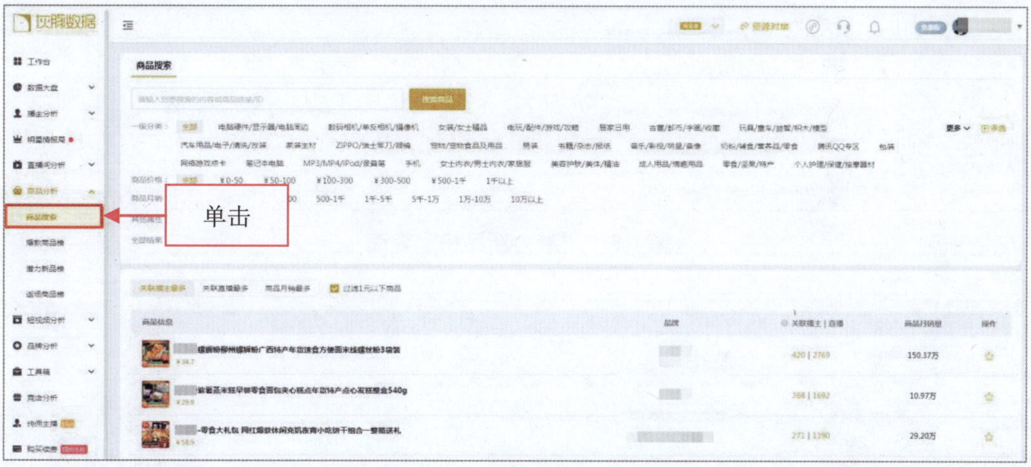

图 1-6 “商品搜索”界面

单击灰豚数据淘宝版平台菜单栏中的“商品分析→爆款商品榜”按钮，进入“爆款商品榜”界面。在该界面中，可以查看爆款商品的“最低价”“当日销量”和“当日销售额”等数据，如图 1-7 所示。

单击灰豚数据淘宝版平台菜单栏中的“商品分析→潜力新品榜”按钮，进入“潜力新品榜”界面。在该界面中，可以查看有潜力的新品的“最低价”“当日销量”和“当日销售额”等数据，如图 1-8 所示。还可以单击灰豚数据淘宝版平台菜单栏中的“商品分析→返场商品榜”按钮，进入“返场商品榜”界面。在该界面中，可以查看返场商品的“最低价”“直播销量”和“直播总销售额”等数据，如图 1-9 所示。

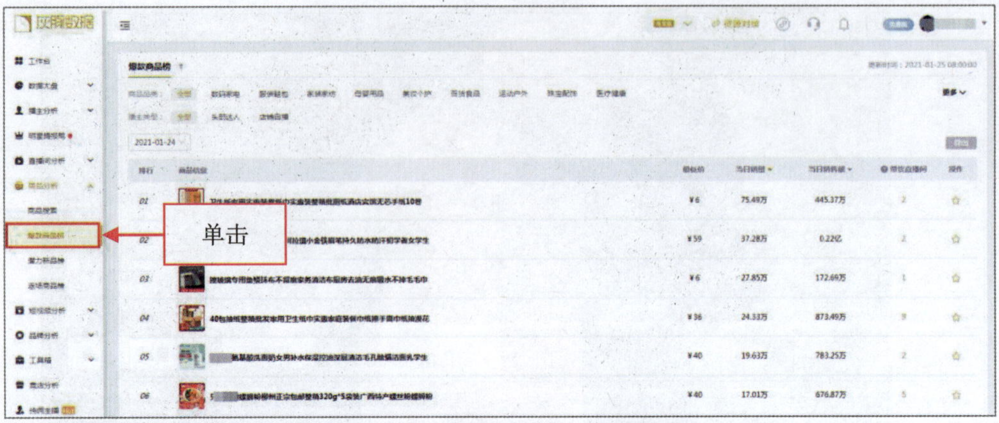

图 1-7 “爆款商品榜”界面

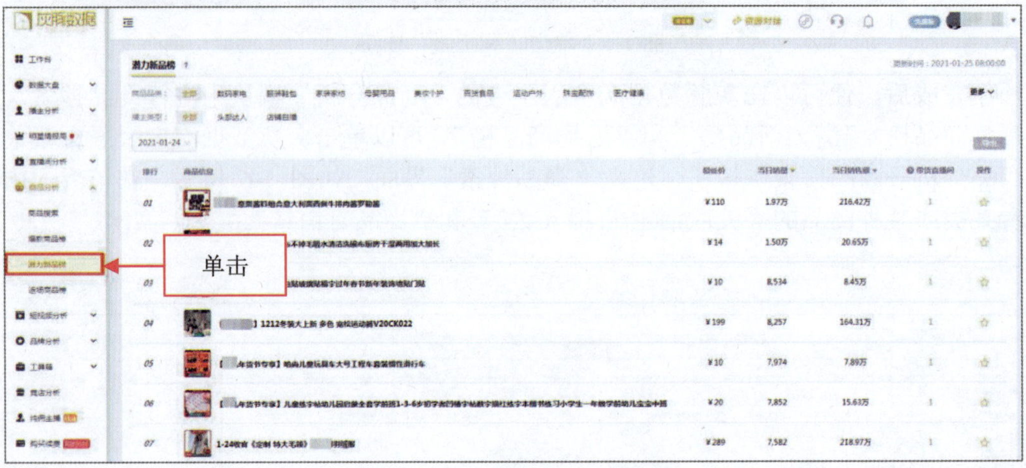

图 1-8 “潜力新品榜”界面

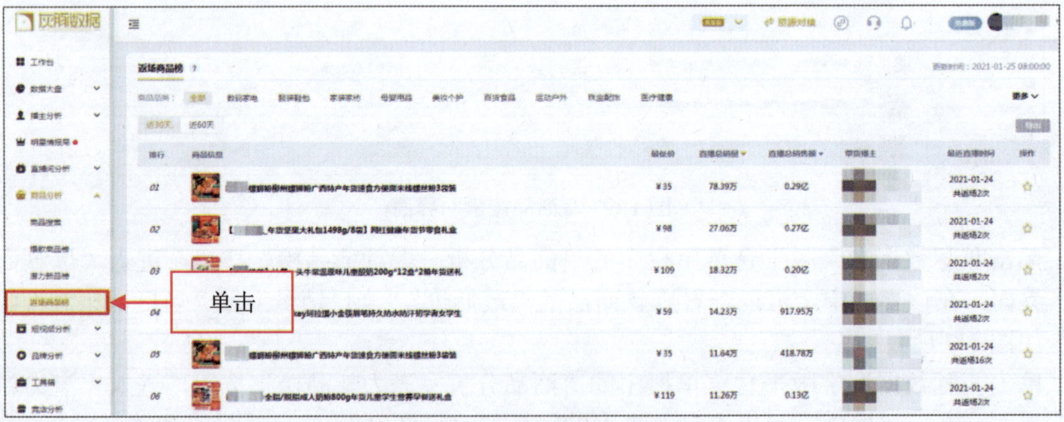

图 1-9 “返场商品榜”界面

1.1.3　找准运营方向

进行数据分析的好处，就是能够更好地把握平台的内容。在进行平台内容运营时，可以通过数据的综合表现，得知哪些内容更受用户的欢迎，因此找到账号运营的方向。

比如，可以查看平台当前的热门内容，了解用户关注的是哪方面的内容；又如，可以通过数据的分析对比，了解自己发布的两条内容中哪一条更受用户欢迎，并据此调整运营方向，通过多生产受用户欢迎的内容，来提高账号运营的效果。

1.1.4　获得更多收益

运营的直接目的就是获得收益。因为新媒体平台隐藏着巨大潜力，所以许多人入驻各大新媒体平台，试图在众多的竞争者中占据一席之地。

新媒体平台的运营有很多重要的环节，其中提高用户黏性、打造爆款内容和找准运营方向都是为商业变现服务的。如果没有优质的内容、一定数量的粉丝和合适的营销渠道，就算再努力也难以达到变现目标。

数据分析是实现这些环节的重要前提。没有数据分析，如何了解用户的喜好？怎么打造用户喜欢的内容？没有优质的内容，自然无法吸引用户关注账号，也就无法实现商业变现的目标。因此，数据分析是商业变现的前提，有了科学的数据分析做基础，才能实现商业变现。

1.2　重点分析的数据

做任何事都需要把握好重点，新媒体数据分析也是如此。进行新媒体数据分析时，需要把握分析的重点。在分析新媒体数据时，需要重点把握的数据包括账号的整体数据、单条内容的数据、用户画像的数据和账号收益的数据。

1.2.1　账号的整体数据

通过账号整体数据分析，可以快速把握账号从注册开始到目前的运营情况，或近期的账号运营效果。账号的整体数据主要可以从两个方面进行分析：一是账号目前的累计数据，这部分数据包括总粉丝数、总作品数、总阅读（播放）量、总点赞量、总评论量和总收益量等；二是账号某一段时间内数据的变化情况，如近三十天内新增了多少粉丝、发布了多少作品和阅读（播放）量增加了多少等。

通常，在账号的数据概览中，可以查看账号的累计数据或某段时间内的数据变化情况。例如，在灰豚数据抖音版平台的“数据概览”界面中，可以查看近期一段时间的“新增粉丝”“新增作品”“作品点赞”“作品评论”“作品分享”“新增直播”“直播销售额（预估）”和“音浪收入”的相关数据，如图 1-10 所示。

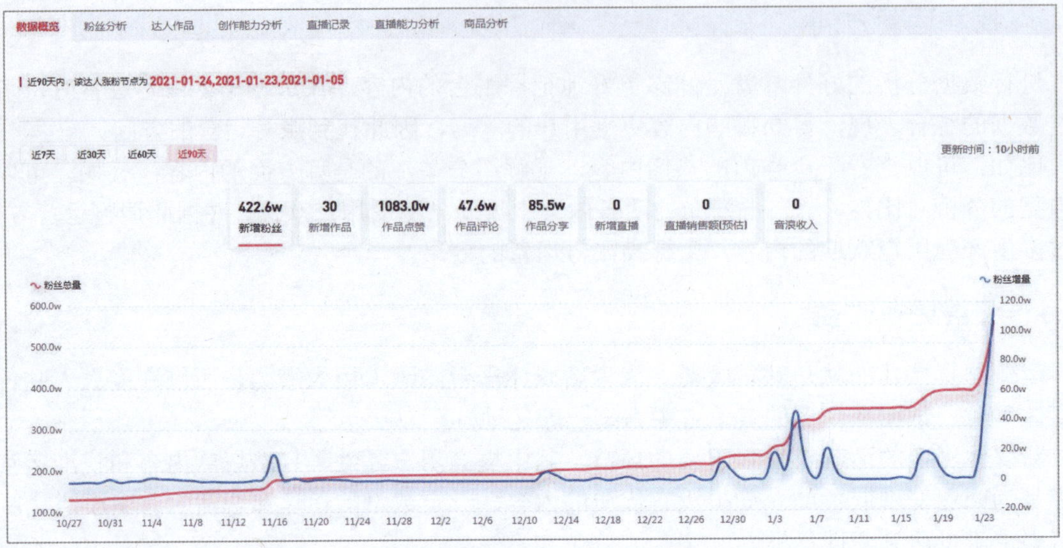

图 1-10　灰豚数据抖音版平台的“数据概览”界面

1.2.2　单条内容的数据

除了账号的整体数据，还可以分别查看单条内容的数据，并通过单条内容之间数据的对比，以及单条内容与内容平均数据的对比，评估单条内容的营销效果，了解用户对内容的喜爱程度。

许多平台都对账号发布的单条内容的数据进行了展示，只需进行查看和分析即可。例如，在灰豚数据抖音版平台的“达人作品”界面，可以查看已发布的单条内容的“点赞”“评论”和“分享”等数据，如图 1-11 所示。

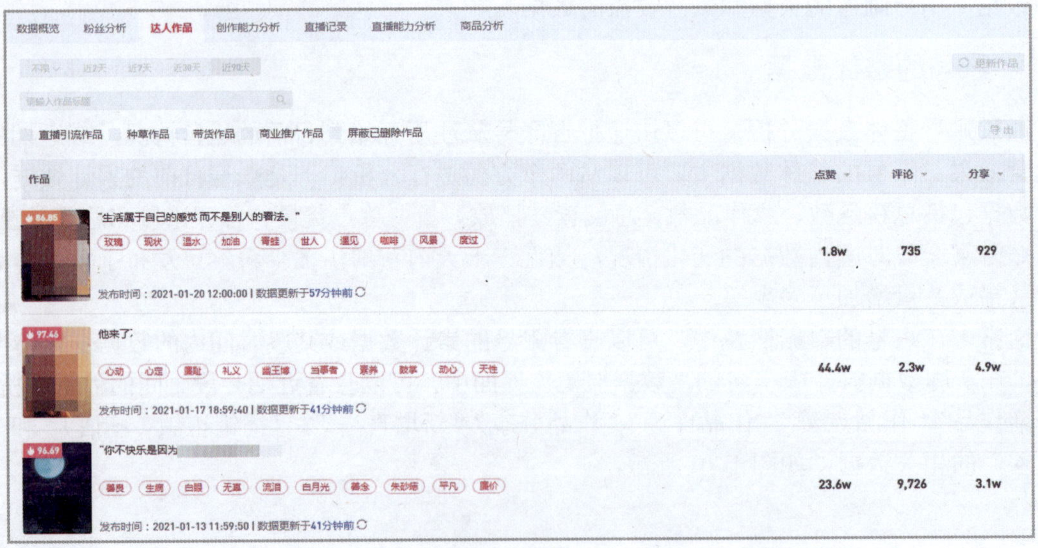

图 1-11　灰豚数据抖音版平台的“达人作品”界面

1.2.3　用户画像的数据

通过查看和分析用户画像的相关数据，可以快速把握对账号内容感兴趣的用户的画像，并针对用户的画像生产出用户更感兴趣的内容，从而有效地提高内容的营销效果。需要重点把握的用户画像数据分为两种：一种是账号的粉丝画像；另一种是单条内容的粉丝画像或观众画像。

查看账号粉丝画像数据的方法很简单。例如，可以进入灰豚数据抖音版平台的“粉丝分析”界面，直接查看粉丝画像的相关数据，如图 1-12 所示。

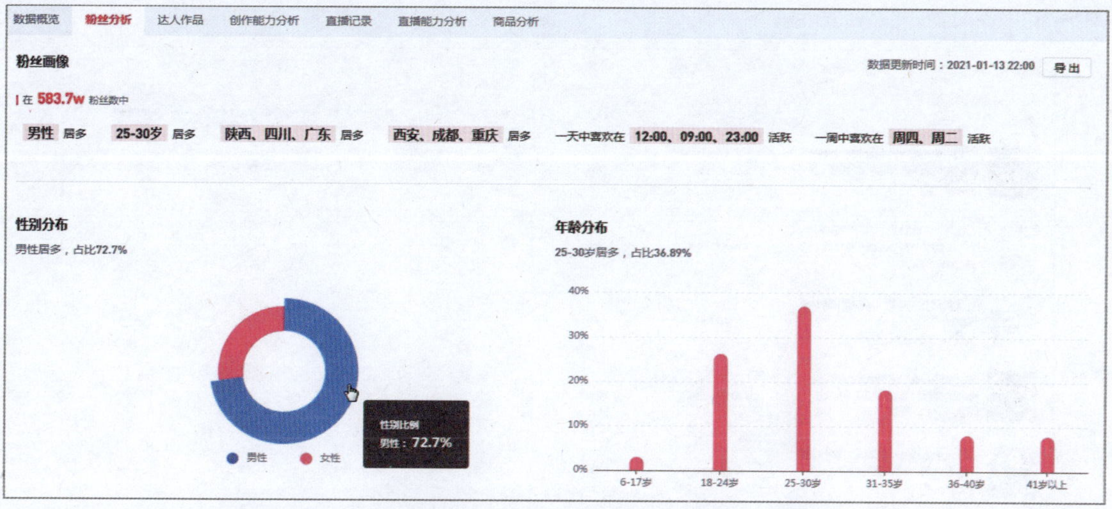

图 1-12　灰豚数据抖音版平台的“粉丝分析”界面

除了账号粉丝画像的数据外，部分数据分析平台中还支持查看单条内容的观众画像数据。例如，在灰豚数据抖音版平台中，只需单击“直播记录”界面中某个直播对应的位置，即可查看该直播的粉丝画像数据。如图 1-13 所示为某场抖音直播的“观众画像”界面。

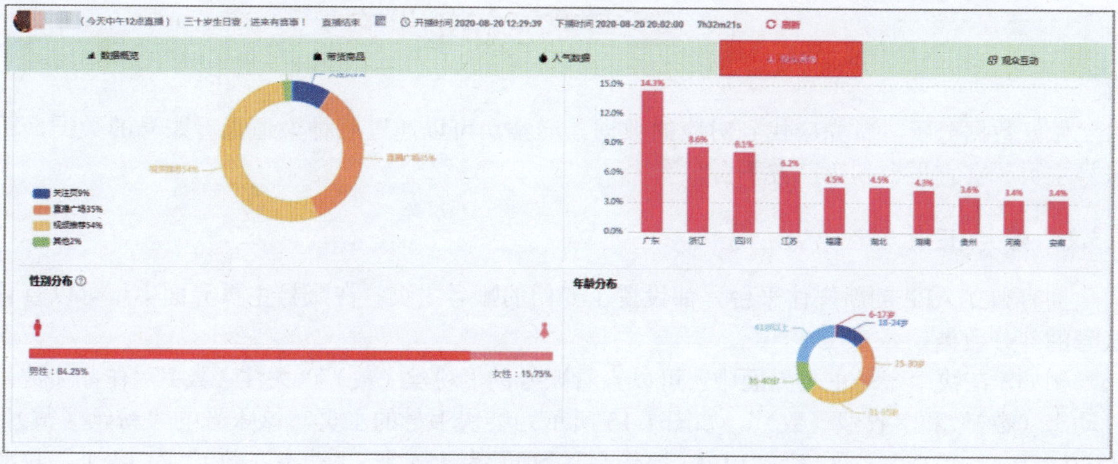

图 1-13　某场抖音直播的“观众画像”界面

1.2.4 账号收益的数据

账号收益数据是账号运营者比较关注的数据，也是衡量账号运营效果的关键数据。账号收益主要分为三种：第一种是内容创作的收益（主要包括平台给出的创作奖励和通过销售专栏内容获得的收益等）；第二种是用户打赏的收益（包括用户对内容的赞赏和给主播送出的礼物等）；第三种是带货收益（包括销售收益和佣金收益等）。

根据自身需求查看不同的收益数据。例如，在灰豚数据抖音版平台的“商品分析”界面中，可以查看账号中销售的商品的“售价”“佣金（率）”和“商品销量”等数据，如图 1-14 所示。

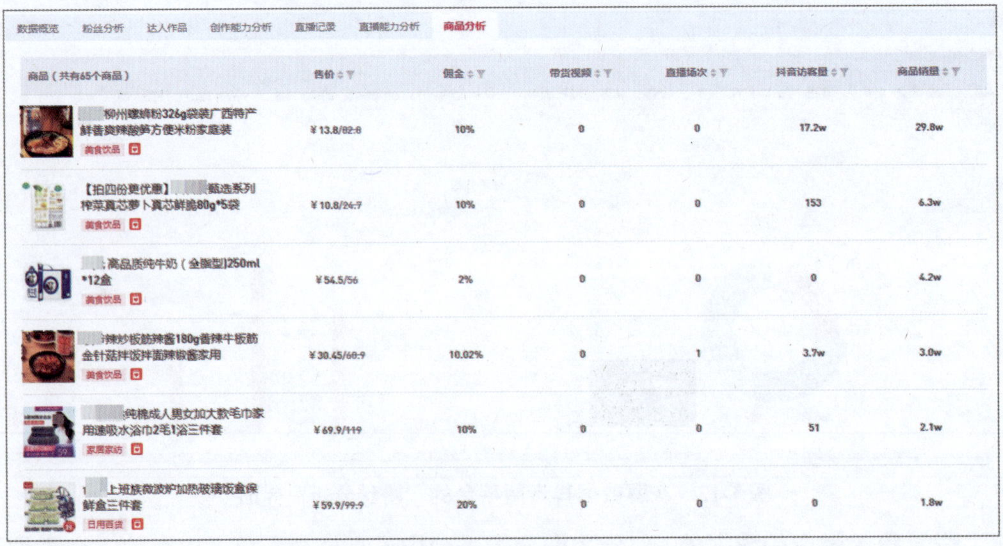

图 1-14 灰豚数据抖音版平台的“商品分析”界面

1.3 查看数据的地方

做好数据分析，首先应找到对应的数据。通常，可以通过三种渠道查看账号的数据，即账号主页、官方平台和第三方平台。

1.3.1 账号主页

拥有独立 APP 的新媒体平台，都设置了专门的账号主页。在账号主页界面中，可以查看账号的部分数据。

例如，在快手账号主页界面中，可以查看账号的“粉丝（数）”“关注（数）”“作品（数）”“动态（数）”和“收藏（数）”。如图 1-15 所示为某快手号的主页。该账号的“粉丝（数）”为 82.8 万人，“关注（数）”为 14 人，“作品（数）”为 554 个，“动态（数）”为 14 个，收藏数为 0 个。

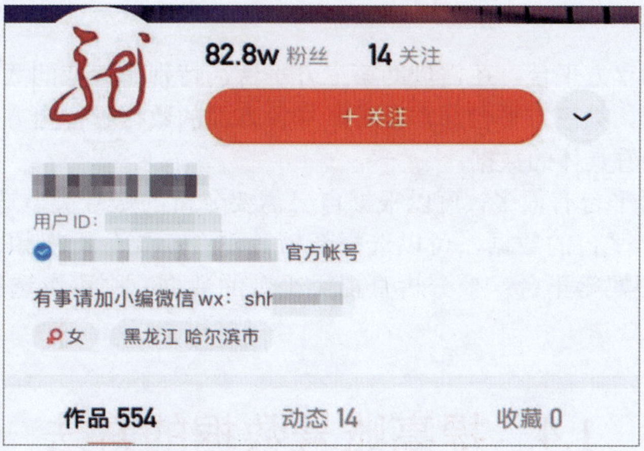

图 1-15　某快手号的主页

需要注意的是，虽然通过账号主页可以快速查看账号的部分数据，但是该界面中呈现的数据相对比较有限。因此，如果需要对账号进行全面分析，通常还需要结合其他渠道的数据进行分析。

1.3.2　官方平台

大多数新媒体平台都有自己的官方平台，只需进入官方平台的后台，便可借助该平台提供的数据分析系统，查看和分析账号的相关数据。

例如，在头条号后台，不仅可以在“主页”界面中，查看账号的“粉丝数”“总阅读（播放）量”和“累计收益”，以及“近期作品”的“展现量”“阅读量”“评论（量）”和“点赞（量）”。如图 1-16 所示为头条号的“主页”界面。还可以单击左侧菜单栏中的“收益数据”“作品数据”和“粉丝数据”按钮，进入对应界面，查看账号的相关数据。

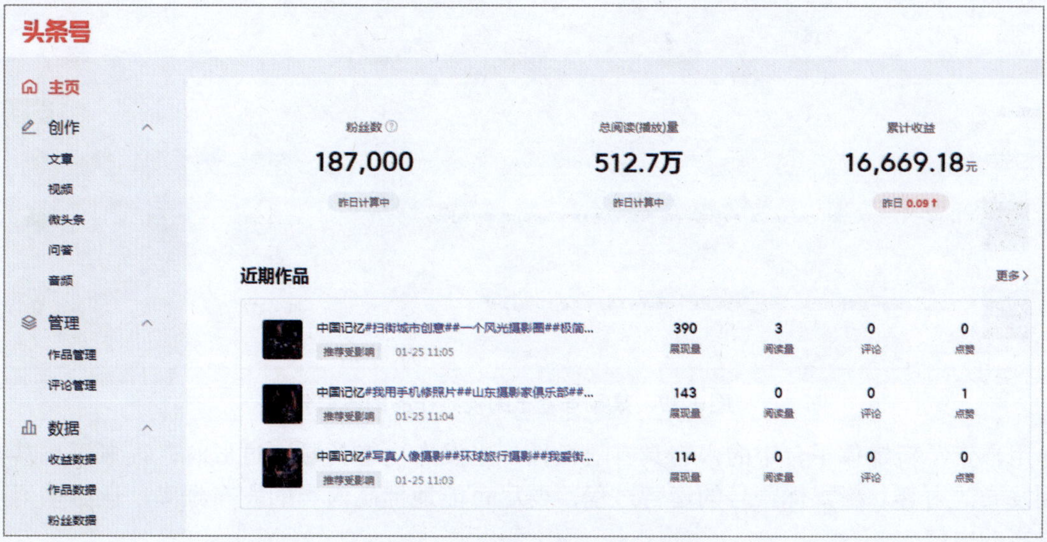

图 1-16　头条号的“主页”界面

1.3.3 第三方平台

除了账号主页和官方平台，还需借助第三方平台，特别是专业的数据分析平台，查看和分析账号的相关数据。第三方平台通常会对账号各方面的数据进行全方位的分析，只需找到对应的板块，即可查看具体的数据。

网上的数据分析平台有很多，可以根据自己需要分析的账号类型选择第三方数据平台。例如，要分析图文类平台的数据，可以选择新榜等平台；要分析视频类平台的数据，可以选择飞瓜数据和蝉妈妈等平台；要分析直播类平台的数据，则可以选择灰豚数据和抖查查等平台。

1.4 提高账号数据的方法

常困扰账号运营者的问题，就是运营新媒体账号很久了，账号的相关数据却无法得到快速地提高，而账号的商业变现能力也因此受到了很大的影响。提高新媒体账号数据的方法主要有以下几种。

1.4.1 提高内容发布频率

有些人在运营新媒体账号时，经常是“三天打鱼两天晒网”，内容的发布频率很低，有人甚至一个月只发布几个作品。如图 1-17 所示为某账号发布的视频作品的数据分析。该账号“近 30 天”内仅发布了两条视频。

图 1-17 某账号发布的视频作品的数据分析

用户查看新媒体平台中的内容具有随机性，当发布内容的频率过低时，很多用户甚至看不到发布的内容。新媒体账号的运营过程，要尽可能地提高内容的发布频率，让更多用户看到发布的内容。

1.4.2　增强内容整体质量

除了内容的发布频率，内容的质量也非常关键。如果发布的内容用户都不喜欢，那么账号的点赞、评论和分享等数据都难以得到保障。因此，还需重点增强内容的质量，让内容受到用户的欢迎。

这一点对于本来就拥有一定粉丝量的账号尤其重要。因为这些账号本身就有一定的粉丝基础，所以如果账号发布的内容长期得不到用户的认同，那么账号很可能会不断掉粉。当然，如果账号发布的内容的质量足够高，那么即便内容发布的频率不是很高，账号的数据仍旧有保障。

如图 1-18 所示为某账号发布的视频作品的数据分析。该账号“近 30 天”内仅发布了 5 条视频，但是因为这些视频的质量比较高，所以这些视频的“平均点赞”“平均评论”和“平均转发”数据都非常高。在这种情况下，整个账号的数据自然也就比较高了。

图 1-18　某账号发布的视频作品的数据分析

1.4.3　积极进行引流推广

通常，新媒体账号发布的内容传播的范围越广、看到的人越多，账号及内容的数据表现就会越好。因此，为了让发布的内容被更多用户看到，有必要积极地对账号及账号内容进行引流推广。

引流推广的方法有很多，除了到各大网站对账号和内容进行推广，以及利用站内功能吸引用户关注账号和内容之外，还可以支付一定的费用，让平台帮你推广。例如，在抖音平台，可以借助“帮上热门”功能，让发布的内容在抖音平台中获得更多推荐。可以通过如下步骤，运用“帮上热门”功能推广抖音视频内容。

Step 01 进入抖音视频的播放界面，点击界面中的“分享”按钮，如图 1-19 所示。

Step 02 操作完成后，在弹出的列表框中，点击“帮上热门”按钮，如图 1-20 所示。

Step 03 操作完成后，即可选择“速推版”或“定向版”推广，并支付对应的费用，让抖音平台帮你的视频上热门。如图 1-21 和图 1-22 所示分别为“速推版”和“定向版”推广设置界面。

图 1-19　点击“分享”按钮

图 1-20　点击“帮上热门”按钮

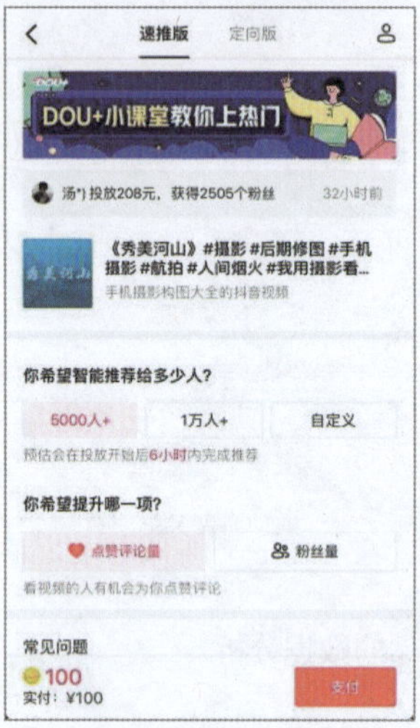

图 1-21　“速推版”推广设置界面

图 1-22　“定向版”推广设置界面

1.4.4　严格做好售前选品

无论通过自营店铺销售产品，还是帮他人销售产品赚取佣金，都要严格做好售前选品。这主要是因为高质量的产品不仅可以持续获得销量，而且还会获得良好的口碑，让账号发布的内容更受用户的欢迎。

在选品时可以重点把握两个要点：一是产品的销量；二是产品的好评率。通常，产品的销量越高就代表着产品越受用户欢迎。在同类产品中，可以通过选择销量相对较高的产品，保障自身的销售收入。如图 1-23 所示为两家店铺中的草莓销售信息。虽然都是三斤重的草莓，而且第二个店铺中草莓的售价要稍高一些，但是第二家店铺中的草莓付款人数却高于第一家，这很可能是因为第二家店铺中的草莓质量更好。此时，选择第二家店铺中的草莓进行销售，销量可能会更有保障。

图 1-23　两家店铺中的草莓销售信息

产品的好评率可以通过用户给出的商品评价进行评估。如图 1-24 所示为两款样式相似的手表的“商品评价”界面。左侧这款手表的用户评价数量和好评率都要高于右侧这款手表。如果要从这两款手表中选择一款进行销售，那么选择左侧这款手表无疑更靠谱一些。

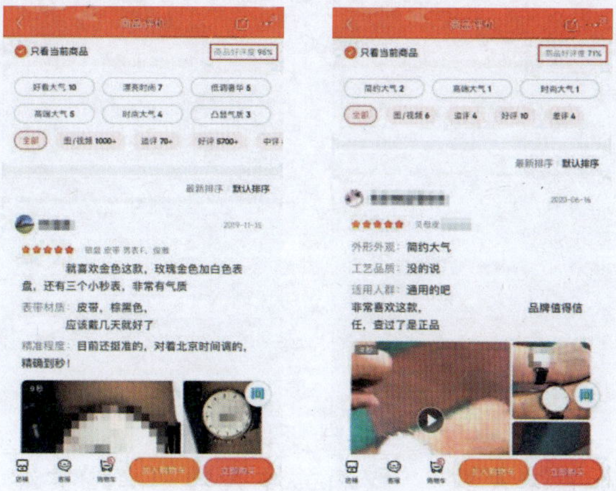

图 1-24　两款样式相似的手表的“商品评价”界面

本章小结

本章主要讲述了为什么要做数据分析，重点分析哪些数据，在哪里查看数据以及如何提高账号的数据，以帮助读者对数据的分析有一个基本的认知。通过本章的学习，读者可以更透彻地了解数据，从而更好地分析数据。

本章习题

1．新媒体数据分析有哪些好处？

2．在分析新媒体数据时，需要对哪些数据进行重点把握？

第 2 章　数据分析的常见方法

本章导读

无论做什么事，都应先厘清思路，找到合适的方法，新媒体数据分析也是如此。在学习新媒体数据分析的过程中，一定要了解数据分析的方法。本章从数据分析的基础知识出发，主要讲述做数据分析的步骤和方法。

本章重点

➢ 数据分析的具体步骤
➢ 数据分析的常见方法

用户变化情况

时间	新关注人数	取消关注人数	净增关注人数	累积关注人数
2020/12/28	42	15	27	52439
2020/12/29	35	18	17	52456
2020/12/30	27	22	−5	52451
2020/12/31	29	30	1	52452
2021/1/1	60	10	50	52502
2021/1/2	43	16	27	52529
2021/1/3	38	22	16	52545
2021/1/4	45	27	18	52563
2021/1/5	45	19	26	52589
2021/1/6	28	32	−4	52585
2021/1/7	33	25	8	52593
2021/1/8	59	19	40	52633
2021/1/9	41	24	17	52650
2021/1/10	42	28	14	52664

2.1　数据分析的具体步骤

通常，新媒体数据分析分为五个步骤，即明确分析目的、做好数据采集、数据处理整合、数据分析评估和数据归纳总结。

2.1.1　明确分析目的

在做一件事之前一定要先明确自身的目的，这样才能有的放矢，朝着目标推进。做新媒体数据分析也是如此。如果需要进行新媒体数据分析，首先要做的就是明确自己的分析目的，即为什么要做数据分析。

通常，可以从账号近期出现的情况或开展的活动出发，明确数据分析的目的。比如，账号近期出现了粉丝流失严重的现象，那么便可以将新媒体数据分析的目的明确为寻找粉丝流失的原因；又如，账号近期开展了某项促销活动，那么便可以将新媒体数据分析的目的明确为评估促销的效果。

2.1.2　做好数据采集

数据分析的目的明确之后，接下来便根据目的进行数据的采集。通常，新媒体数据的采集主要有以下三种方法。

（1）通过新媒体平台的后台采集数据。

（2）通过第三方平台采集数据。

（3）通过人工手动统计采集数据。

比如，以采集微信公众号的用户数量变化数据为例，可以在微信公众平台后台的“用户增长”中查看近期的用户数量变化数据列表。如图 2-1 所示为通过新媒体平台的后台采集数据。

2020-12-12 至 2021-01-10　　下载表格

时间	新关注人数	取消关注人数	净增关注人数	累积关注人数
2021-01-10	42	17	25	79827
2021-01-09	35	29	6	79802
2021-01-08	27	29	-2	79796
2021-01-07	29	15	14	79798
2021-01-06	60	25	35	79784
2021-01-05	43	31	12	79749
2021-01-04	38	42	-4	79737
2021-01-03	45	28	17	79741
2021-01-02	45	21	24	79724
2021-01-01	28	21	7	79700
2020-12-31	33	23	10	79693
2020-12-30	59	23	36	79683
2020-12-29	41	15	26	79647
2020-12-28	42	24	18	79621

1 / 3　跳转

图 2-1　通过新媒体平台的后台采集数据

又如，以采集快手号的新增浏览量数据为例，可以通过飞瓜数据平台的“数据分析”界面查看浏览增量变化图。如图 2-2 所示为通过第三方平台采集数据。

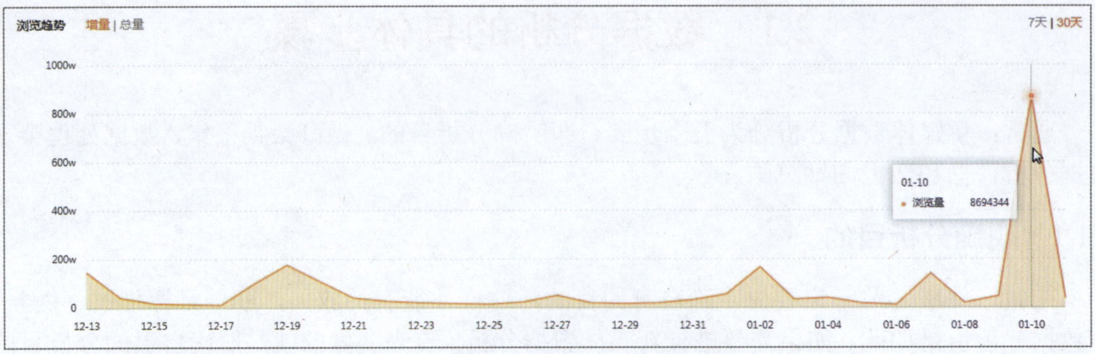

图 2-2 通过第三方平台采集数据

2.1.3 数据处理整合

数据采集完成之后，可以获得一系列的数据。这些数据中也包含了一些不需要的，或者无效的内容。除此之外，光看数据还不够直观。此时，便可以选择需要的数据，并利用 Excel 绘制成图。

例如，需要直观地把握图 2-1 中 2020 年 12 月 28 日至 2021 年 1 月 10 日的新关注人数，将新关注人数的数据绘制成趋势图，如图 2-3 所示。

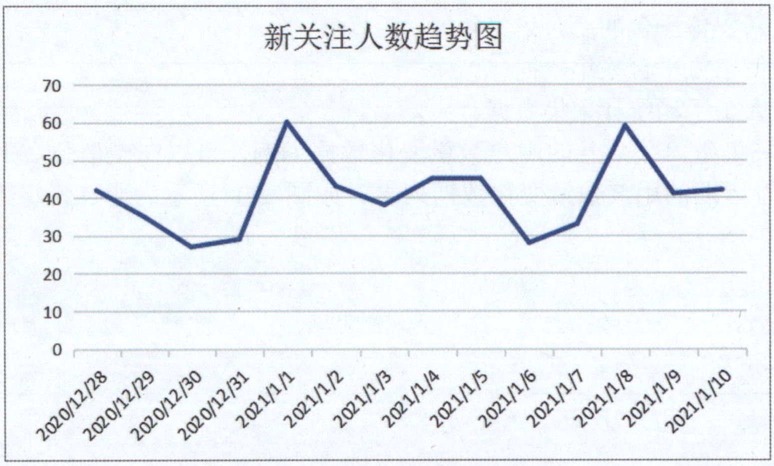

图 2-3 将数据绘制成趋势图

2.1.4 数据分析评估

数据处理之后，针对数据进行分析，评估相关数据是否达到了预期目标。

例如，在新关注人数条形图的基础上，增加一条目标人数线，用以评估新关注人数是否达到了目标，如图 2-4 所示。该账号只有 2021 年 1 月 1 日和 8 日的新关注人数达到了目标。

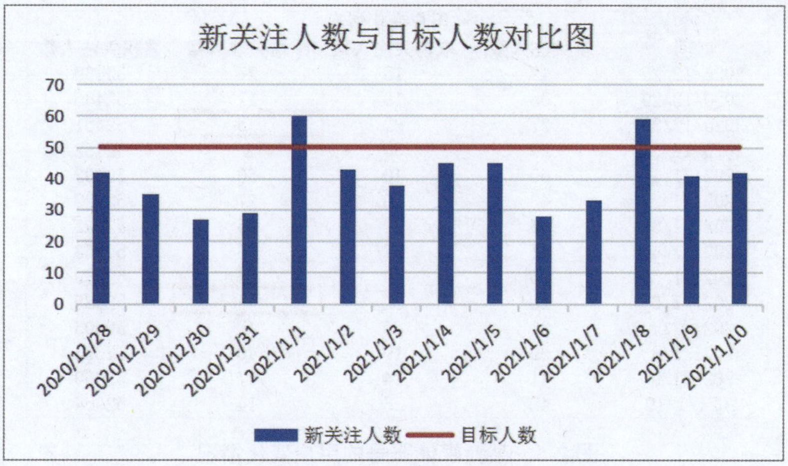

图 2-4　增加目标人数线对数据进行评估

2.1.5　数据归纳总结

数据分析完成后，便可以将分析结果进行归纳总结。这个步骤可以定期进行，将特定时间段内的数据进行总结。比如，同样是分析账号的新关注人数，可以每周进行一次，然后每个月再进行一次总结，并将三个月的数据进行总结，进行每个季度的数据总结。以此类推，还可以将数据归纳总结进行半年、全年的数据分析。

2.2　数据分析的常见方法

在进行新媒体数据分析的过程中，方法的运用很重要。不同的分析方法适用于不同的情况，可以根据自身情况自主选择。

2.2.1　直接评判法

直接评判法，简单理解就是根据自身的经验对数据进行分析和评估。通常，利用直接评判法分析数据要满足如下两个条件。

（1）自身拥有丰富的经验，能够正确分析和评估数据。

（2）用于分析的数据要足够直接，可以直观地评判数据的优劣。

如图 2-5 所示为某新媒体账号 2020 年 12 月 28 日至 2021 年 1 月 10 日的用户变化情况。账号的净增关注人数除了 2020 年 12 月 30 日和 2021 年 1 月 6 日之外，其他时间数值都为正数。

此时，便可以根据自身的经验对数据进行评估。如果该新媒体账号的净增关注人数基本上都为正数，而且绝大多数时间的数值都超过了 15，那么就可以利用直接评判法，判断出 2020 年 12 月 30 日和 2021 年 1 月 6 日该账号的运营数据出现了异常。对此，可以对该时间段的运营情况进行分析，寻找导致数据异常的原因。

用户变化情况				
时间	新关注人数	取消关注人数	净增关注人数	累积关注人数
2020/12/28	42	15	27	52439
2020/12/29	35	18	17	52456
2020/12/30	27	22	-5	52451
2020/12/31	29	30	1	52452
2021/1/1	60	10	50	52502
2021/1/2	43	16	27	52529
2021/1/3	38	22	16	52545
2021/1/4	45	27	18	52563
2021/1/5	45	19	26	52589
2021/1/6	28	32	-4	52585
2021/1/7	33	25	8	52593
2021/1/8	59	19	40	52633
2021/1/9	41	24	17	52650
2021/1/10	42	28	14	52664

图 2-5　某新媒体账号的用户变化情况

2.2.2　分组分析法

分组分析法就是将分析对象分组，然后对各组数据进行分析和评估的一种方法。需要特别注意的是，利用这种方法进行数据分析时，分组要明确，数据既不能出现交叉，也不能出现遗漏。如图 2-6 所示为某账号粉丝的星座分布图。该图中根据账号粉丝所属的星座进行分组，然后对各星座粉丝的占比情况进行呈现，这便属于分组分析。

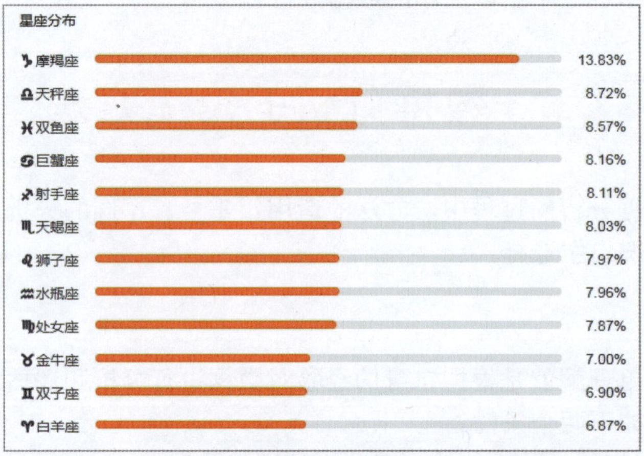

图 2-6　某账号粉丝的星座分布图

2.2.3　对比分析法

对比分析法，就是通过对不同的对象进行比较和分析，了解彼此之间的差距，从而判断出运营的效果。在数据分析的过程中，比较常见的是对两组数据进行横向和纵向对比。横向对比是指对同一时间内不同对象进行对比；纵向对比是指对不同时间段的同一对象进行对比。

如图 2-7 所示为同一时段内两个账号的净增关注人数对比。该图便属于横向对比的一种形式。从该图中不难看出，账号 B 在 2021 年 1 月 1 日至 10 日的净增关注人数普遍要高于账号 A。

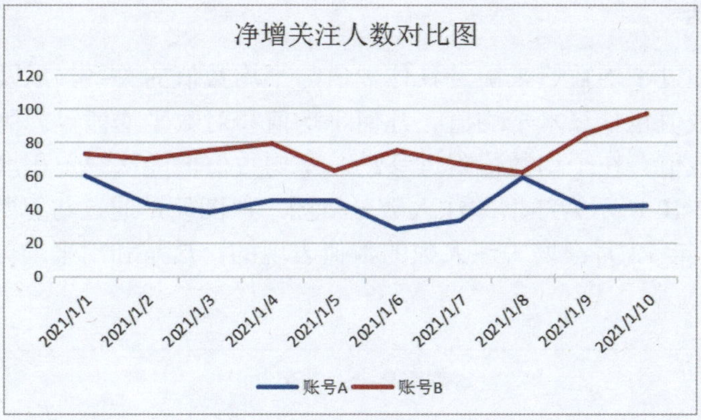

图 2-7　同一时段内两个账号的净增关注人数对比

如图 2-8 所示为不同时间段内（2020 年 11 月、12 月）同一账号的净增关注人数对比图。该图属于纵向对比。从该图中不难看出，这个账号 2021 年 12 月的净增关注人数要明显多于 2021 年 11 月。

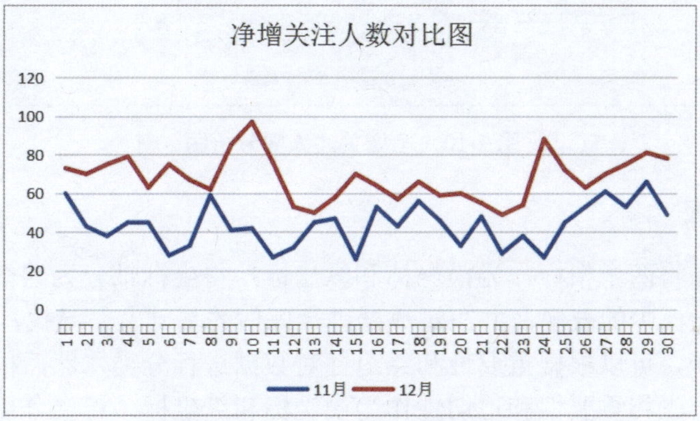

图 2-8　不同时间段内同一账号的净增关注人数对比

2.2.4　结构分析法

结构分析法就是将各部分与总体进行比较，呈现各部分所占比例的一种数据分析方法。如图 2-9 所示为某新媒体账号的年龄分布图，利用结构分析法来呈现数据。

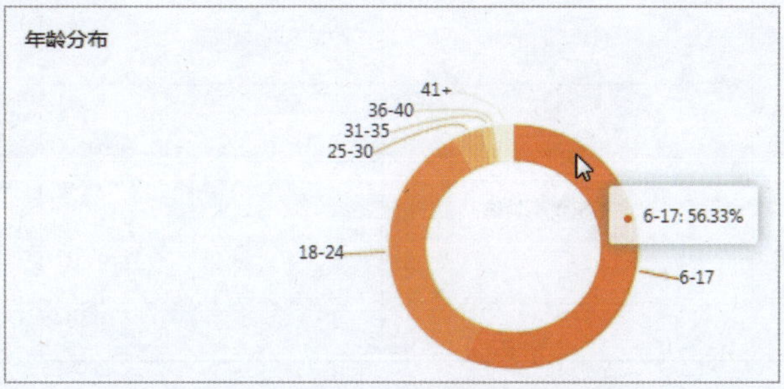

图 2-9　某新媒体账号的年龄分布图

2.2.5 平均分析法

平均分析法是通过平均数值来衡量具体数值与平均数值的关系，以及该数值表现的一种方法。常见的平均数值包括算术平均值、几何平均值和对数平均值等。因为平均数值是数据的均值，所以具体数值会在平均数值附近移动。平均数值便能从一定程度上预测数据接下来的发展趋势。如图 2-10 所示为净增关注人数分析图。该图便是通过与算数平均值的对比，来分析该新媒体 2021 年 12 月净增关注人数的数值表现的。这是利用平均分析法进行的一种数据分析。

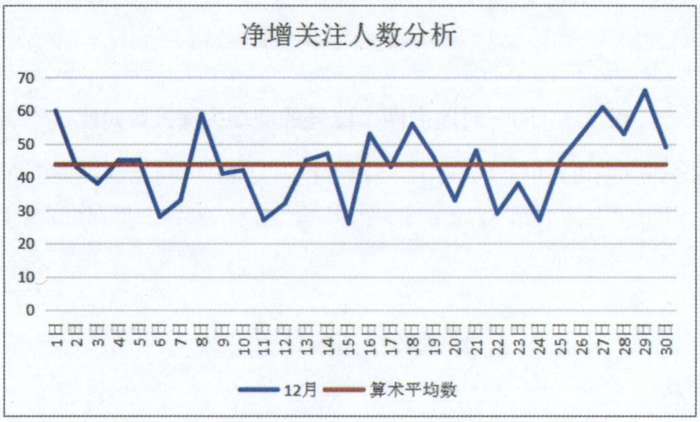

图 2-10 净增关注人数分析图

2.2.6 矩阵分析法

矩阵分析法就是将两个指标作为横坐标和纵坐标，将坐标轴分为四个象限，从而直观地把握数据在这两个指标中的表现，并在对数据进行评估的基础上，寻找具体的解决方案。

举个简单的例子，可以根据重要性和急迫性对数据进行分类，然后根据自身情况确定分析数据的先后顺序。先将重要性和迫切性作为横坐标和纵坐标，将要分析的数据分为重要且紧迫、不重要但紧迫、不重要不紧迫和重要不紧迫四个类别，如图 2-11 所示。

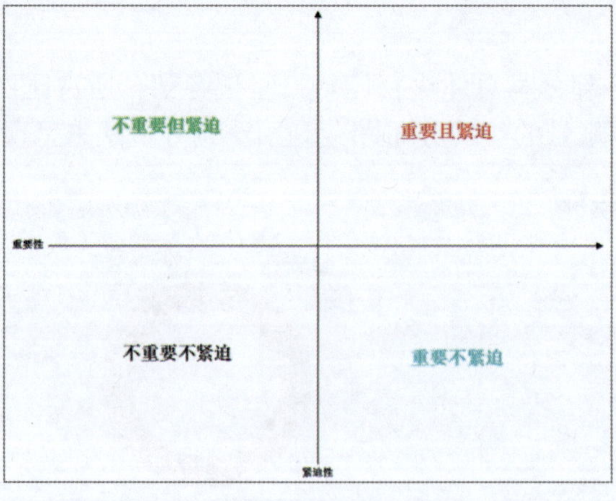

图 2-11 根据重要性和迫切性划分象限

分类确定之后，接下来便可以根据自身需求确定要分析的数据的先后顺序。如果要尽可能地完成全部数据的分析，便可将紧迫性作为第一指标来对要分析的数据的先后顺序进行排序，并在坐标轴上标上序号，让先后顺序更加直观，如图 2-12 所示。同样地，如果想先将重要的数据分析完，也可以将重要性作为第一指标进行排序，如图 2-13 所示。

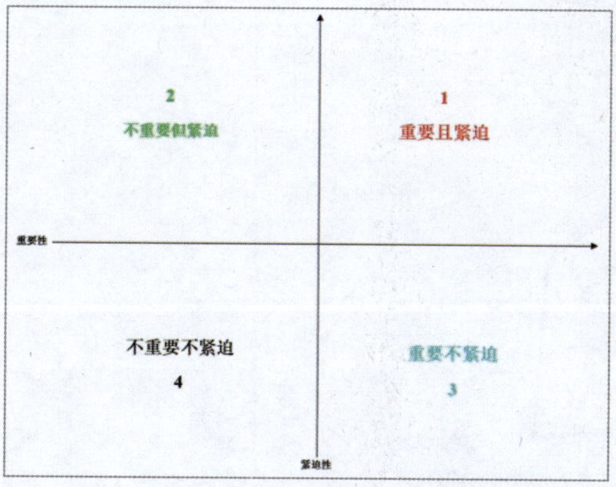

图 2-12　将紧迫性作为第一指标进行排序

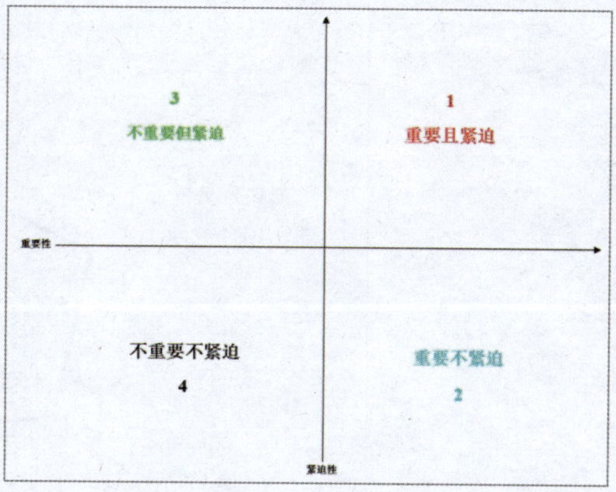

图 2-13　将重要性作为第一指标进行排序

2.2.7　漏斗分析法

漏斗分析法就是利用一张漏斗图对多种数据依次呈现的方法。通常，重要的数据放在漏斗图的下方。如图 2-14 所示为漏斗分析图，在该图中认为比较重要的数据是支付成功量。

漏斗分析法是分析数据重要程度的一种有效方法。在绘制漏斗分析图时，需要对数据的重要程度进行排序。漏斗分析图绘制完成后，重要的数据便会出现在漏斗图的下方。漏斗分析法是筛选关键数据的一种便捷方法。

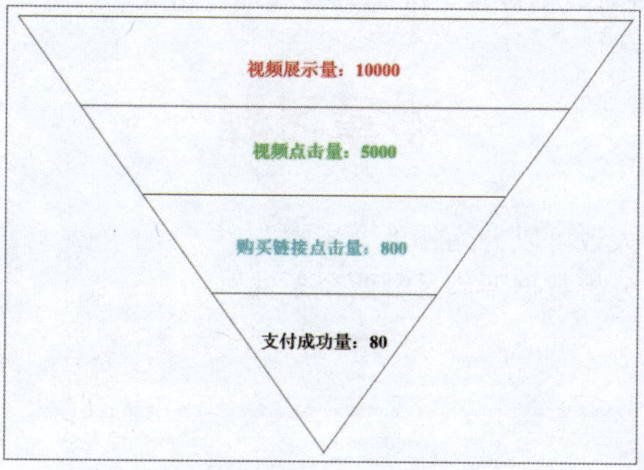

图 2-14　漏斗分析图

2.2.8　雷达分析法

雷达分析是通过一张图对各类数据进行直观呈现，并在此基础上对数据进行对比分析。

与其他分析法相比，雷达分析法的优势在于可以对多个数据的数值同时进行比较，从中找出数值相对较低的数据。通常，如果一个数据相对较低，那么该数据便是有待提高的。雷达分析法也常被用来寻找运营过程中的薄弱环节。

雷达分析法常见于百家号和大鱼号等平台的数据分析。如图 2-15 所示为某账号的运营指数图，其利用的便是雷达分析法。

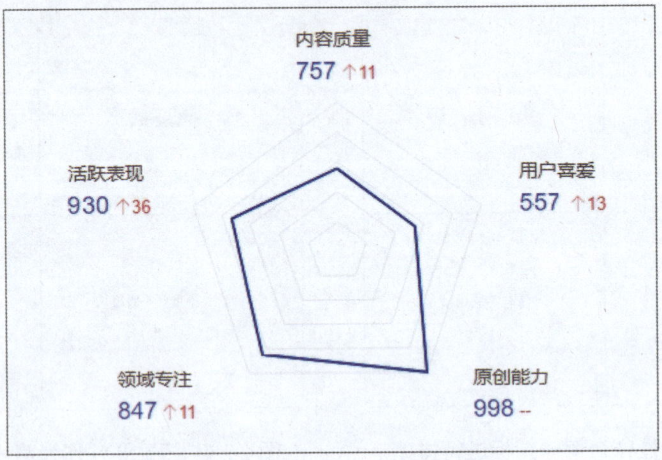

图 2-15　账号的运营指数图

本章小结

本章主要介绍了数据分析的具体步骤以及常见的八大方法，包括直接评判法、分组分析法、对比分析法、结构分析法、平均分析法、矩阵分析法、漏斗分析法和雷达分析法。通过本章的学习，能帮助读者对数据进行更准确、直观地分析。

本章习题

1. 新媒体数据分析大致可以分为哪五个步骤？
2. 利用直接评判法分析数据要满足哪两个条件？

第 3 章　整理数据的基本技巧

本章导读

平时采集的数据显得有一些混乱，需要通过数据的排序、筛选和汇总，进行数据整理，让关键数据变得更加直观和有序。本章主要讲述整理数据的一些技巧。

本章重点

- 数据的排序
- 数据的筛选
- 数据的汇总

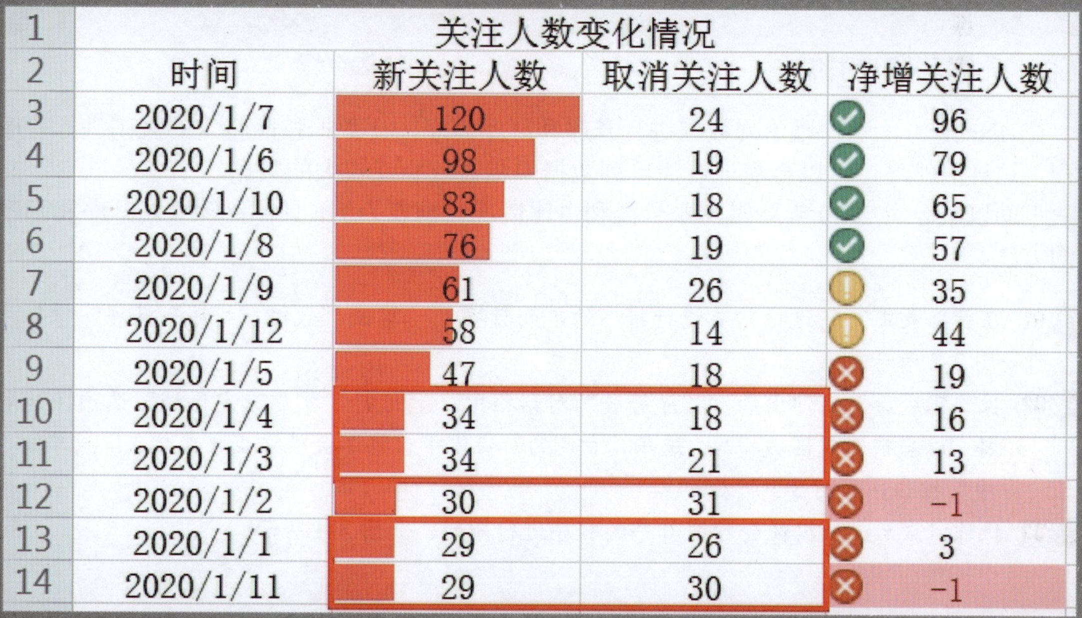

1	关注人数变化情况			
2	时间	新关注人数	取消关注人数	净增关注人数
3	2020/1/7	120	24	96
4	2020/1/6	98	19	79
5	2020/1/10	83	18	65
6	2020/1/8	76	19	57
7	2020/1/9	61	26	35
8	2020/1/12	58	14	44
9	2020/1/5	47	18	19
10	2020/1/4	34	18	16
11	2020/1/3	34	21	13
12	2020/1/2	30	31	-1
13	2020/1/1	29	26	3
14	2020/1/11	29	30	-1

3.1 数据的排序

拿到数据之后，需要对数据进行有效地排序，避免出现数据杂乱无章的现象，便于快速查找、替换和浏览所需的数据。

3.1.1 排序规则

许多表格都是按照升序或降序的方式进行数据排列的。在 Excel 中，可以通过三种方式对数据进行排序，即升序排序、降序排序和自定义排序。这三种排序是按照升序和降序进行数据排列的，即按照数字从小→大的排列就是升序，反之为降序。Excel 升序的排序规则如图 3-1 所示。

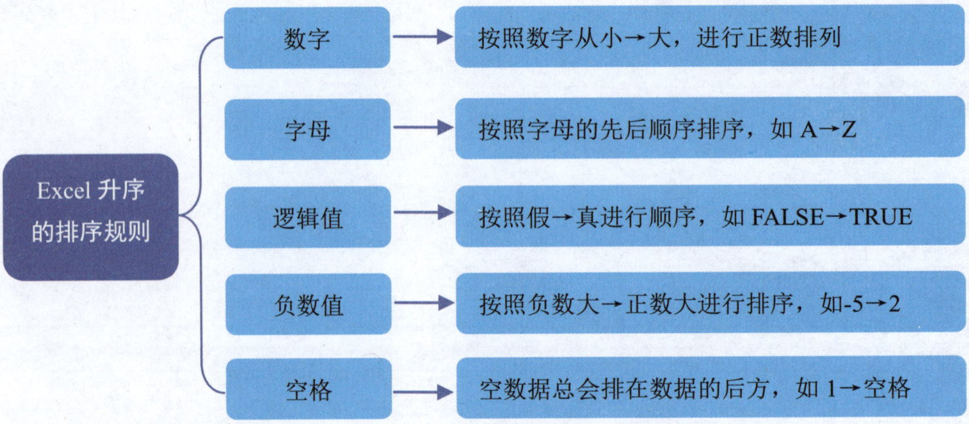

图 3-1 Excel 升序的排序规则

3.1.2 升序和降序排序

在 Excel 中，通过对单列数据进行升序和降序排序，让数据按照特定的规则进行有序地排列。这样的排序，可以直观地看清单列数据中相对较小或较大的数据。

下面以某公司 2020 年新媒体账号盈利占比情况数据表为例，具体讲解数据升序和降序排序的方法。

Step 01 在数据表中，❶选择需要进行排序的单列数据；❷单击“数据→排序→升序”按钮，如图 3-2 所示。

Step 02 操作完成后，在弹出的“排序警告”对话框中，❶选择“扩展选定区域”选项（如果选择“以当前选定区域排序”选项，左侧的新媒体平台将不会随之发生变化）；❷单击“排序”按钮，如图 3-3 所示。

Step 03 操作完成后，数据便会按照升序的顺序进行排列，如图 3-4 所示。

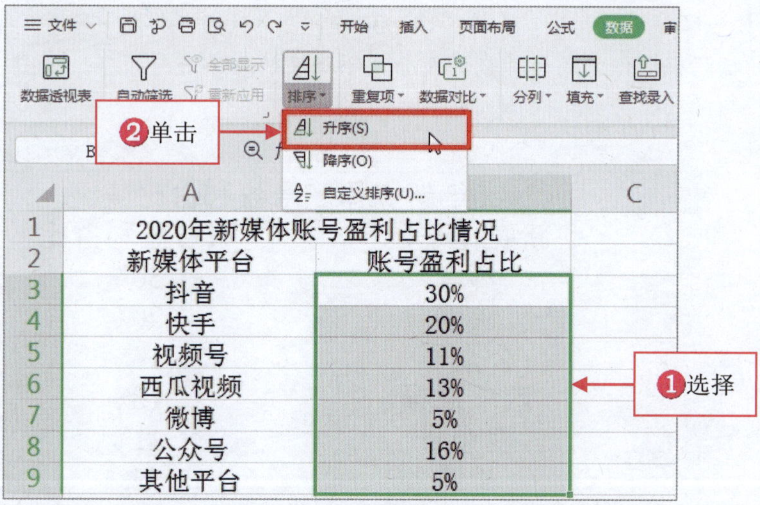

图 3-2　单击“数据→排序→升序”按钮

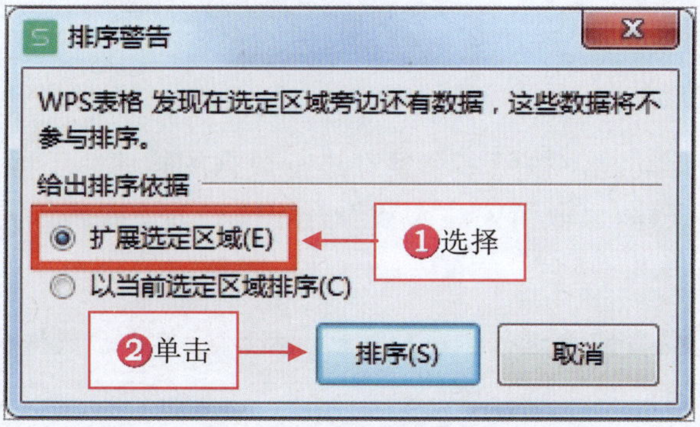

图 3-3　单击“排序”按钮

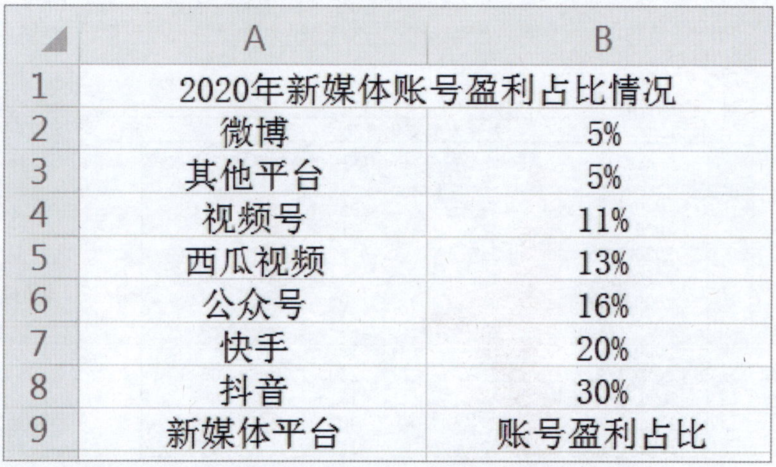

	A	B
1	2020年新媒体账号盈利占比情况	
2	微博	5%
3	其他平台	5%
4	视频号	11%
5	西瓜视频	13%
6	公众号	16%
7	快手	20%
8	抖音	30%
9	新媒体平台	账号盈利占比

图 3-4　数据按照升序的顺序进行排列

Step04 如果按照降序进行排序，可以在 Step01 中单击“数据→排序→降序”按钮，并进行 Step02、03 的操作。操作完成后，数据便会按照降序的顺序进行排序，如图 3-5 所示。

	A	B
1	2020年新媒体账号盈利占比情况	
2	新媒体平台	账号盈利占比
3	抖音	30%
4	快手	20%
5	公众号	16%
6	西瓜视频	13%
7	视频号	11%
8	微博	5%
9	其他平台	5%

图 3-5 数据按照降序的顺序进行排列

3.1.3 自定义排序

借助“自定义排序”功能，按照多个条件进行数据的排序。下面就以某新媒体“新关注人数”降序排列为首要条件，“取消关注人数”升序排列为次要条件为例，对“自定义排序”的具体操作步骤进行说明。

Step01 在数据表中，❶选择需要进行排序的多列数据；❷单击“数据→排序→自定义排序”按钮，如图 3-6 所示。

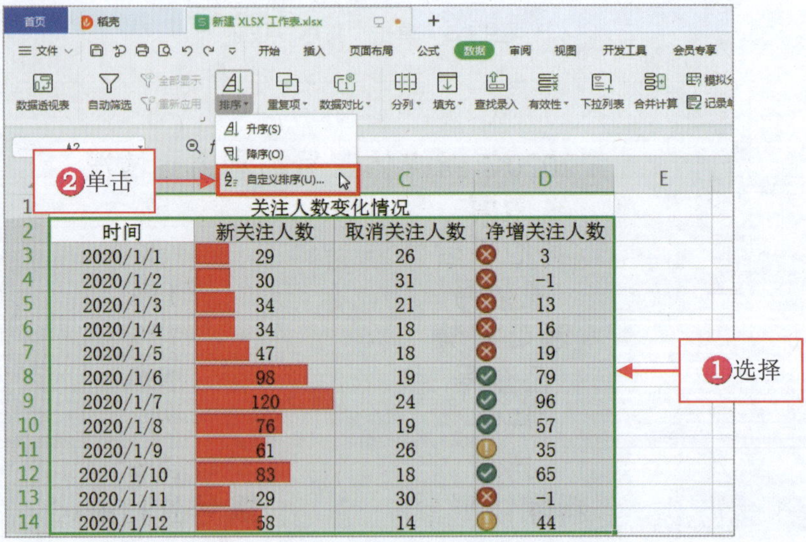

	A	B	C	D
1	关注人数变化情况			
2	时间	新关注人数	取消关注人数	净增关注人数
3	2020/1/1	29	26	3
4	2020/1/2	30	31	-1
5	2020/1/3	34	21	13
6	2020/1/4	34	18	16
7	2020/1/5	47	18	19
8	2020/1/6	98	19	79
9	2020/1/7	120	24	96
10	2020/1/8	76	19	57
11	2020/1/9	61	26	35
12	2020/1/10	83	18	65
13	2020/1/11	29	30	-1
14	2020/1/12	58	14	44

图 3-6 单击“ 数据→排序→自定义排序”按钮

Step 02 操作完成后，会弹出“排序”对话框。❶单击对话框中“主要关键字”后方的 按钮；在下拉列表框中，❷选择“新关注人数”选项，如图 3-7 所示。

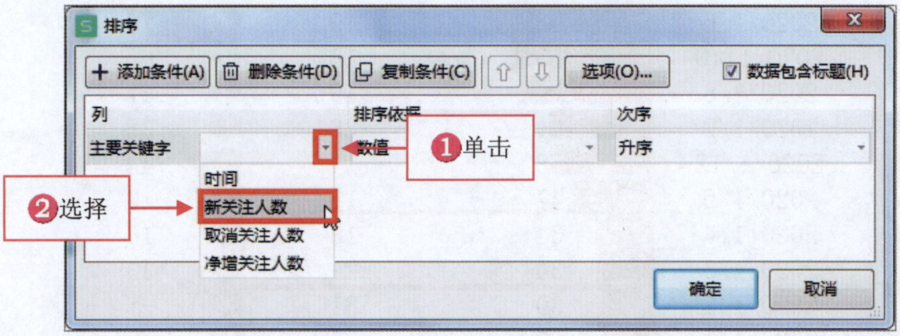

图 3-7　选择“新关注人数”选项

Step 03 ❶单击对话框中“升序”后方的 按钮；在下拉列表框中，❷选择“降序”选项，如图 3-8 所示。

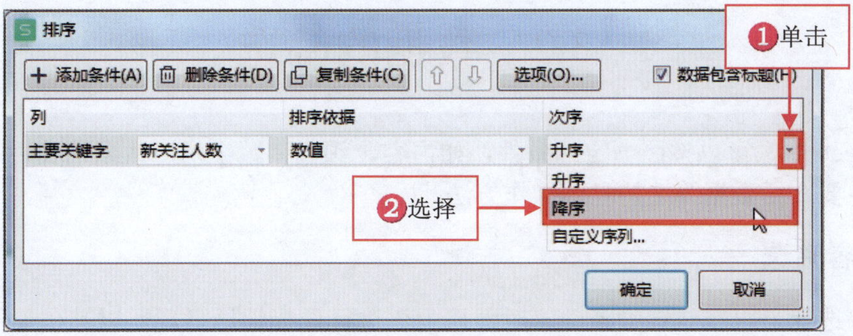

图 3-8　选择“降序”选项

Step 04 ❶单击对话框中的“添加条件”按钮；❷设置“次要关键字”的相关信息（“次要关键字”设置为“取消关注人数”；“排序依据”设置为“数值”；“次序”设置为“升序”）；❸单击“确定”按钮，如图 3-9 所示。

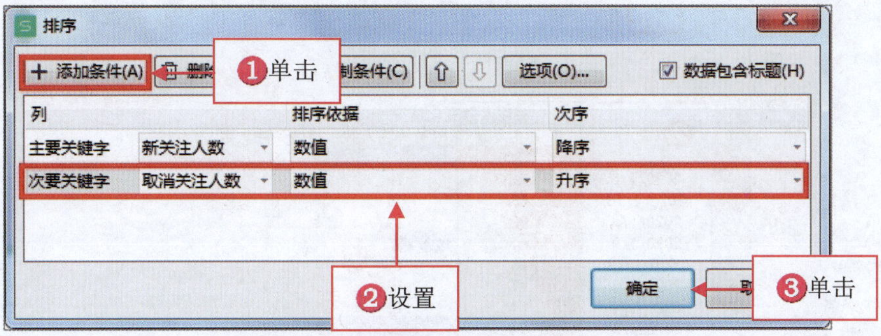

图 3-9　设置“次要关键字”的相关信息

Step 05 操作完成后，如果数据列表以“新关注人数”降序排列为首要条件，以“取消关注人数”升序排列为次要条件进行呈现，就说明“自定义排序”设置成功了，如图 3-10 所示。

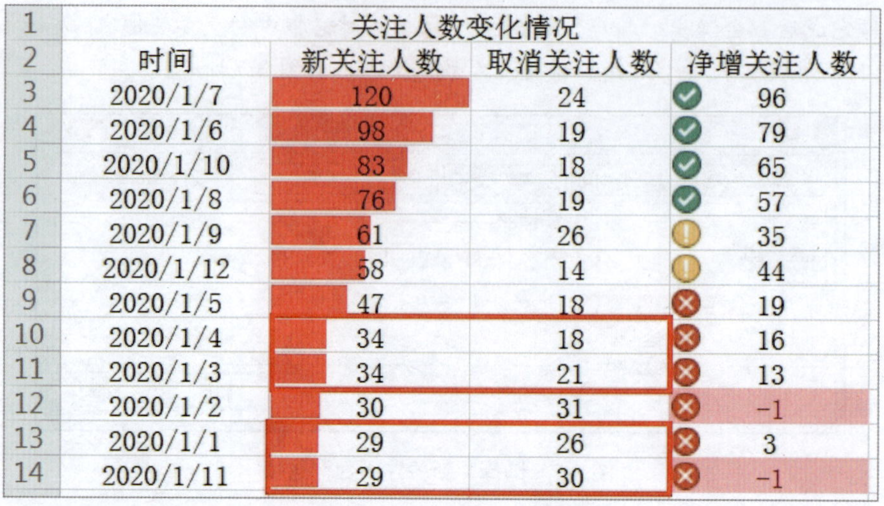

1	关注人数变化情况			
2	时间	新关注人数	取消关注人数	净增关注人数
3	2020/1/7	120	24	96
4	2020/1/6	98	19	79
5	2020/1/10	83	18	65
6	2020/1/8	76	19	57
7	2020/1/9	61	26	35
8	2020/1/12	58	14	44
9	2020/1/5	47	18	19
10	2020/1/4	34	18	16
11	2020/1/3	34	21	13
12	2020/1/2	30	31	-1
13	2020/1/1	29	26	3
14	2020/1/11	29	30	-1

图 3-10　“自定义排序”设置成功

3.2　数据的筛选

在 Excel 中，可以按照一定的条件，如内容、颜色和数字，对数据列表中的数据进行筛选。本节主要介绍数据筛选的具体操作方法。

3.2.1　内容筛选

内容筛选就是根据一定的条件，对数据内容进行选择性地呈现。以某账号的新关注人数为例，可以通过如下步骤，对数据进行内容筛选。

Step 01 在数据表中，❶选择需要筛选的单列数据；❷单击“数据→自动筛选”按钮，如图 3-11 所示。

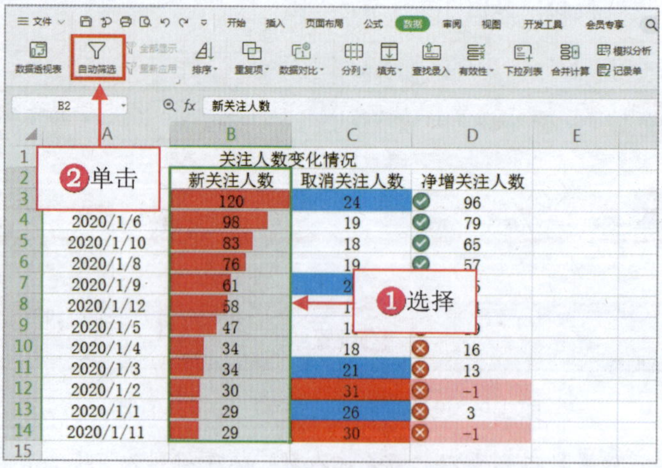

图 3-11　单击“数据→自动筛选”按钮

Step 02 ❶单击“新关注人数”后方的 ▾ 按钮；❷单击“内容筛选”按钮；❸选择内容筛选条件，如“高于平均值”，如图 3-12 所示。

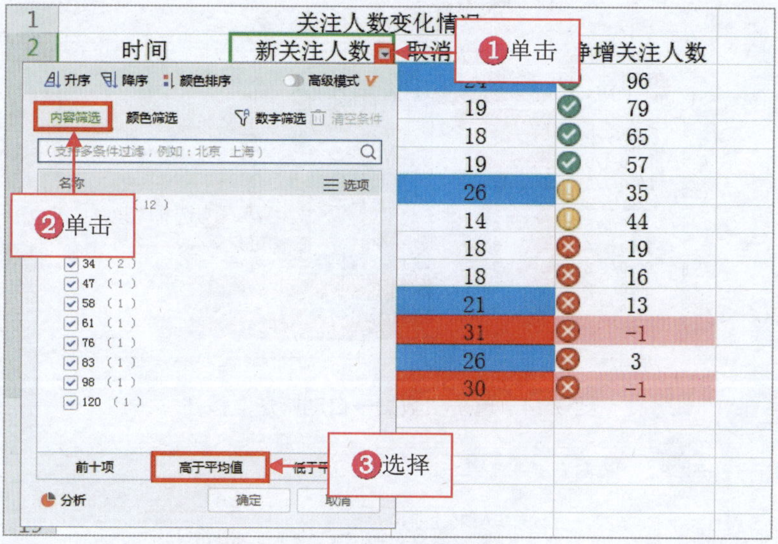

图 3-12　选择内容筛选条件

Step 03 操作完成后，如果数据列表中只出现“高于平均值”的“新关注人数”数据，就说明内容筛选操作成功了，如图 3-13 所示。

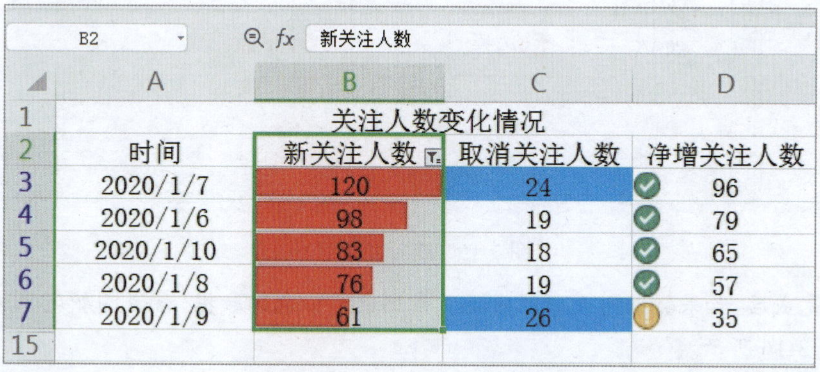

图 3-13　内容筛选操作成功

3.2.2　颜色筛选

颜色筛选就是根据单元格的背景颜色，对数据进行选择性地呈现。以某账号的取消关注人数为例，可以通过如下步骤，对数据进行颜色筛选。

Step 01 在数据表中，❶选择需要进行筛选的单列数据（需要包含不同的背景颜色）；❷单击“数据→自动筛选”按钮，如图 3-14 所示。

Step 02 ❶单击“取消关注人数”后方的 ▾ 按钮；❷单击“颜色筛选”按钮；❸选择单元格背景颜色，如“红色”，如图 3-15 所示。

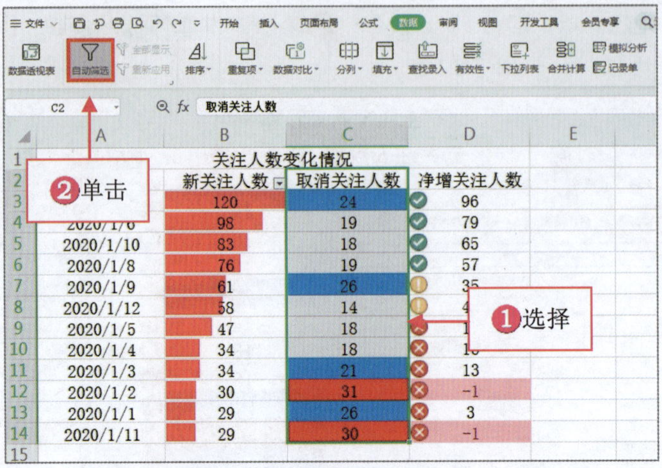

图 3-14　单击“数据→自动筛选”按钮

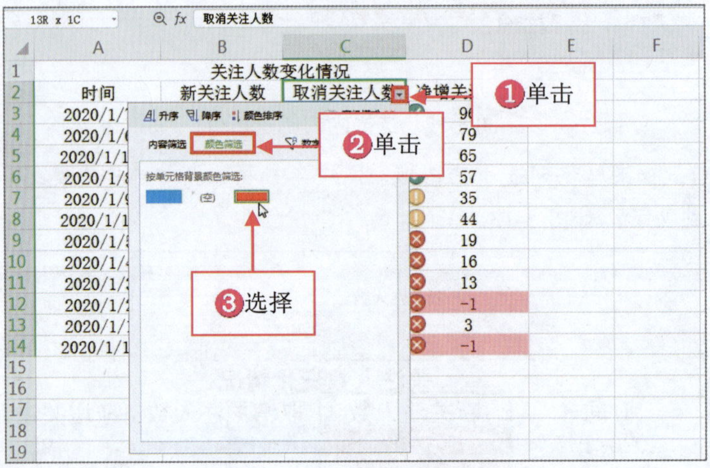

图 3-15　选择背景颜色

Step 03 操作完成后，如果数据列表中只出现背景颜色为红色的数据，就说明颜色筛选操作成功了，如图 3-16 所示。

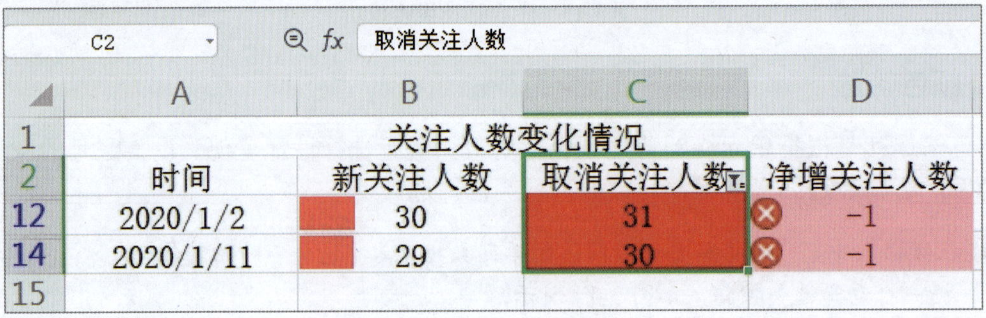

图 3-16　颜色筛选操作成功

3.2.3　数字筛选

数字筛选就是根据一定的条件，对某个范围内的数据进行呈现。以某账号的净增关注人数为例，可以通过如下步骤，对数据进行颜色筛选。

Step 01 在数据表中，❶选择需要进行筛选的单列数据；❷单击“数据→自动筛选”按钮，如图 3-17 所示。

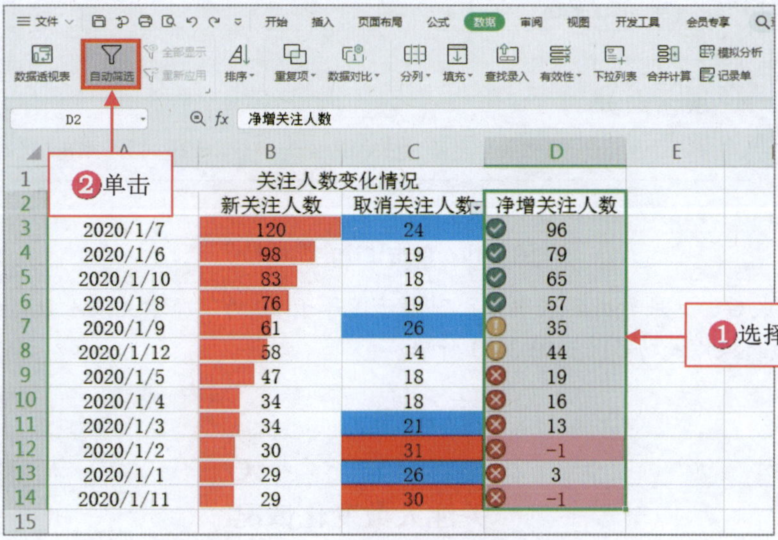

图 3-17　单击“数据→自动筛选”按钮

Step 02 ❶单击“净增关注人数”后方的 ▼ 按钮；❷单击“数字筛选”按钮；❸选择数字筛选条件，如“大于或等于”，如图 3-18 所示。

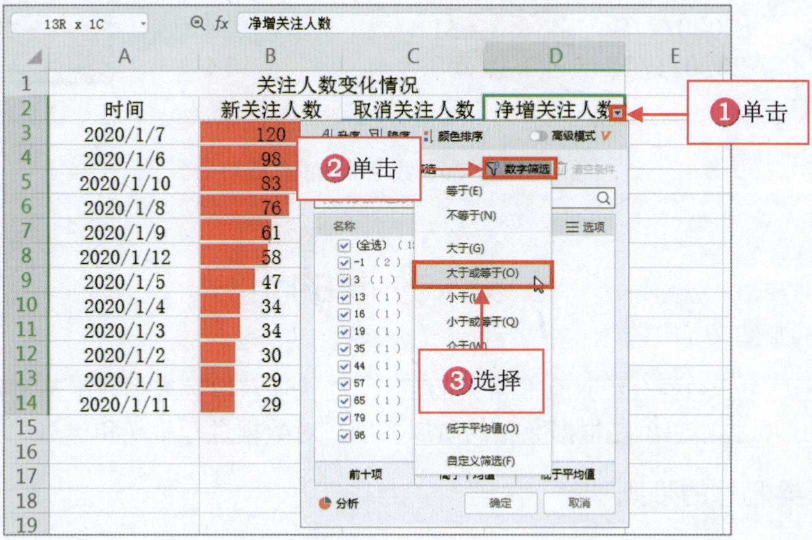

图 3-18　选择数字筛选条件

Step 03 操作完成后，会弹出“自定义自动筛选方式”对话框。在对话框中，❶设置“大于或等于”的具体数值，如 30；❷单击“确定”按钮，如图 3-19 所示。

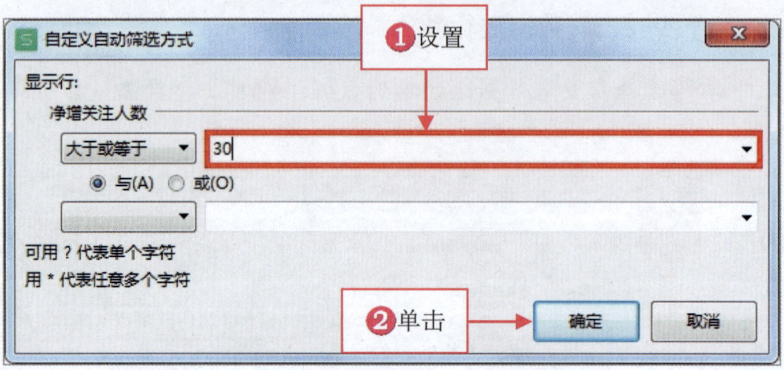

图 3-19　单击“确定”按钮

Step 04 操作完成后，如果数据列表中只出现大于或等于 30 的“净增关注人数”的数据，就说明数字筛选操作成功了，如图 3-20 所示。

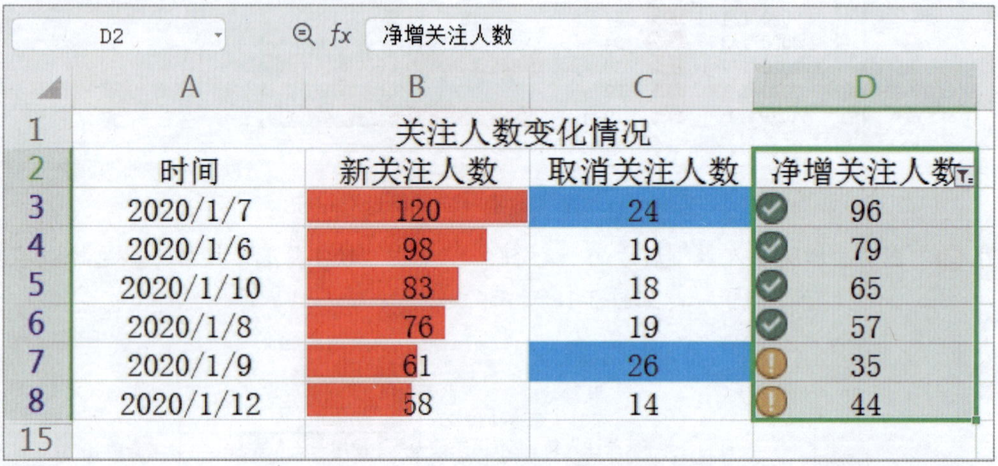

图 3-20　数字筛选操作成功

3.3　数据的汇总

数据汇总对于数据分组具有非常大的帮助，能快速获取数据列表中某类数据的具体数值。在 Excel 中，数据汇总就是根据数据的所属类别，对数据进行呈现和计算。

3.3.1　分类汇总的规则

在 Excel 中，并不是所有的数据表格都可以进行分类汇总。进行分类汇总的数据表格应该满足三个条件，如图 3-21 所示。

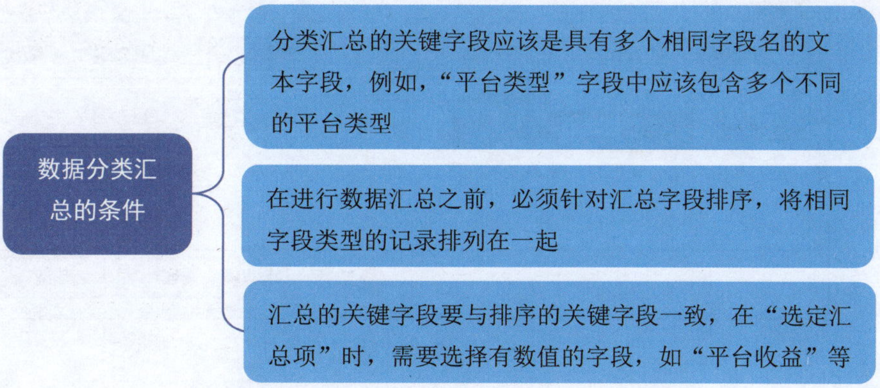

图 3-21　数据分类汇总的条件

3.3.2　分类汇总的方法

有时候，需要分类对数据进行呈现和计算，此时就很有必要掌握分类汇总的方法了。需要注意的是，在进行分类汇总之前，需要先通过排序，将同类数据排列在一起。否则，系统将以行为单位进行分类和计算，这样进行的分类很显然是达不到要求的。下面以分类计算各类型平台的平均收益为例，对具体的操作步骤进行说明。

Step 01 在数据表中，❶选择需要进行排序的数据单元格；❷单击“数据→排序→自定义排序”按钮，如图 3-22 所示。

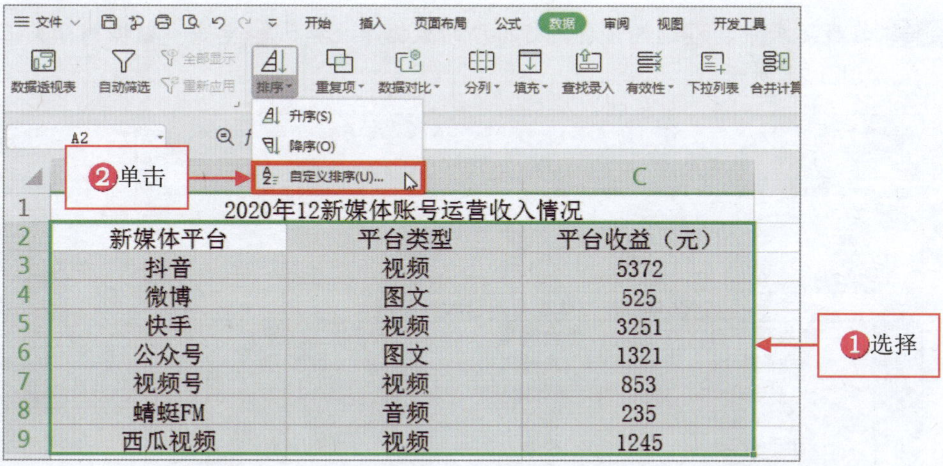

图 3-22　单击“数据→排序→自定义排序”按钮

Step 02 在弹出的“排序”对话框中，将“主要关键字”❶设置为“平台类型”；❷单击“确定”按钮，如图 3-23 所示。

Step 03 操作完成后，如果数据列表中根据平台类型对数据进行排列，就说明“自定义排序”操作成功了，如图 3-24 所示。

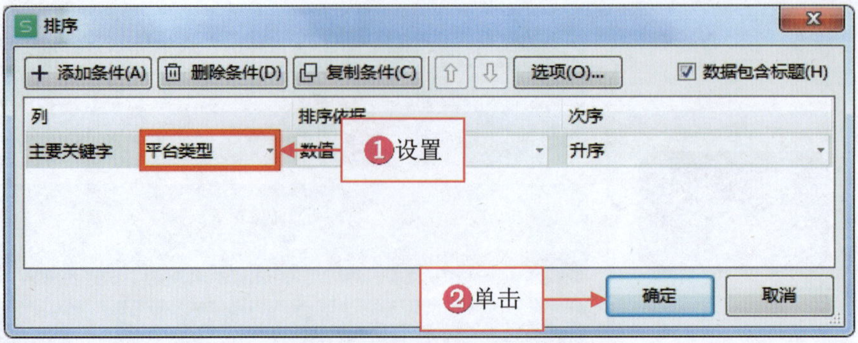

图 3-23　单击“确定”按钮

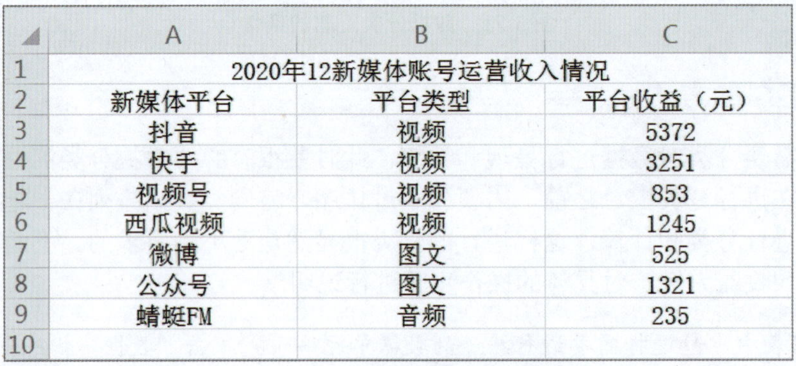

2020年12新媒体账号运营收入情况		
新媒体平台	平台类型	平台收益（元）
抖音	视频	5372
快手	视频	3251
视频号	视频	853
西瓜视频	视频	1245
微博	图文	525
公众号	图文	1321
蜻蜓FM	音频	235

图 3-24　“自定义排序”操作成功

Step04 在数据表中，1选择需要进行排序的数据单元格；2单击“数据→分类汇总”按钮，如图 3-25 所示。

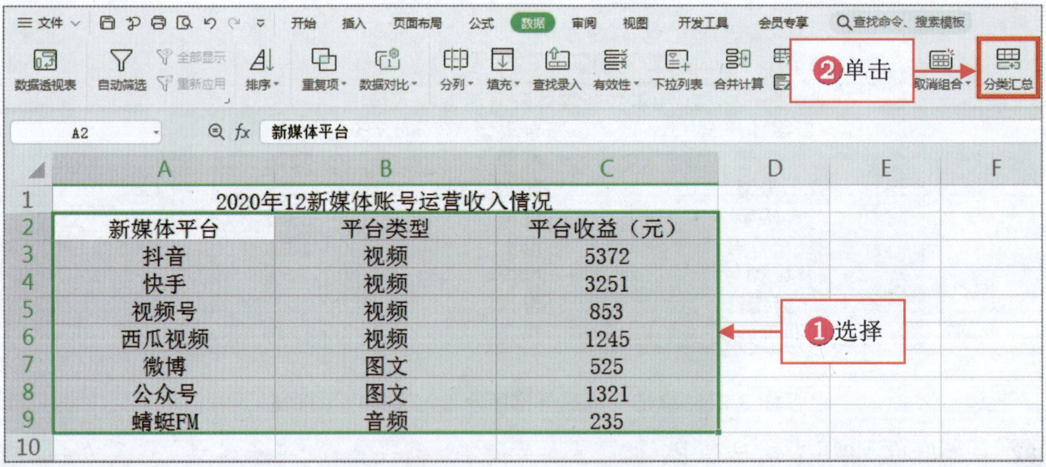

图 3-25　单击“分类汇总”按钮

Step05 操作完成后，会弹出“分类汇总”对话框。在对话框中，1设置相关信息（“分类字段”设置为“平台类型”；“汇总方式”设置为“平均值”；“选定汇总项”设置为“平台收益（元）”；2单击“确定”按钮，如图 3-26 所示。

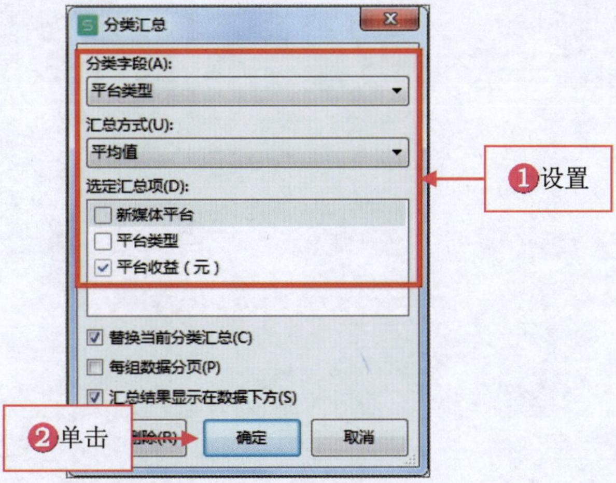

图 3-26　单击“确定”按钮

Step06 上述操作完成后，如果数据列表中分别对各类新媒体平台的收益平均值进行呈现，就说明分类汇总计算操作成功了，如图 3-27 所示。

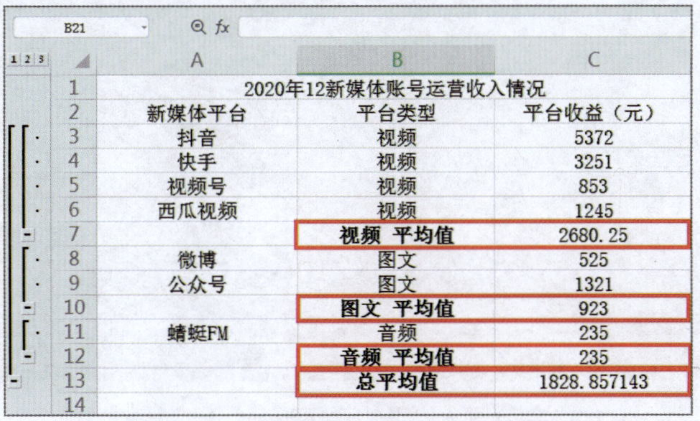

	A	B	C
1	2020年12新媒体账号运营收入情况		
2	新媒体平台	平台类型	平台收益（元）
3	抖音	视频	5372
4	快手	视频	3251
5	视频号	视频	853
6	西瓜视频	视频	1245
7		视频 平均值	2680.25
8	微博	图文	525
9	公众号	图文	1321
10		图文 平均值	923
11	蜻蜓FM	音频	235
12		音频 平均值	235
13		总平均值	1828.857143
14			

图 3-27　分类汇总计算操作成功

本章小结

本章以 Excel 为例，介绍了整理数据的基本技巧，主要包括数据的排序、数据的筛选和数据的汇总。通过对这些数据基本规律的介绍，读者可以更加清楚地知道新媒体市场的发展规律，以便在运营中更好地进行账号营销。

本章习题

1．在 Excel 中，数据筛选有哪些具体操作方法？

2．在 Excel 中，数据分类汇总有哪些条件？

第 4 章　数据的可视化处理

本章导读

数据的数值可能不是很直观，尤其是数据比较多的时候，很难对数据一一进行把握。此时可以借助 Excel 对数据进行处理，将其制作成可视化的图表，让数据更加直观。

本章重点

- 使用图表增加数据直观性
- 将数据变为好看的图表
- 将数据转化为各种图形

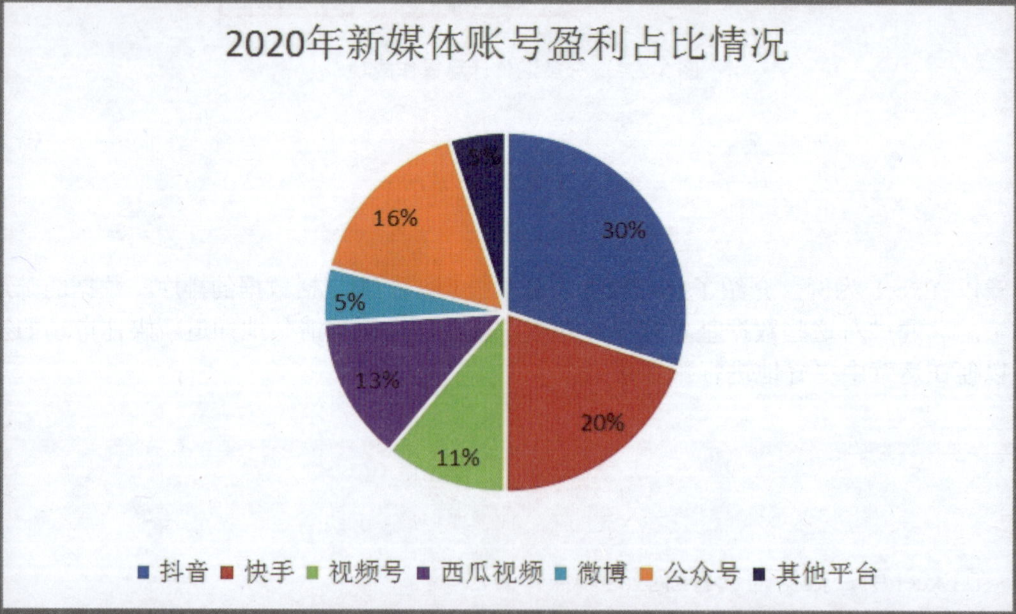

4.1　使用图表增加数据直观性

在做数据分析工作时，将数据搜集、分类汇总、整理好之后，还需要将图表进行处理，让数据看起来直观易懂。

4.1.1　了解图表的基础知识

图表是指在屏幕中显示的，能够直观地体现出所统计的数据信息属性，是一种在知识挖掘和数据统计上使其看起来直观舒适的图形结构。

如图 4-1 所示为某账号的用户变化表格。❶选择表格中的数据；❷单击“插入→全部图标”按钮。会弹出相应的图表类型，如柱形图、折线图、饼图、条形图和面积图等。

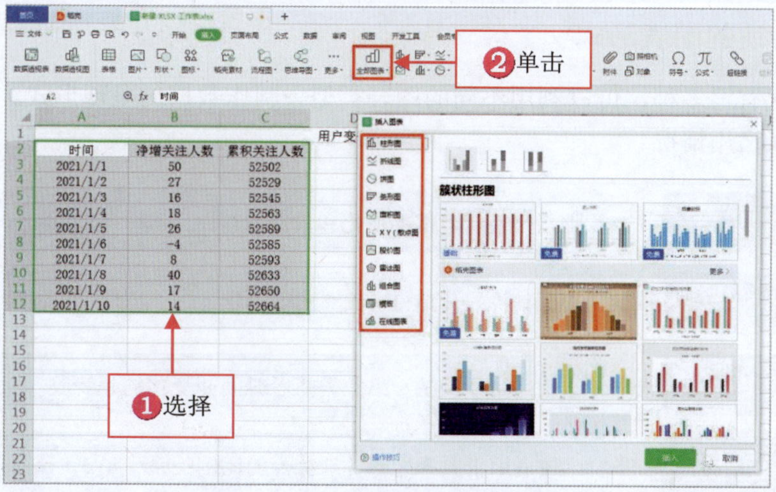

图 4-1　某账号的用户变化表格

图表更加直观地展示相关数据，合理的数据图表会更直接地反映出数据间存在的关系，这比一堆数据或者文字来得更加直接和美观。

4.1.2　用图表直观呈现数据

数据图表的好处，就是通过图形结构的方式呈现出数据间的变化以及特质、规律，能减少很多时间，提高工作效率。图表的作用如图 4-2 所示。

通常，制作图表也需要一个过程，其具体步骤如下。

（1）将自己需要的数据搜集好，对数据进行整理和分析。对数据进行整理的目的是了解数据背后的故事，得到更有效的数据，更方便“吃透”数据。

（2）选择适当的图表类型。

（3）在图表的基础上适当地进行美化，更好地传递信息。

（4）结合图表的数据以及实际案例，分析数据中的比例关系以及数据变化趋势，以便更好地做出推断。

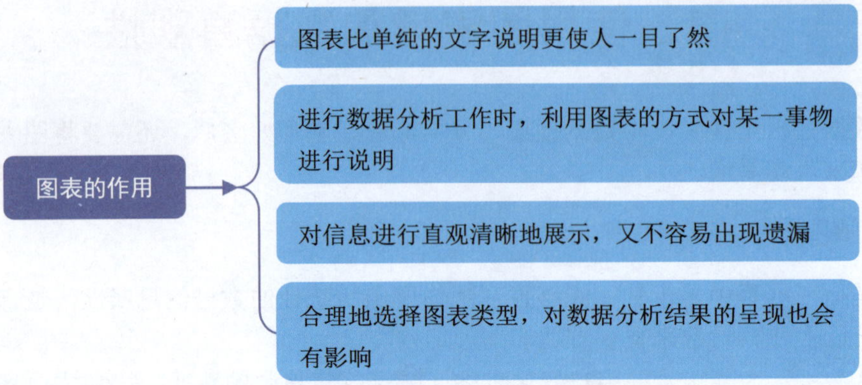

图 4-2　图表的作用

4.1.3　选择合适的图表形式

图表的形式有很多种，可以利用不同的图表类型去制作数据的呈现形式。如图 4-3 所示为图表的类型及适用情况。

图 4-3　图表的类型及适用情况

4.2　将数据变为好看的图表

在进行数据分析工作时，所接触到的表格都是非常简单的，要想让分析之后的表格，变得既美观又便于理解，还需要对表格进行美化工作，将表格变成好看的图表。

4.2.1　借助色阶区分数据

有时候数据平淡无奇地展示在人们的眼前，人们不一定能立刻感受到数据与数据之间的“分布状态”。因此，还需要通过数据的对比分析，更好地展示数据之间的关系与区别。

对此，可以利用 Excel 中的“色阶”功能，进行数据展示优化，这样便于数据分析师以及阅读者快速得出表格数据中的分布规律。色阶是一种能帮助阅读者快速了解数据的分布、变化的一种美化图解方式。色阶通常分为“两种颜色的刻度”与“三种颜色的刻度”两种模式，可以根据自己的需求，改变颜色和颜色深浅度。下面就以某账号的关注人数变化情况为例，用色阶颜色表示数据的大小，具体操作步骤如下。

Step 01 打开数据列表，❶选择需要设置色阶的单元格；❷单击菜单栏中的“开始→条件格式”按钮，如图 4-4 所示。

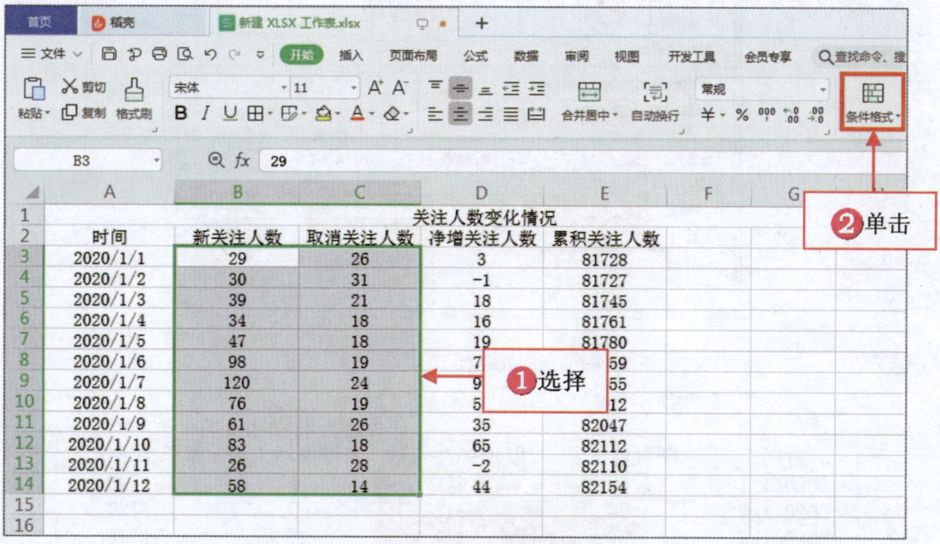

图 4-4　单击“条件格式”按钮

Step 02 在下拉框中选择“色阶→其他规则”选项，如图 4-5 所示。

Step 03 在弹出的“新建格式规则”对话框中，❶选择“基于各自值设置所有单元格的格式”选项；在“格式样式”中，❷选择“三色刻度”选项；❸设置颜色；❹单击“确定”按钮，如图 4-6 所示。

Step 04 色阶设置完成，被选中表格中的数据所在的单元格将显示不同的颜色，如图 4-7 所示。

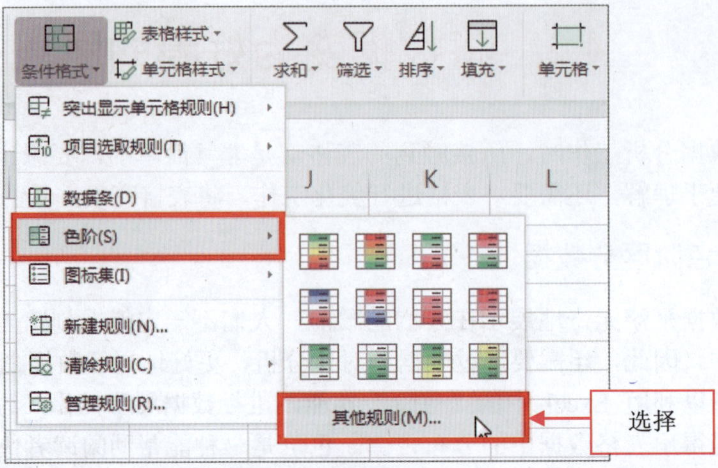

图 4-5 选择“其他规则”选项

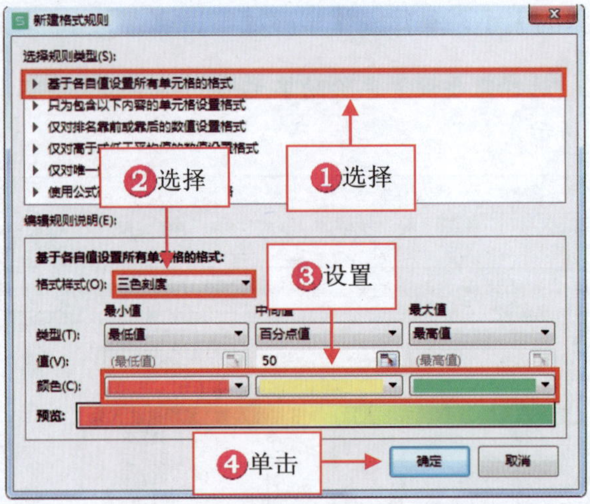

图 4-6 “新建格式规则”对话框

关注人数变化情况				
时间	新关注人数	取消关注人数	净增关注人数	累积关注人数
2020/1/1	29	26	3	81728
2020/1/2	30	31	-1	81727
2020/1/3	39	21	18	81745
2020/1/4	34	18	16	81761
2020/1/5	47	18	19	81780
2020/1/6	98	19	79	81859
2020/1/7	120	24	96	81955
2020/1/8	76	19	57	82012
2020/1/9	61	26	35	82047
2020/1/10	83	18	65	82112
2020/1/11	26	28	-2	82110
2020/1/12	58	14	44	82154

图 4-7 色阶设置完成

从图 4-7 中可以明显地看出，2021 年 1 月 7 日该账号的新关注人数相对较多；2021 年 1 月 2 日取消关注的人数较多。对此，可以重点分析这几天新关注人数和取消关注人数较多的原因。

4.2.2　突出设置特定数据

除了设置色阶之外，还可以在 Excel 中，使用“突出显示单元格规格”功能，将重点数据突显出来，使得数据分析更具表现力，具体操作步骤如下。

Step 01 打开数据列表，❶选择需要设置突出显示单元格的单元格；❷单击菜单栏中的“开始→条件格式”按钮，如图 4-8 所示。

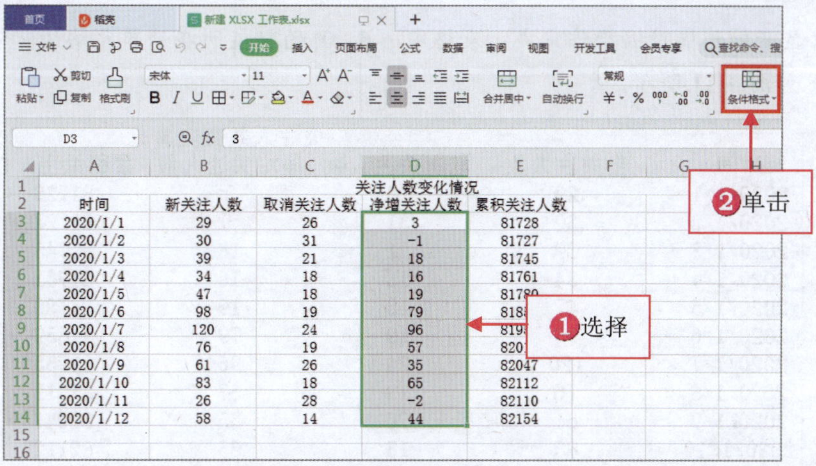

图 4-8　单击“条件格式”按钮

Step 02 在弹出的下拉框中选择“突出显示单元格规则→小于”选项，如图 4-9 所示。

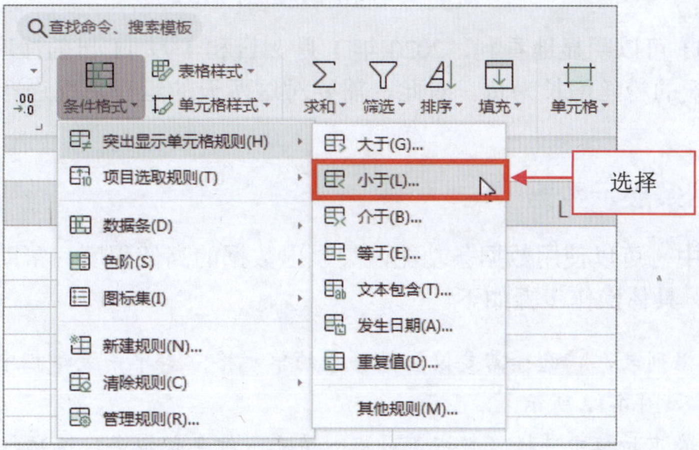

图 4-9　选择“小于”选项

Step 03 弹出“小于”对话框，在“为小于以下值的单元格设置格式”文本框中，❶输入数值（如“0”）；❷设置“设置为”为“浅红填充色深红色文本”；❸单击“确定”按钮，如图 4-10 所示。

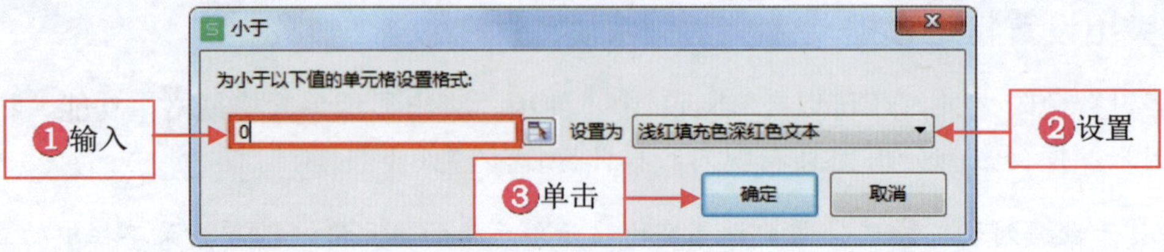

图 4-10 单击“确定”按钮

Step 04 突出显示单元格数据操作完成，表格中小于 0 的数值所在的单元格的背景颜色将变成红色，如图 4-11 所示。

关注人数变化情况				
时间	新关注人数	取消关注人数	净增关注人数	累积关注人数
2020/1/1	29	26	3	81728
2020/1/2	30	31	-1	81727
2020/1/3	39	21	18	81745
2020/1/4	34	18	16	81761
2020/1/5	47	18	19	81780
2020/1/6	98	19	79	81859
2020/1/7	120	24	96	81955
2020/1/8	76	19	57	82012
2020/1/9	61	26	35	82047
2020/1/10	83	18	65	82112
2020/1/11	26	28	-2	82110
2020/1/12	58	14	44	82154

图 4-11 突出指定数据操作完成

通过图 4-11 可以明显地看到，2020 年 1 月 2 日和 1 月 11 日的净增关注人数都小于 0，也就是说这两天的粉丝增长为负。对此，需要对这两天的运营情况进行分析，了解自身存在的问题。

4.2.3 用数据条展示数据

在 Excel 中，可以使用数据条功能，突显出数据的高低程度，帮助读者在茫茫数据中找出高值或低值，具体操作步骤如下。

Step 01 打开数据列表，❶选择需要设置数据条的单元格；❷单击菜单栏中的“开始→条件格式”按钮，如图 4-12 所示。

Step 02 在弹出的下拉框中选择“数据条→实心填充→红色数据条”选项，如图 4-13 所示。

Step 03 数据条设置完成后，从红色数据条中便可以形象生动地看出数据之间的差异，如图 4-14 所示。

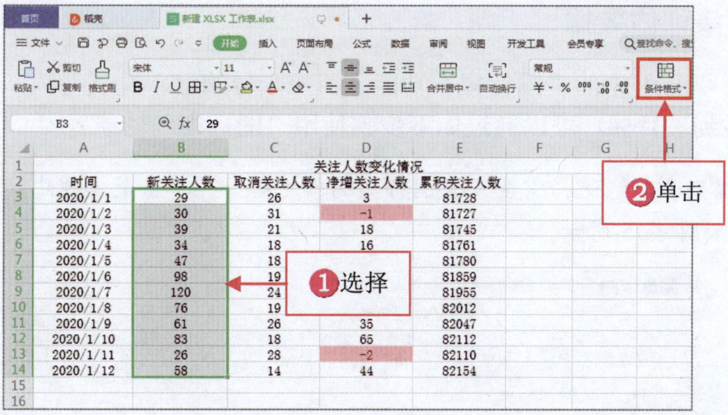

图 4-12　单击“条件格式”按钮

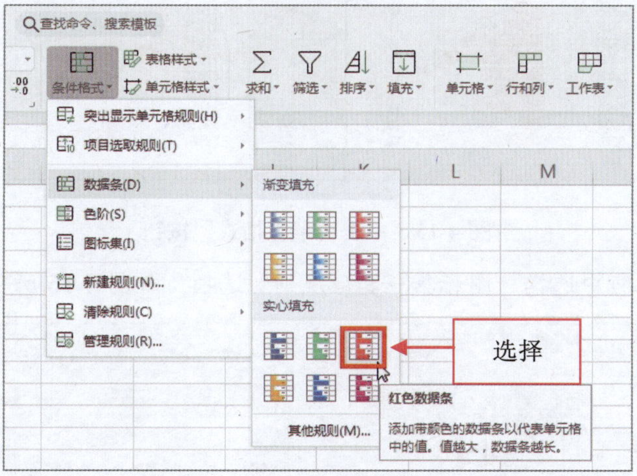

图 4-13　选择“红色数据条”选项

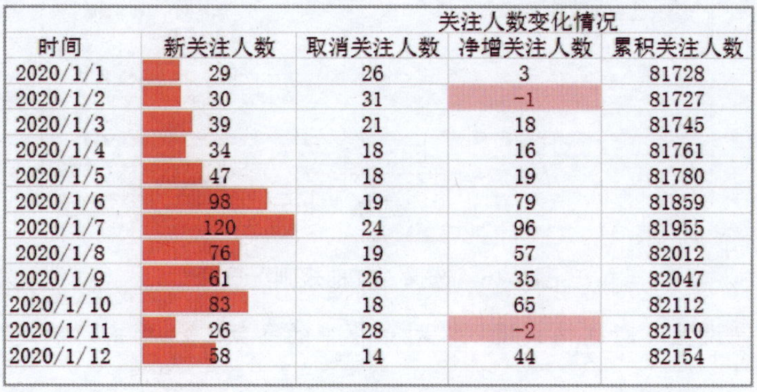

关注人数变化情况				
时间	新关注人数	取消关注人数	净增关注人数	累积关注人数
2020/1/1	29	26	3	81728
2020/1/2	30	31	-1	81727
2020/1/3	39	21	18	81745
2020/1/4	34	18	16	81761
2020/1/5	47	18	19	81780
2020/1/6	98	19	79	81859
2020/1/7	120	24	96	81955
2020/1/8	76	19	57	82012
2020/1/9	61	26	35	82047
2020/1/10	83	18	65	82112
2020/1/11	26	28	-2	82110
2020/1/12	58	14	44	82154

图 4-14　数据条设置完成

从图 4-14 中可以看出，2020 年 1 月 7 日该账号的新关注人数较多。对此，可以分析这一天粉丝增加的原因，为运营积累成功的经验。

4.2.4 用图标集评估数据

还可以运用 Excel 中的“图标集”功能，监控账号的运营发展趋势，快速了解账号每一天的数据是否达到了目标。可以通过如下步骤使用“图标集”功能。

Step01 打开数据列表，❶选择需要设置图标集的单元格；❷单击菜单栏中的“开始→条件格式”按钮，如图 4-15 所示。

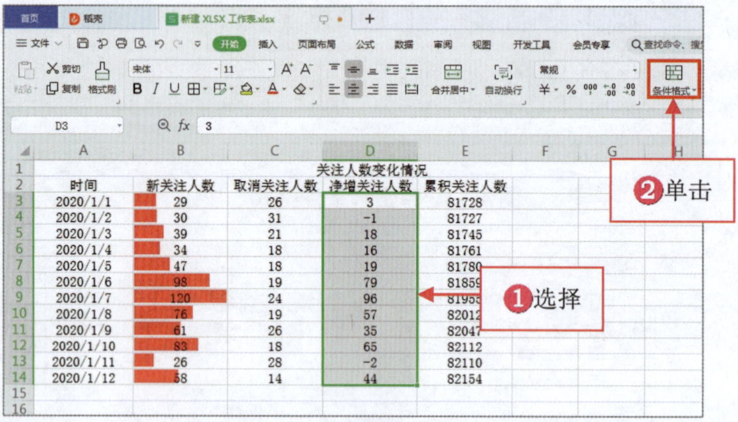

图 4-15 单击“条件格式”按钮

Step02 在弹出的下拉框中选择“图标集→其他规则”选项，如图 4-16 所示。

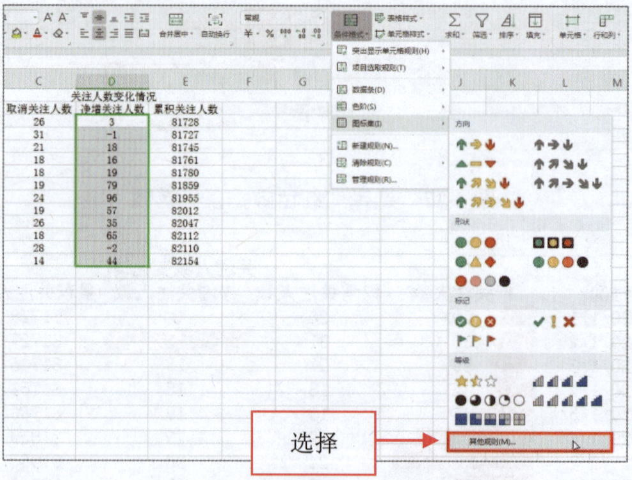

图 4-16 选择“其他规则”选项

Step03 根据需求❶设置“新建格式规则”对话框中的参数；❷单击“确定”按钮，如图 4-17 所示。

Step04 操作完成，就可以看到表格中的图标集了，如图 4-18 所示。通过该图中的图标集，便能快速把握某一天的净增关注人数是否达到目标。

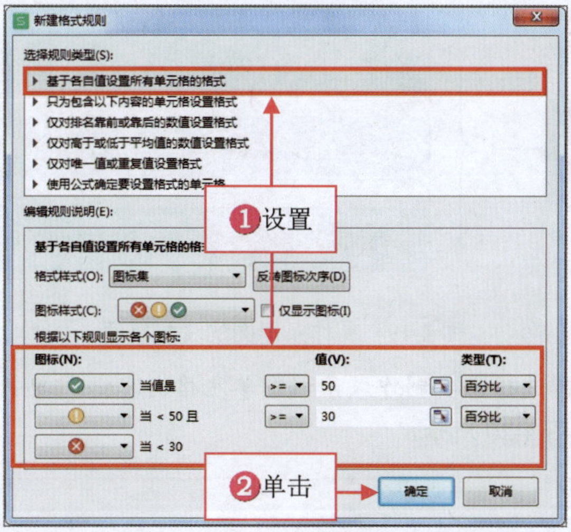

图 4-17　单击“确定”按钮

时间	新关注人数	取消关注人数	关注人数变化情况 净增关注人数	累积关注人数
2020/1/1	29	26	3	81728
2020/1/2	30	31	-1	81727
2020/1/3	39	21	18	81745
2020/1/4	34	18	16	81761
2020/1/5	47	18	19	81780
2020/1/6	98	19	79	81859
2020/1/7	120	24	96	81955
2020/1/8	76	19	57	82012
2020/1/9	61	26	35	82047
2020/1/10	83	18	65	82112
2020/1/11	26	28	-2	82110
2020/1/12	58	14	44	82154

图 4-18　图标集完成

4.3　将数据转化为各种图形

枯燥乏味的数字，读者看着很累。因此，许多人就开始将表格与相对应的图结合，给读者提供了快速理解和阅读数据的契机。本章主要讲述几种常见图形的转换方法。

4.3.1　条形图

条形图常用来进行数据的对比，观察数据之间存在的差异性。在制作条形图时，需要注意三点，如图 4-19 所示。

下面以某新媒体账号 2019～2020 年内容创作收益为例，介绍制作条形图的具体步骤。

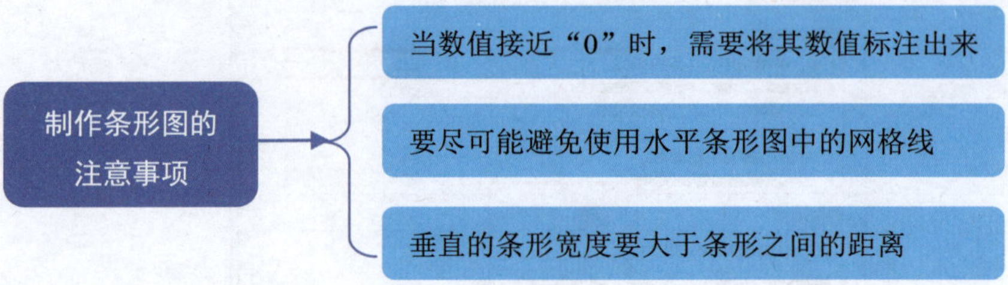

图 4-19　制作条形图的注意事项

Step 01 打开数据列表，❶选择需要制作成条形图单元格内容；❷单击菜单栏中的“插入→全部图表”按钮，如图 4-20 所示。

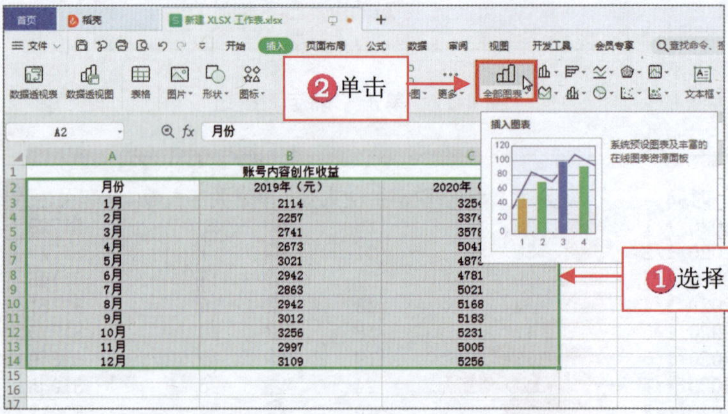

图 4-20　单击“全部图表”按钮

Step 02 在弹出的“插入图表”对话框中，❶选择条形图的样式；❷单击“插入”按钮，如图 4-21 所示。

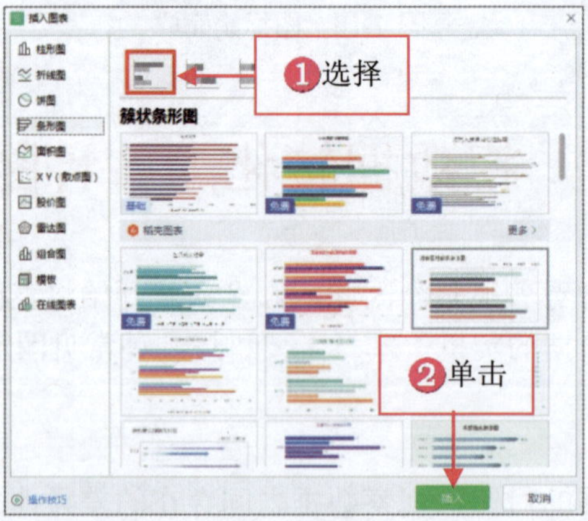

图 4-21　单击“插入”按钮

Step 03 操作完成后，条形图的雏形便制作完成了，如图 4-22 所示。

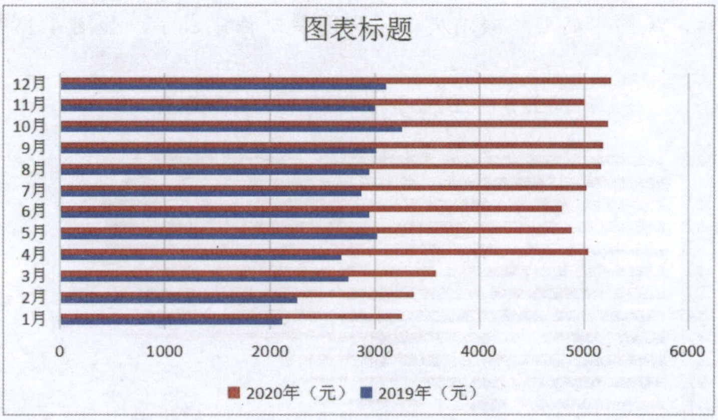

图 4-22　条形图的雏形

Step04 单击“图表标题”，输入“2019～2020 年账号内容创作收益”，如图 4-23 所示。

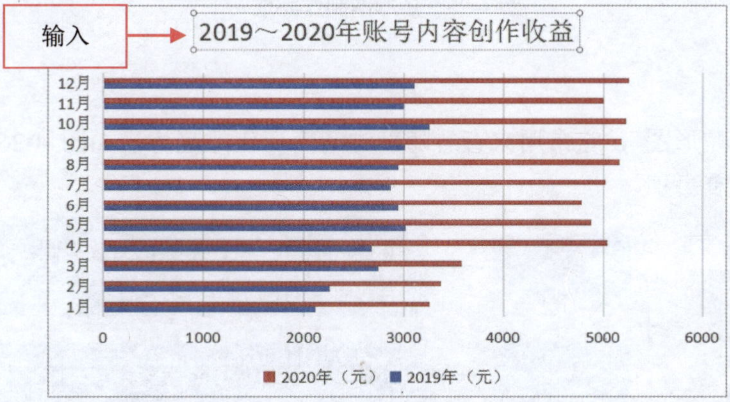

图 4-23　输入条形图标题

Step05 单击条形图，操作完成后右侧会出现一些按钮。❶单击 按钮；❷在弹出的下拉框中，取消勾选“网格线”复选框，如图 4-24 所示。

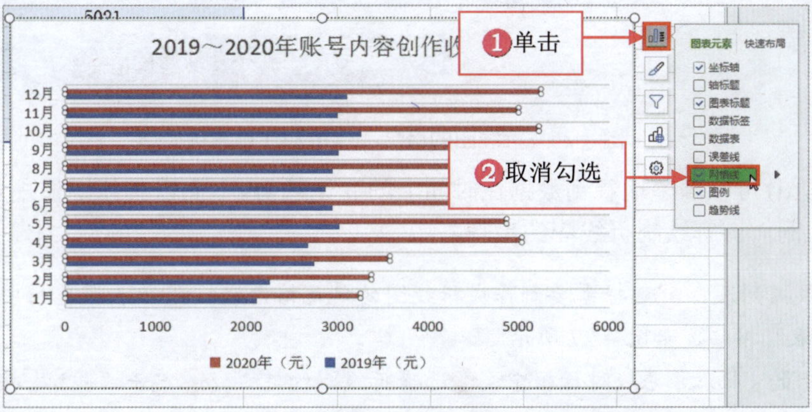

图 4-24　取消勾选“网络线”复选框

Step06 操作完成后，原图中的网格线消失，条形图便制作完成了，如图 4-25 所示。

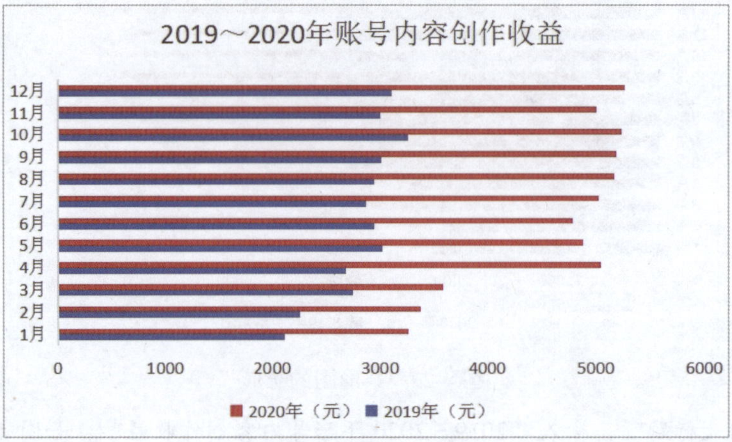

图 4-25　条形图制作完成

4.3.2　折线图

折线图又称“蛇形图”，它常用来查看随着时间而变化的趋势。如图 4-26 所示为折线图的概念、作用与注意事项。

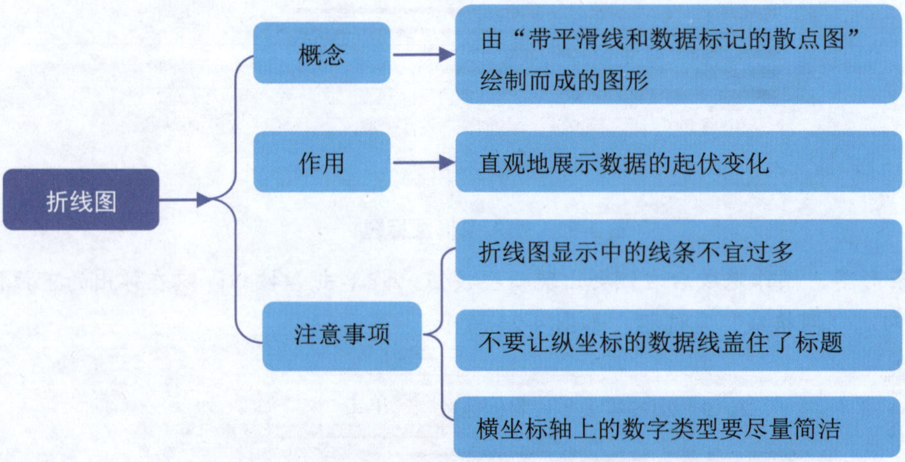

图 4-26　折线图的概念、作用和注意事项

通过折线图，可以清楚地看到数据在时间上的变化趋势。下面以某新媒体账号 2019～2020 年运营收入为例，讲解绘制折线图的步骤。

Step01 打开数据列表，❶选择需要制作成折线图的单元格内容；❷单击菜单栏中的“插入→全部图表”按钮，如图 4-27 所示。

Step02 在弹出的“插入图表”对话框中，❶选择折线图的样式；❷单击“插入”按钮，如图 4-28 所示。

Step03 操作完成后，折线图的雏形便制作完成了，如图 4-29 所示。

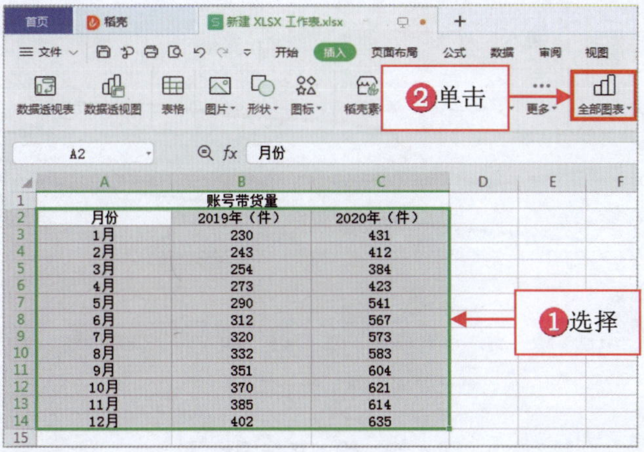

图 4-27　单击"全部图表"按钮

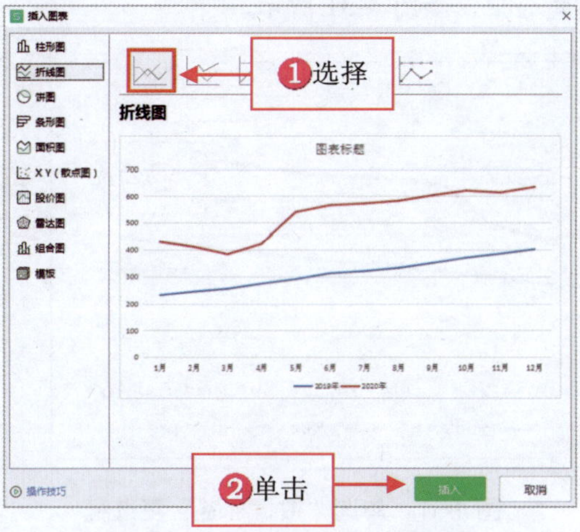

图 4-28　单击"插入"按钮

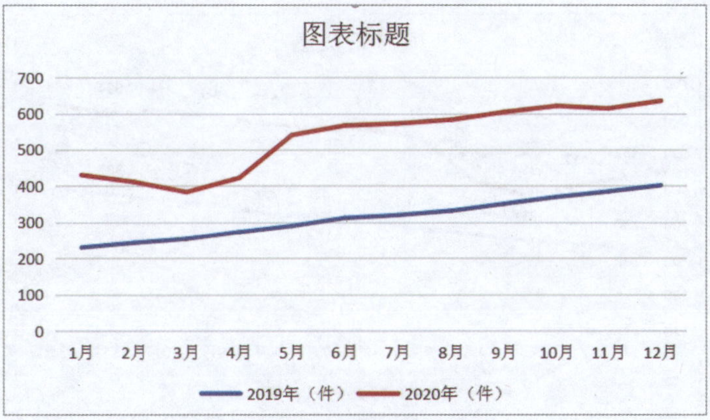

图 4-29　折线图的雏形

Step 04　单击"图表标题"，输入"账号带货量"，如图 4-30 所示。

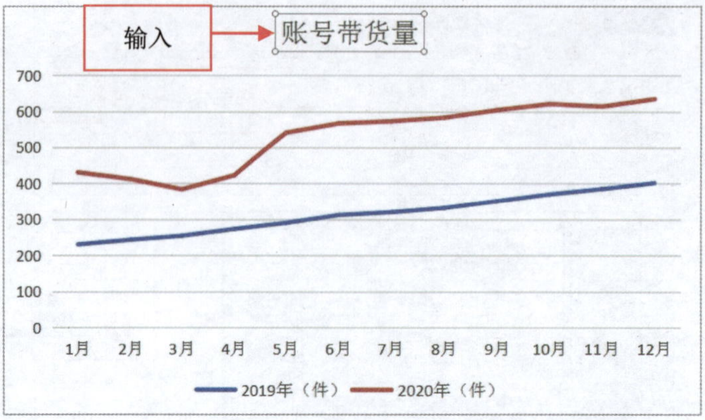

图 4-30 输入折线图标题

Step 05 单击条形图，操作完成后右侧会出现一些按钮。❶单击 按钮；❷在弹出的下拉栏中，勾选“数据标签”复选框，如图 4-31 所示。

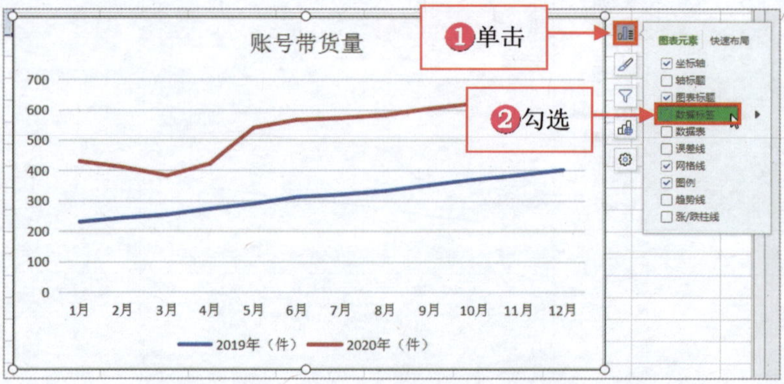

图 4-31 勾选“数据标签”复选框

Step 06 操作完成后，原折线图上便会出现具体的数据，折线图便制作完成了，如图 4-32 所示。

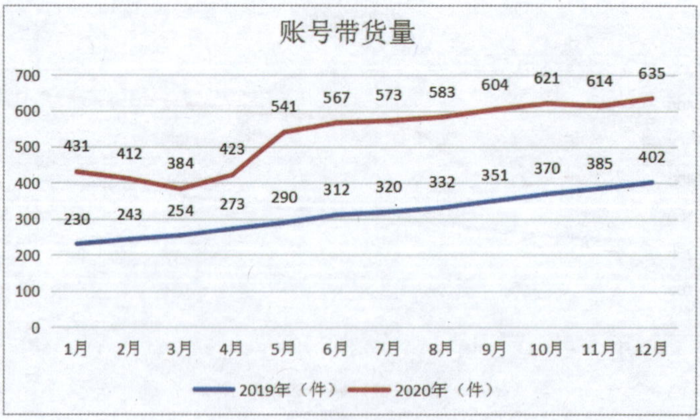

图 4-32 折线图制作完成

4.3.3　平均线图

可以运用平均线图，将平均值与数值一同展现到图形中。通过平均值与数值的对比，可以明显感受到哪些数据呈上升趋势。下面以某新媒体账号的新增粉丝数为例，讲解制作平均线图的具体步骤。

Step 01 打开数据列表，❶选择需要计算平均值的单元格，如 C3 单元格；❷单击菜单栏中的“公式→自动求和”按钮；❸在弹出的下拉列表框中，选择“平均值（A）”选项，如图 4-33 所示。

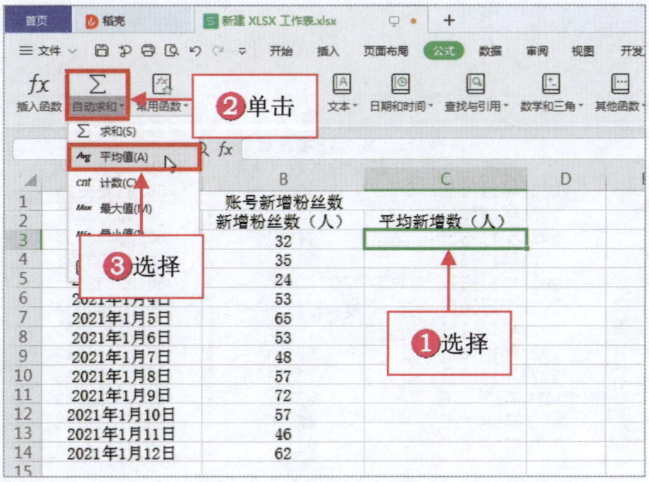

图 4-33　折线图制作完成

Step 02 将鼠标放置 B3 单元格右下角，并一直下拉到 B14，如图 4-34 所示。

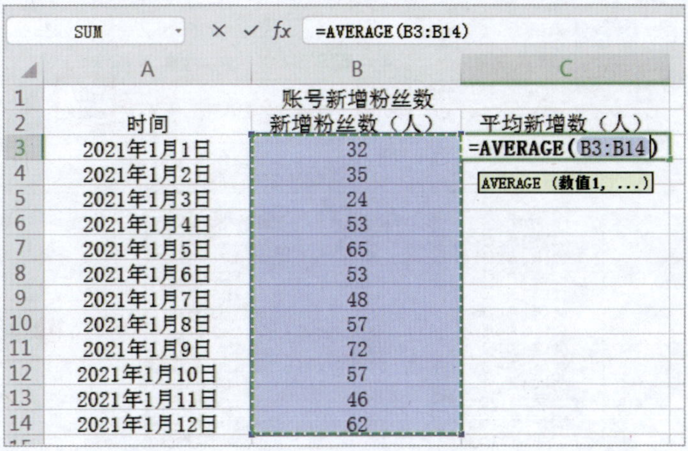

图 4-34　计算平均值

Step 03 按下【Enter】键，操作完成后即可得到平均值，如图 4-35 所示。

Step 04 将平均值复制到 C4 ~ C12 单元格中，如图 4-36 所示。

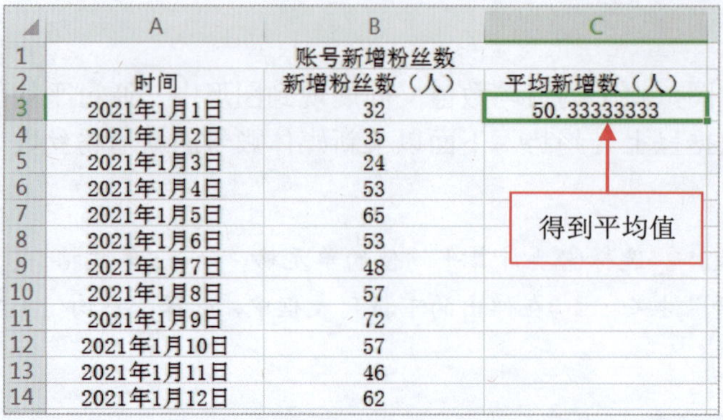

	A	B	C
1	账号新增粉丝数		
2	时间	新增粉丝数（人）	平均新增数（人）
3	2021年1月1日	32	50.33333333
4	2021年1月2日	35	
5	2021年1月3日	24	
6	2021年1月4日	53	
7	2021年1月5日	65	
8	2021年1月6日	53	
9	2021年1月7日	48	
10	2021年1月8日	57	
11	2021年1月9日	72	
12	2021年1月10日	57	
13	2021年1月11日	46	
14	2021年1月12日	62	

图 4-35　得到平均值

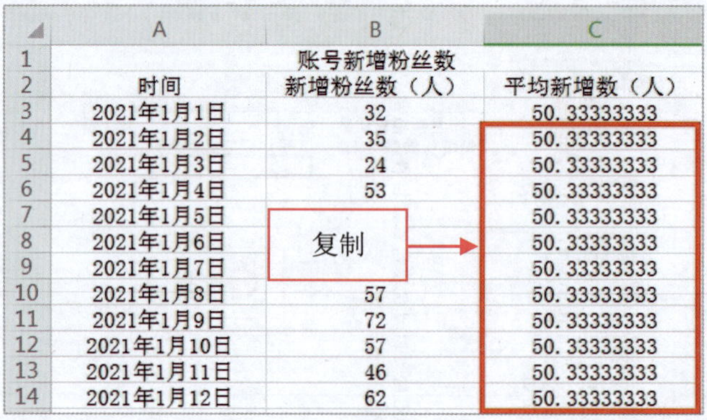

	A	B	C
1	账号新增粉丝数		
2	时间	新增粉丝数（人）	平均新增数（人）
3	2021年1月1日	32	50.33333333
4	2021年1月2日	35	50.33333333
5	2021年1月3日	24	50.33333333
6	2021年1月4日	53	50.33333333
7	2021年1月5日		50.33333333
8	2021年1月6日		50.33333333
9	2021年1月7日		50.33333333
10	2021年1月8日	57	50.33333333
11	2021年1月9日	72	50.33333333
12	2021年1月10日	57	50.33333333
13	2021年1月11日	46	50.33333333
14	2021年1月12日	62	50.33333333

图 4-36　复制平均值

Step 05 打开数据列表，❶选择需要制作成平均线图的单元格内容；❷单击菜单栏中的“插入→全部图表”按钮，如图 4-37 所示。。

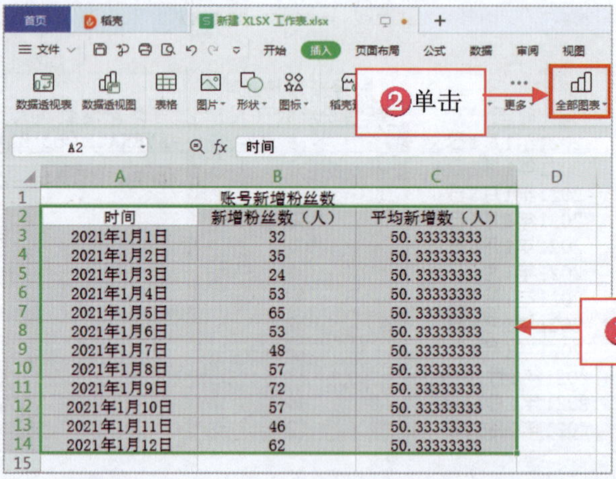

图 4-37　单击“插入→全部图表”按钮

Step 06 在弹出的“插入图表”对话框中，❶选择“组合图→簇状柱形图-折线图”选项；❷单击“插入”按钮，如图 4-38 所示。

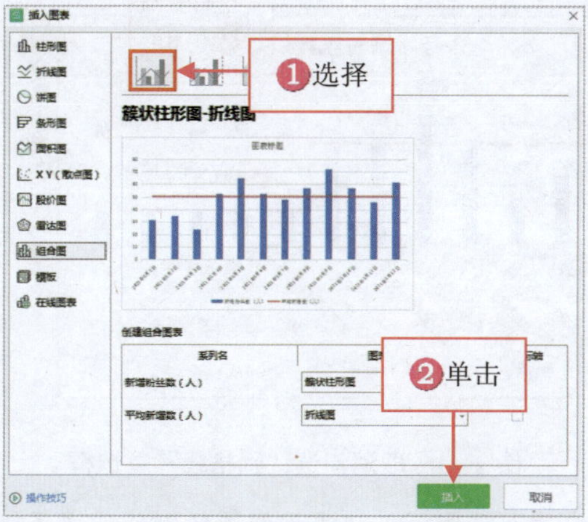

图 4-38　单击“插入”按钮

Step 07 操作完成后，平均线图的雏形便制作完成了，如图 4-39 所示。

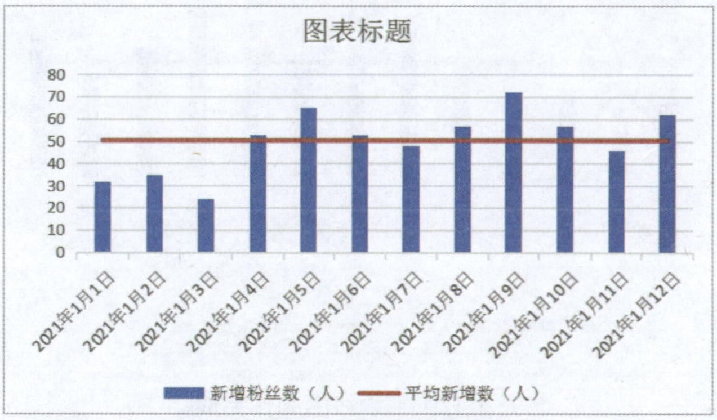

图 4-39　平均线图的雏形

Step 08 单击“图表标题”，输入“账号新增粉丝数”，如图 4-40 所示。

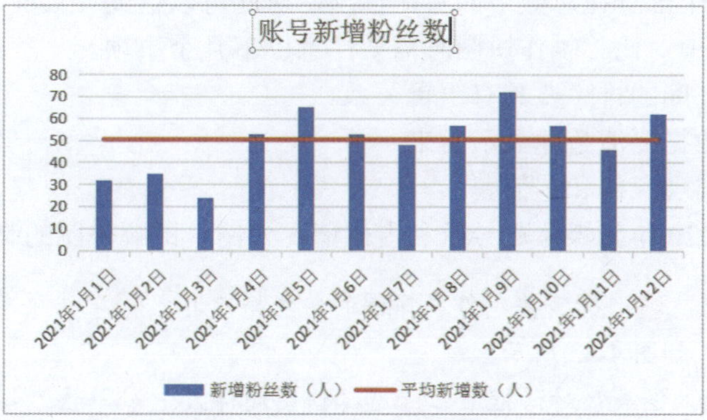

图 4-40　输入图表名称

Step 09 单击条形图，操作完成后右侧会出现一些按钮。❶单击按钮；❷在弹出的下拉栏中，取消勾选“网格线”复选框，如图 4-41 所示。

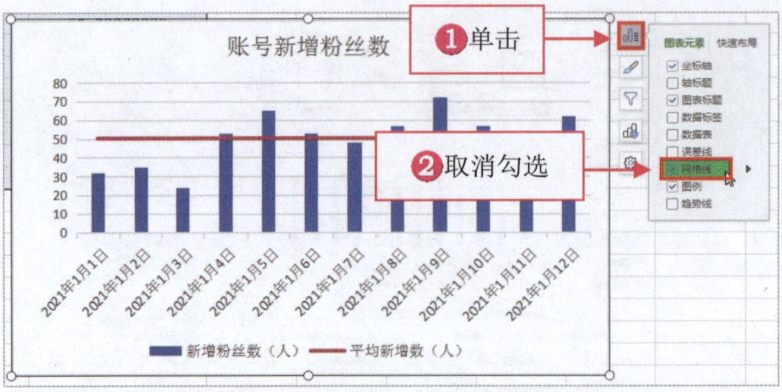

图 4-41　取消勾选“网格线”复选框

Step 10 操作完成后，原图中的网格线消失，平均线图便制作完成了，如图 4-42 所示。

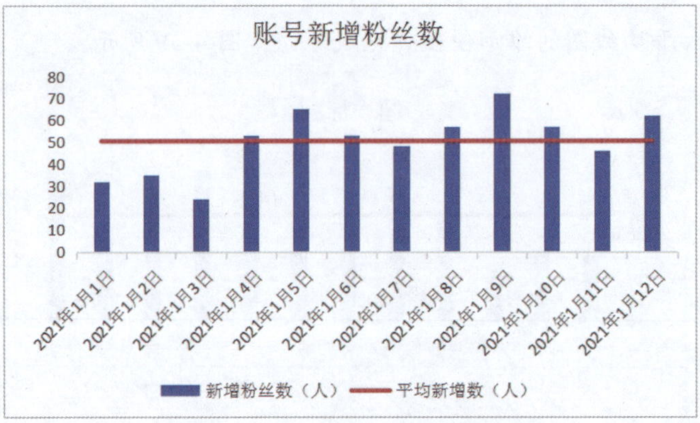

图 4-42　平均线图制作完成

4.3.4　饼图

有时需要显示各个部分在总数中的占比情况，对此可以借助 Excel 中的饼图，对各部分的数据进行生动形象地对比。制作饼图时需要注意以下几个事项。

（1）饼图数据之间的排序要具有逻辑关系。

（2）饼图上的数据要清楚地显示出来。

（3）图中不要出现负值和零值。

下面以某公司 2020 年新媒体账号盈利占比情况为例，讲解饼图的制作步骤。

Step 01 在数据列表中，❶选择需要制作成饼图的单元格内容；❷单击菜单栏中的“插入→全部图表”按钮，如图 4-43 所示。

Step 02 在弹出的“插入图表”对话框中，❶选择饼图的样式；❷单击“插入”按钮，如图 4-44 所示。

Step 03 操作完成后，即可获得一个饼图。在饼图的“图表标题”中输入“2020 年新媒体账号盈利占比情况”，如图 4-45 所示。

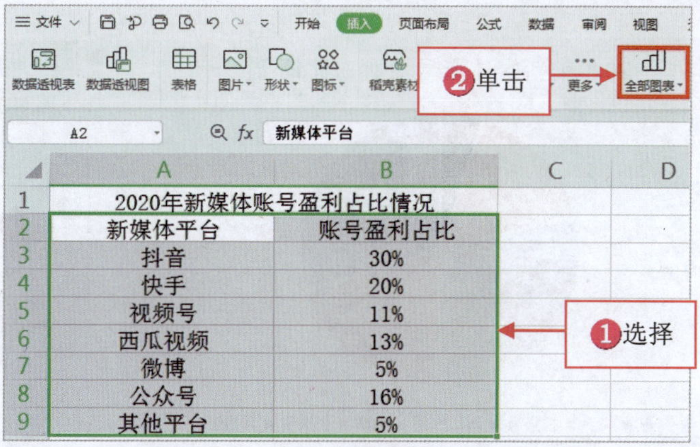

图 4-43　单击“全部图表”按钮

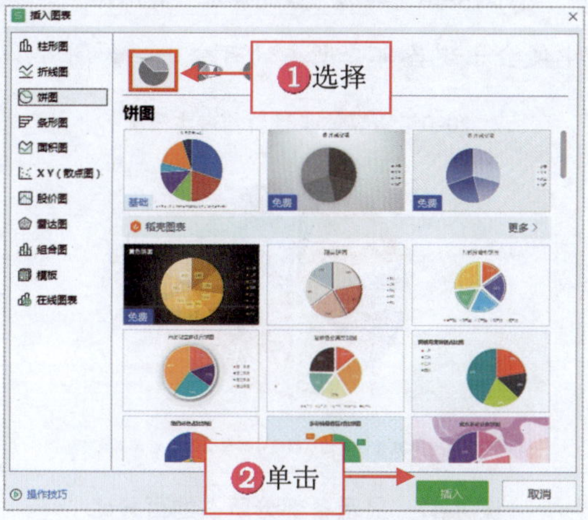

图 4-44　单击“插入”按钮

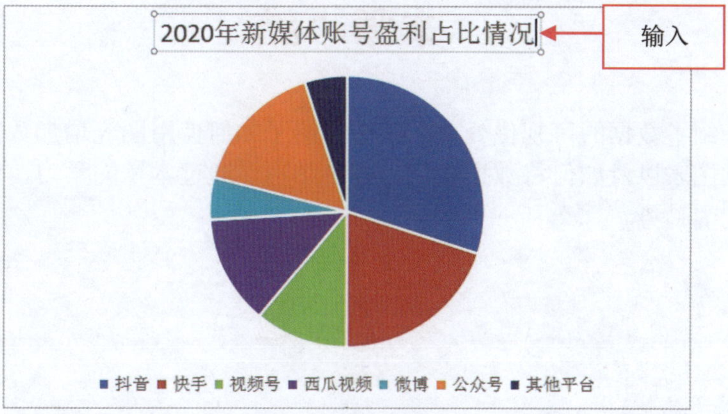

图 4-45　输入饼图标题

Step 04 单击饼图，操作完成后右侧会出现一些按钮。❶单击 按钮；❷在弹出的下拉栏中，勾选“数据标签”复选框，如图 4-46 所示。

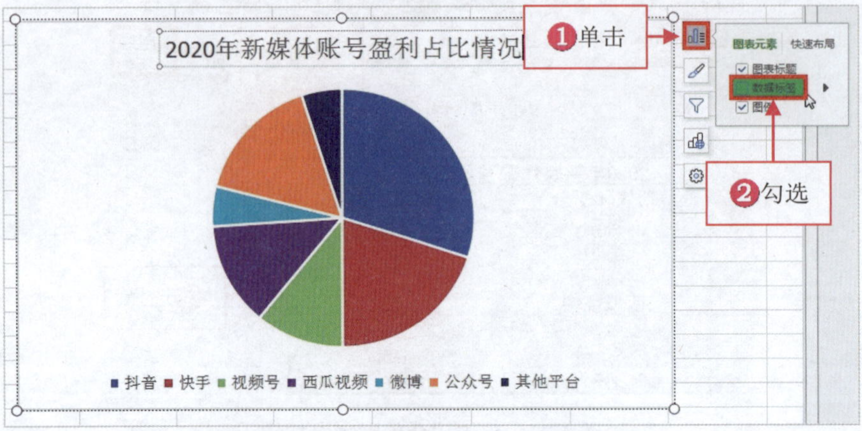

图 4-46 勾选“数据标签”复选框

Step 05 操作完成后，饼图中便会出现各部分所占的百分比，如图 4-47 所示。

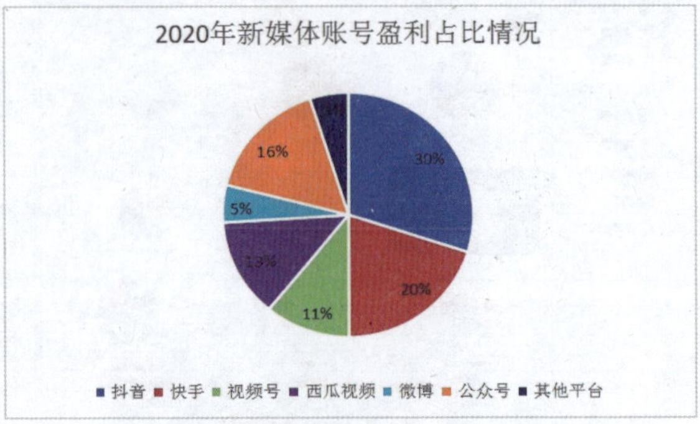

图 4-47 显示各部分所占的百分比

本章小结

本章主要介绍了数据的可视化处理，其中介绍了如何使用图表增加数据直观性，如何将数据变为好看的图表以及如何将数据转化为各种图形。通过本章的学习，可以帮助读者更好地掌握数据变化的趋势。

本章习题

1. 制作图表具有哪些作用？
2. 常见数据图有哪几种？请具体说明。

第 5 章　视频平台的数据分析

本章导读

视频类新媒体平台有很多，如抖音、快手和西瓜视频等。视频类新媒体平台有哪些需要重点分析的数据，这些数据又该如何进行分析呢？

本章重点

- 视频素材数据分析
- 视频账号运营分析
- 视频内容数据分析

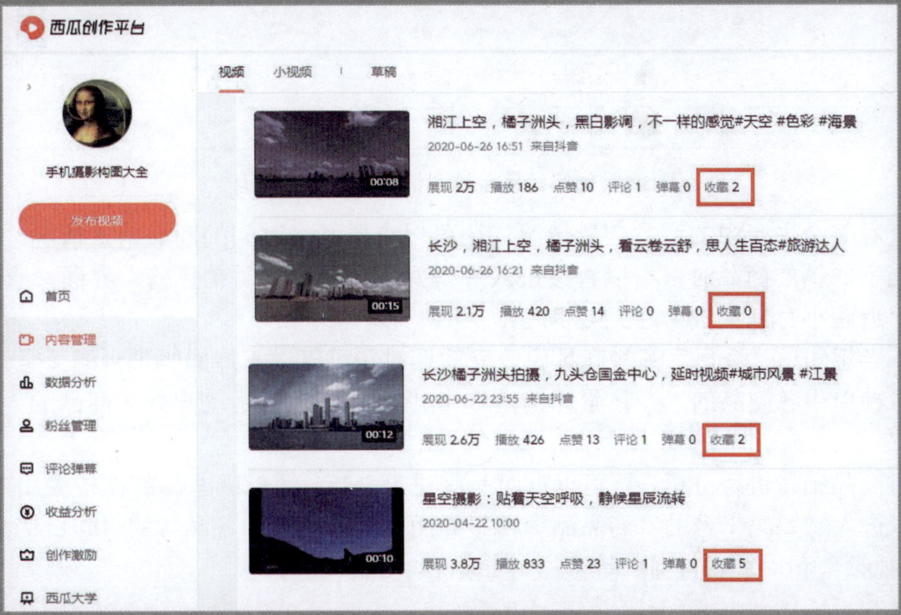

5.1　视频素材数据分析

每个视频都是由各个部分的内容构成的，如果能够根据数据选择素材，构建视频内容，那么视频将更有可能成为爆款。本节从视频中各元素的数据分析入手，介绍如何更好地构建视频内容。

5.1.1　商品销售数据

因为只有视频中的商品获得较高的销量，带货收入才会比较有保障，所以需要在打造带货视频的过程中，根据自身定位选择销量相对较高的商品进行带货。可以结合各数据平台的相关榜单对产品的销量情况进行评估，以找到销量相对高的商品。

例如，想知道哪些商品在抖音中的销量比较高，可以直接查看蝉妈妈平台的“抖音销量榜”。在该榜单的界面中，可以直观地看到榜单中各商品的“昨日销量”“月销量”和“30 天转化率”等与销量相关的数据，如图 5-1 所示。

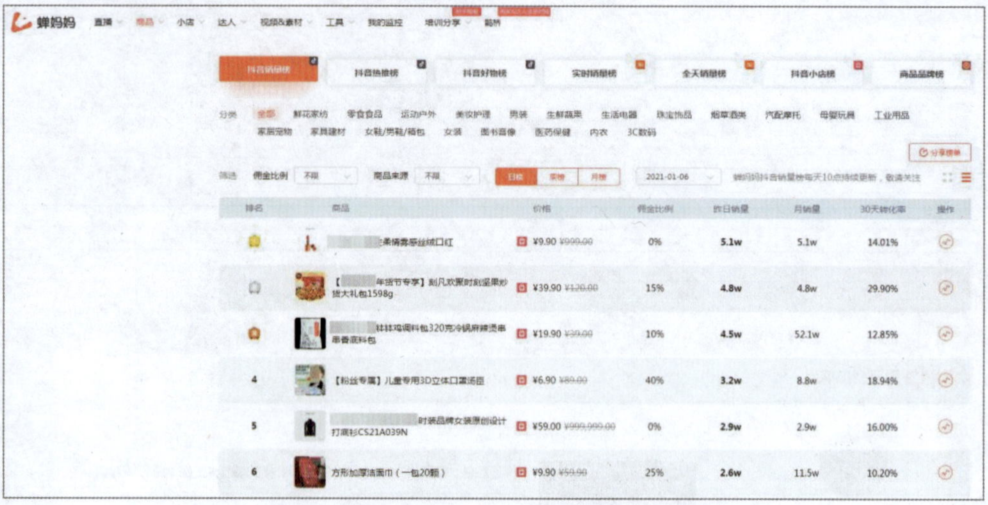

图 5-1　蝉妈妈平台的“抖音销量榜”界面

除了查看某个平台中的商品销量情况，还可以查看某个时间的商品销量情况。例如，当需要查看当下热销的商品时，可以直接进入蝉妈妈平台的“实时销量榜”界面，查看榜单中各商品的“近两小时销量”，如图 5-2 所示。

又如，当想知道“今日”哪些商品比较受欢迎时，可以进入蝉妈妈平台的“全天销量榜”界面，查看榜单中各商品的“今日累计销量”。如图 5-3 所示为运动户外类商品的“全天销量榜”界面。

除了对商品销量进行分析，还可以针对品牌进行分析，了解哪些品牌比较受用户的欢迎。例如，可以进入蝉妈妈平台的“商品品牌榜”界面，查看榜单中各品牌的“昨日销量”“商品数”“关联视频”和“关联直播”等数据，如图 5-4 所示。

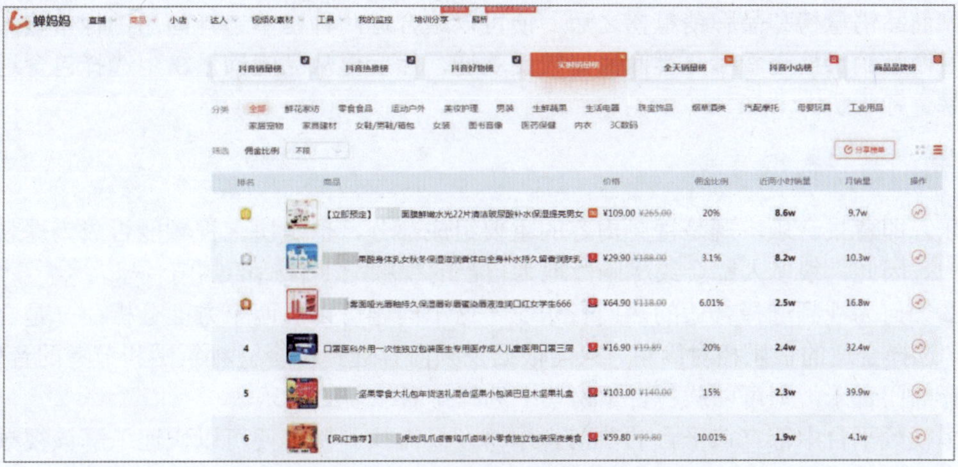

图 5-2　蝉妈妈平台的“实时销量榜”界面

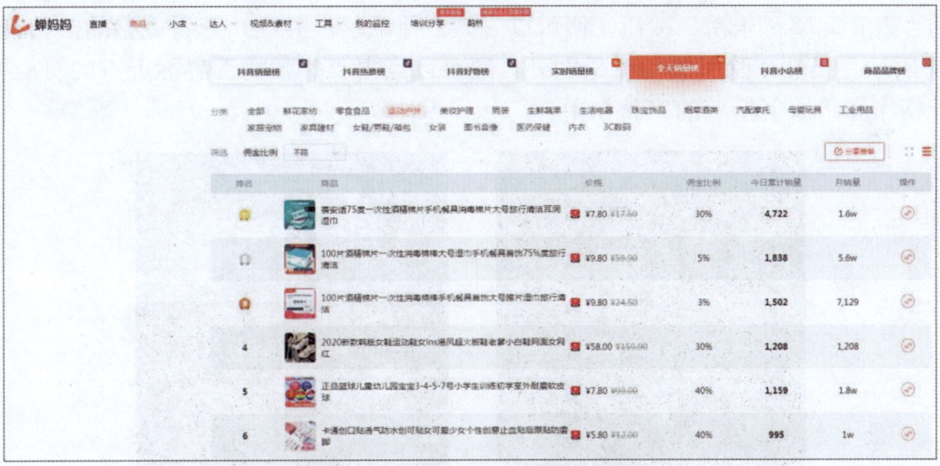

图 5-3　运动户外类商品的“全天销量榜”界面

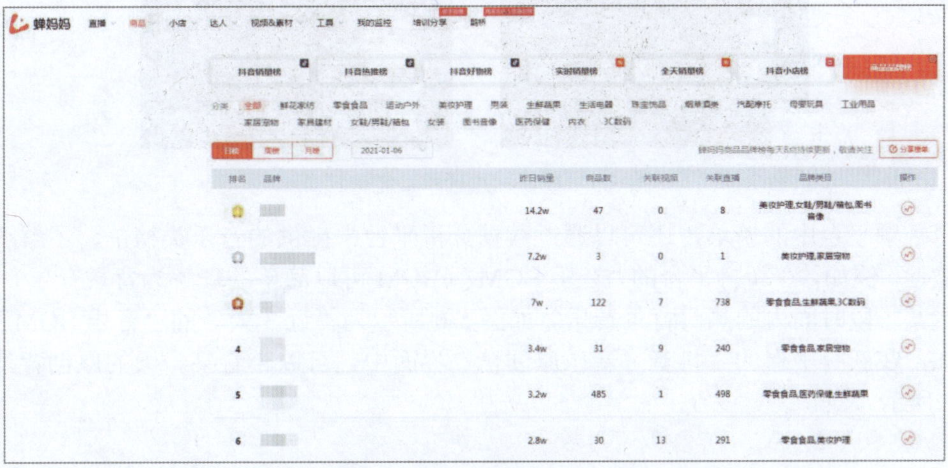

图 5-4　蝉妈妈平台的“商品品牌榜”界面

找到商品销量榜和品牌销量榜之后，便可以结合这两种榜单选择商品进行带货。例如，首先通过商品销量榜查看哪几类商品比较受欢迎，然后再从品牌销量榜中选择包含这几类商品的品牌进行带货。

5.1.2 热门音乐数据

音乐，即背景音乐，既是视频内容的重要组成部分，也是决定视频能否成为爆款的重要因素之一。因此，很多人都会绞尽脑汁地为自己的视频配上合适的热门音乐。

那么如何为视频选择合适的热门音乐呢？这个问题可以从两个方面分析：一是合适；二是热门。选择合适的音乐相对简单，只需根据视频内容选择符合视频氛围和节奏的音乐即可；而要选择热门音乐，则可以从各音乐榜单中选择排名靠前的音乐。

许多视频平台中都有该平台的热门音乐榜，只需找到榜单便可以快速了解该视频平台中哪些音乐比较受欢迎。

例如，在抖音视频平台中，只需进入搜索界面，便可以看到“音乐榜”板块，点击该板块下方的“查看完整音乐榜”按钮，便可以进入“热歌榜”界面，查看完整的热门音乐榜单，如图 5-5 所示。当然，除了热门音乐之外，还可以点击“热歌榜”界面上方的对应按钮，查看“飙升榜”和“原创榜”的完整榜单。

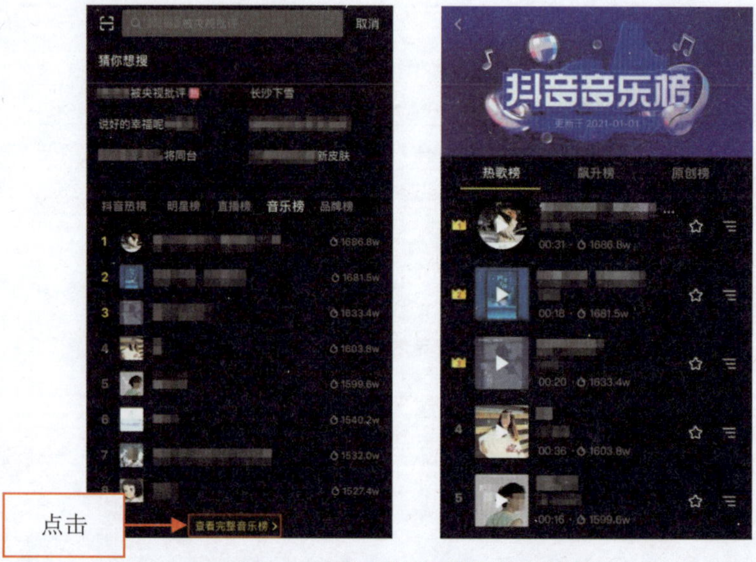

图 5-5　查看“热歌榜”完整榜单

除了视频平台中的榜单，还可以通过数据分析平台中提供的音乐类榜单，了解哪些音乐比较受欢迎。例如，在新抖平台的“音乐 BGM”（BGM 可以简单的理解为背景音乐）界面中，可以查看某一段时间内的热门背景音乐。如图 5-6 所示为“近 3 天”的“音乐 BGM”界面。

例如，在新抖平台的“抖音 · 音乐原创榜”界面中，可以查看某一天的原创背景音乐，如图 5-7 所示。

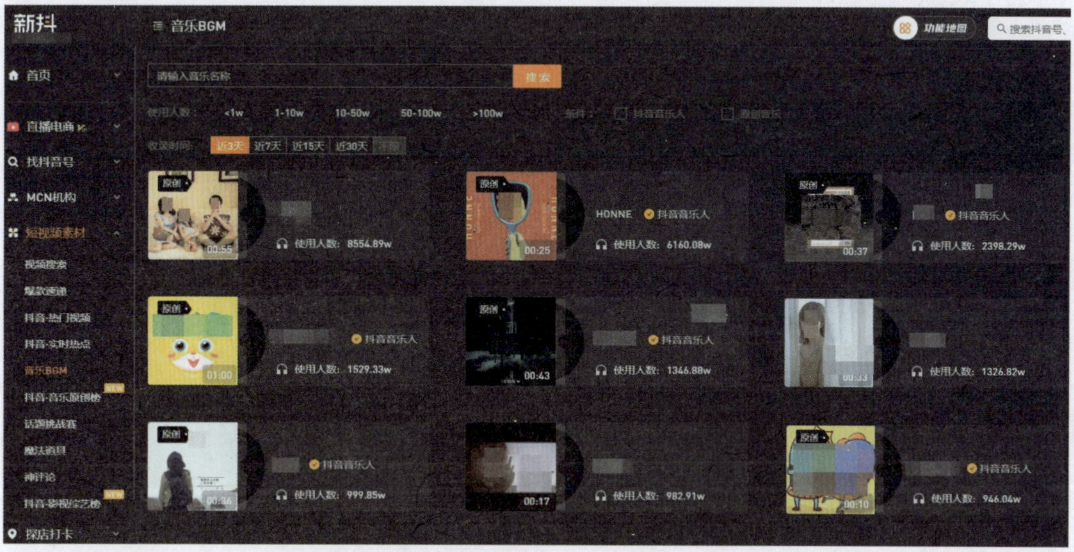

图 5-6 “近 3 天”的“音乐 BGM”界面

图 5-7 “抖音 · 音乐原创榜”界面

5.1.3 视频话题数据

为什么许多视频中都会添加一些话题呢？这主要是因为视频添加话题之后，如果用户搜索与话题相关的关键词，那么视频可能就会被用户看到，这无疑可以从一定程度上增加视频的曝光量。除此之外，当某个视频成为热门时，部分用户可能会点击视频中添加的话题，进入话题展示页，如图 5-8 所示。这样一来，包含该话题的视频便会出现在这个展示页中，而视频的曝光量自然也就增加了。

通常，视频添加的话题越热门，视频通过话题的添加获得的曝光量就会越多。因此可以通过数据分析先了解哪些话题比较受用户欢迎，然后基于视频内容选择合适的话题进行添加。

图 5-8　点击话题进入展示页

例如，可以在“新抖”的“话题挑战赛”界面中按照参与人数对话题进行排序，看看哪些话题参与的用户比较多，如图 5-9 所示。

图 5-9　按照参与人数对话题进行排序

还可以按照播放数（添加了该话题的视频的播放数）对话题进行排序，如图 5-10 所示。

找到话题的参与人数和播放数排序之后，便可以对两个排序中靠前的话题对比，看看哪些话题参与人数和播放数都比较高，然后从中选择合适的话题添加到视频中，或者围绕这些话题打造视频。

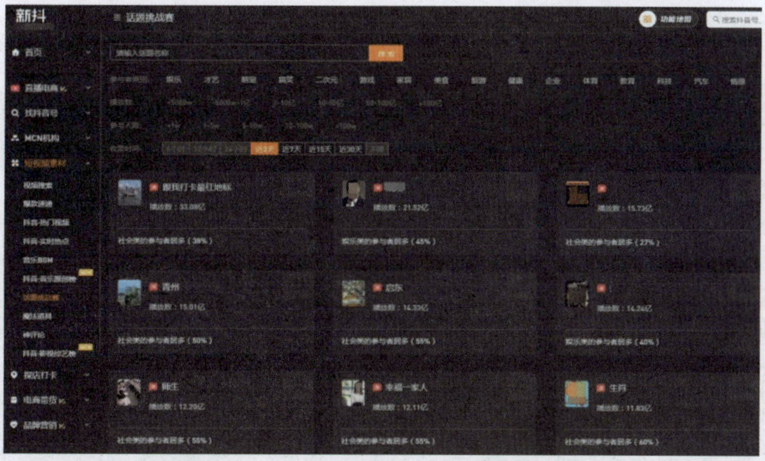

图 5-10　按照播放数对话题进行排序

5.1.4　热门评论数据

运营者认为视频中的内容是关键，评论区有时间就去看一下，没时间的话不去管也不会有大碍。这种想法是非常不可取的。首先，评论也是视频的一部分，当需要对视频内容进行补充说明时，可以直接通过评论区展示要补充的内容。其次，评论区的运营也会对视频获得的流量造成一定的影响，那些用心运营评论区的运营者会更容易获得用户的青睐，让用户变成忠实的粉丝。

另外，许多用户在刷视频的过程中，会习惯性地查看视频的评论区。如果评论区的内容比较有意思，部分用户还会将视频转发给自己的好友，让自己的好友也来看评论。所以有时候会出现这样的情况：某个评论的点赞量比视频的总评论数还要高。如图 5-11 所示为某视频的评论区，该评论区中的前两条评论的点赞量都要高于视频的总评论数。

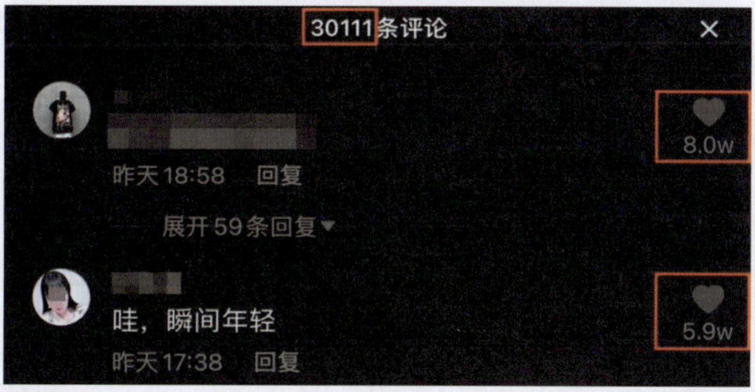

图 5-11　某视频的评论区

当某条评论比较高时，有的用户可能还会点击评论者的头像和账号名称，查看评论者发布的视频内容。因此，有时候对他人的视频评论得好也能带来一定的流量。

如何写好评论呢？其中比较有效的一种方法就是通过数据分析查看热门评论，根据用户喜欢的评论风格进行评论。如果要查看近一段时间的热门评论，也可以选择查看“近 7 天”

或“近 30 天”的“神评论”。图 5-12 所示为“近 30 天”的“神评论”界面。

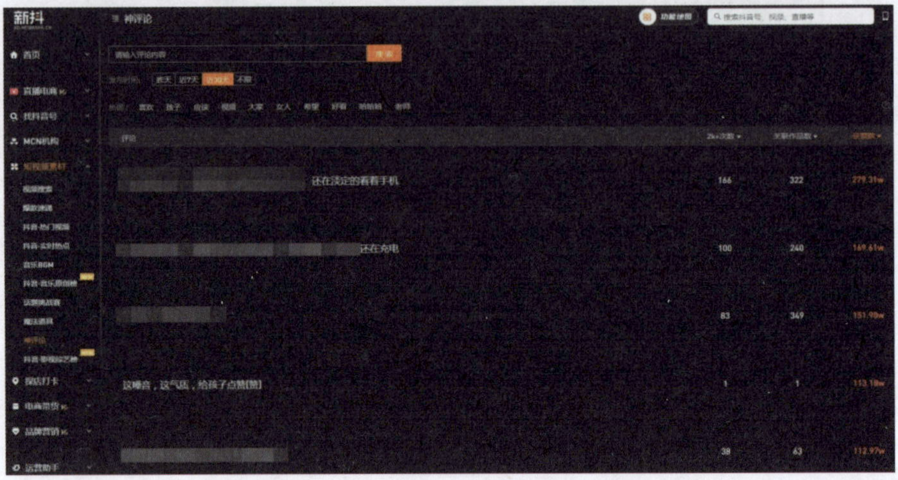

图 5-12　“近 30 天”的“神评论”界面

5.1.5　实时热点数据

热点之所以被称为“热点”，就是因为其自身带有一定的热度。因此，如果能够结合热点打造视频内容，那么用户便会对视频内容更感兴趣。视频也将获得更多的流量，视频成为爆款的概率自然也就提高了。

围绕热点打造视频内容的关键就在于找到实时热点。因为只有找到的热门足够有热度，打造出来的视频内容才能吸引更多用户的关注。可以借助数据分析平台的数据直接对热点的热度进行评估，快速了解哪些内容是用户比较关注的。

例如，可以在卡思数据的“实时热点”界面中查看“最新”“6 小时”“12 小时”“24 小时”“近 3 天”或“近 7 天”的实时热点排行榜。如图 5-13 所示为“24 小时”实时热点排行榜界面。可以在该界面中查看热点的“总上榜次数”和“热度”等数据。

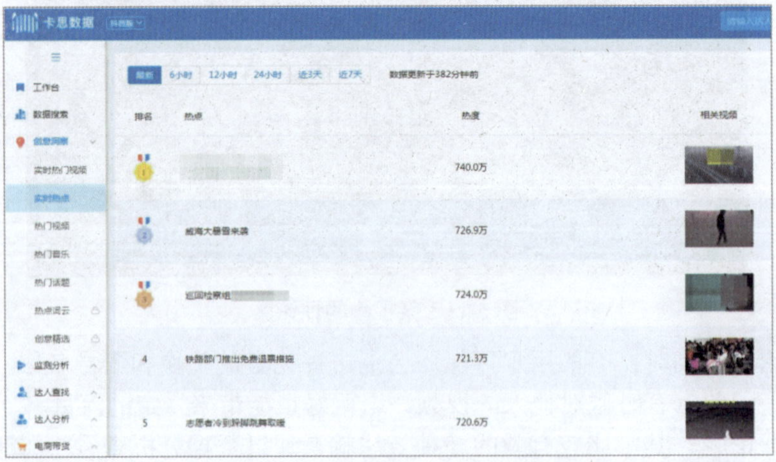

图 5-13　“24 小时”实时热点排行榜界面

除了查看实时热点，还可以查看热点的热度上升排行榜，并据此判断哪些热点更容易在未来获得更多用户的关注。

例如，可以在卡思数据实时热点排行榜的右侧查看“上升热点（榜）”。该榜单中会根据实时的热度对新出现的热点进行排名，只要一看榜单便能快速找出具有发展潜力的热点，如图 5-14 所示。

另外，部分视频平台的相关板块中也会列出实时热点榜单，也可以直接查看这些榜单。以快手平台为例，进入快手搜索界面之后，即可看到“快手热榜”板块，如图 5-15 所示。只需点击该板块下方的“完整榜单”按钮，便可查看完整的“快手热榜”，如图 5-16 所示。

图 5-14　“上升热点（榜）”界面

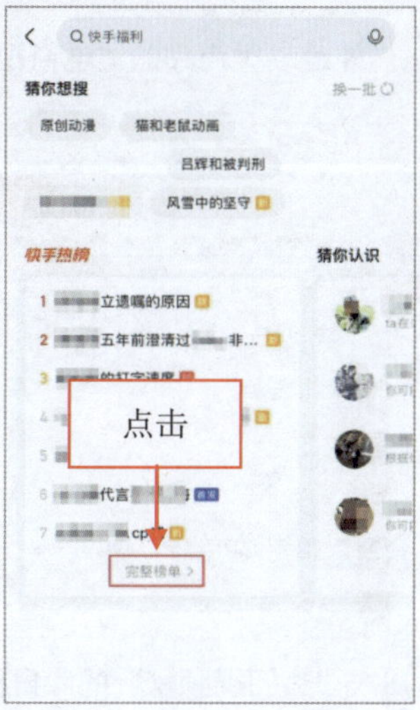

图 5-15　“快手热榜”板块

图 5-16　查看完整的“快手热榜”

5.1.6　热门视频数据

在打造视频内容的过程中，可以参照他人的成功经验，或者将他人的视频内容作为素材。例如，当某个视频成为热门时，可以围绕该视频中的核心内容打造自己的视频，也可以模仿该视频打造自己的视频。当然，要想借鉴热门视频进行内容的打造，还得先找准热门视频。对此，可以借助相关的视频榜单，快速找出热门视频。

很多视频平台中都有与热门视频相关的榜单，可以通过一定的操作查看对应的榜单。除了视频平台，还可以借助数据分析平台中的相关榜单查看热门视频的相关数据，判断哪些视频的热度比较高。

例如，在蝉妈妈平台的“电商视频榜”界面中，便可以根据商品的类别查看热门电商带货视频的相关数据。如图 5-17 所示为零食食品类商品的“电商视频榜”界面，该界面中便会展示榜单中各视频的“点赞数”“转发数”“评论数”“预估销量”和“预估销售额”等数据。

除了“电商视频榜”之外，还可以在蝉妈妈平台中查看“热门视频榜”。可以根据时间的长度查看“热门视频榜”的“小时榜”“日榜”“周榜”或“月榜”。

如图 5-18 所示为“热门视频榜”的“日榜”界面，可以在该界面中查看热门视频的“点赞数”“转发数”和“评论数”等数据，并根据这些数据对视频的热门程度进行评估。

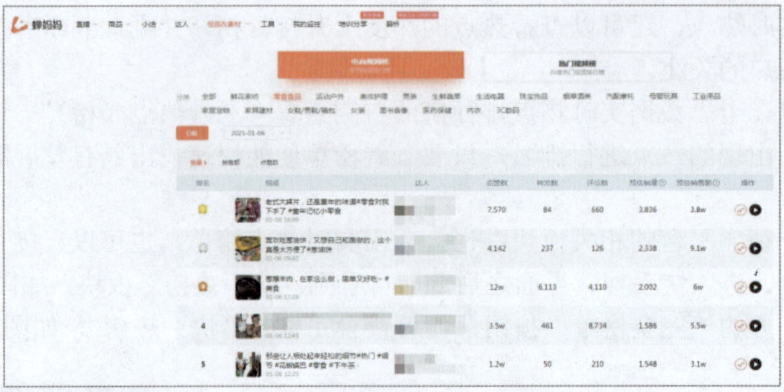

图 5-17　户外运动类商品的“电商视频榜”界面

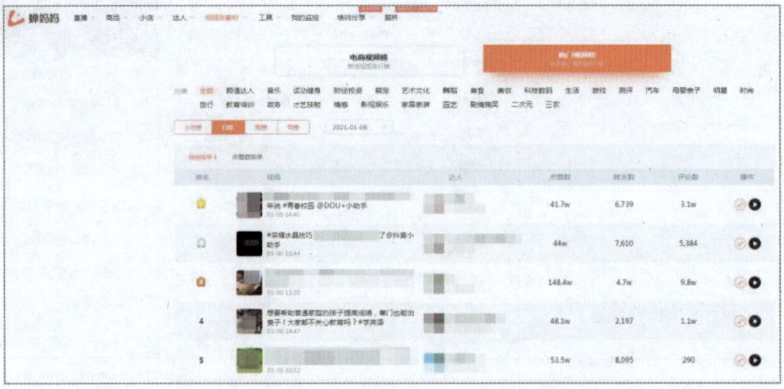

图 5-18　“热门视频榜”的“日榜”界面

5.2　视频账号运营分析

账号运营者想要客观地分析账号的运营情况，却不知道如何下手。其实，只需对账号的相关数据进行分析，便可直观地了解账号的整体运营情况。本节介绍视频账号数据分析中要重点把握的数据以及这些数据的分析方法。

5.2.1　账号数据概况

账号数据概况是了解账号当前运营情况的重要依据之一，所以在进行账号数据分析时，很有必要查看账号的数据概况。通常，可以直接在视频账号的主页中查看账号的数据概况。如图 5-19 所示为某抖音号的主页，该界面对账号的“获赞”“关注”“粉丝”“作品”和“喜欢”等数据进行了展示。

除了视频账号主页外，大多数数据分析平台中也可查看视频账号的数据概况。例如，在抖查查平台的“人物详情”界面中，便可以看到“数据概览”板块。可以在该板块中查看视频账号的“粉丝总数”“抖音粉丝”“账号指数”“点赞总数”“赞粉比”“平均点赞”“评论总数”“分享总数”和“作品数”等数据，如图 5-20 所示。

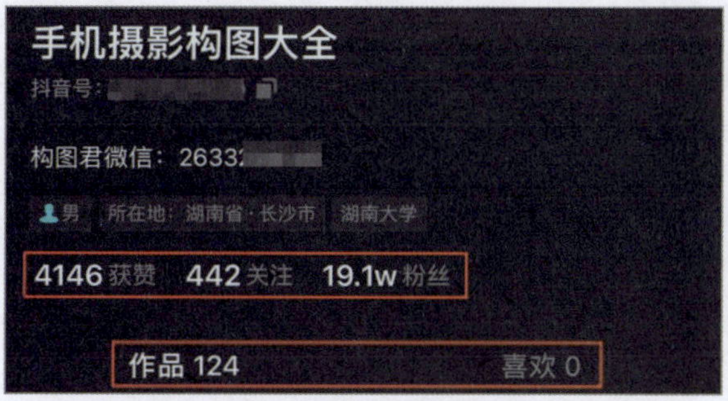

图 5-19　某抖音号的主页

图 5-20　查看账号的“基本数据”

看到数据概况之后，便可以快速把握账号的整体运营情况了。另外，除了查看一个账号的数据，还可以对几个账号的数据概况进行对比。例如，可以将自己运营的账号的数据概况与他人运营的账号的数据概况进行对比，分析自身的优势和不足。

5.2.2　账号新增数据

账号新增数据就是账号近期增加的数据。大部分视频平台中都不会直接展示账号的新增数据，如果想查看账号的新增数据，还得用好数据分析平台的分析功能。

例如，可以在飞瓜数据平台中搜索视频账号，并在“数据概览”界面的“数据概览”板块中查看账号的“最新作品数”“粉丝增量”“新增点赞”“新增评论”“新增转发”和“新增直播”等新增数据。另外，“数据概览”板块中会选择性地呈现“近 7 天”“30 天”和“90 天”的新增数据。可以根据自身需求选择对应时间段的新增数据。如图 5-21 所示为某视频账号的“近 7 天”新增数据。

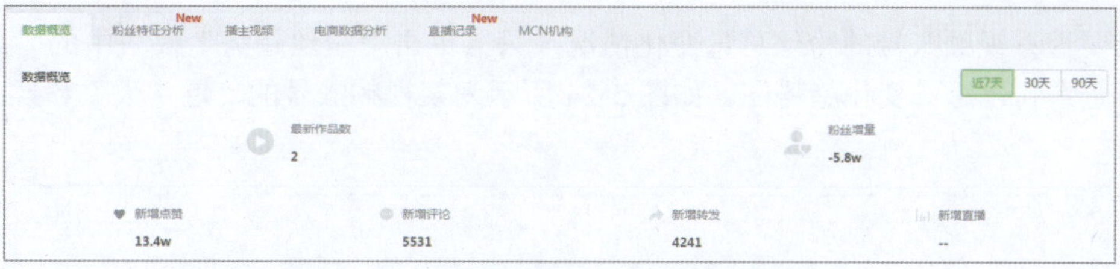

图 5-21　某视频账号的“近 7 天”新增数据

可以以一周为单位，分析账号的新增数据，看看哪一周的新增数据比较多，并对这一周发布的内容进行分析，从而更好地判断出用户喜好的内容。

5.2.3　粉丝量变化趋势

粉丝量的变化是判断视频账号运营情况的直观依据。通常，账号的粉丝量增多，就说明发布的内容能够吸引更多用户关注账号；反之，就说明发布的内容可能让一部分用户产生了反感情绪。许多数据分析平台都会展示视频账号的粉丝变化情况，只需进行查看即可。

例如，可以在飞瓜数据平台中搜索视频账号，并在“数据概览”界面中查看“粉丝趋势”板块。该板块中会选择性地呈现视频账号某一段时间的粉丝增量或总量。

如图 5-22 所示为某视频账号的“近 7 天”粉丝“增量”趋势图。从该图中看出，这个账号在这 7 天内的粉丝“增量”变化是比较剧烈的。其中，2021 年 1 月 3 日该账号增加的粉丝超过了 5 000 人，1 月 6 日该账号的粉丝几乎没有增加。

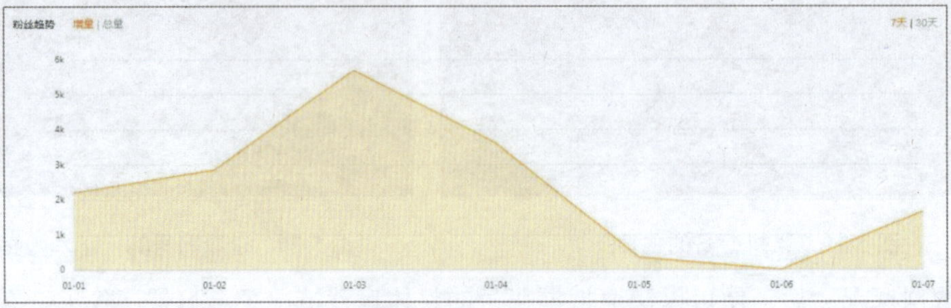

图 5-22　某视频账号的“近 7 天”粉丝“增量”趋势图

有人可能会觉得图中没有显示具体的数值，这样看起来不够直观。其实，只需将鼠标停留在具体日期正上方的趋势线上，图中便会显示该日的粉丝增长数，如图 5-23 所示。

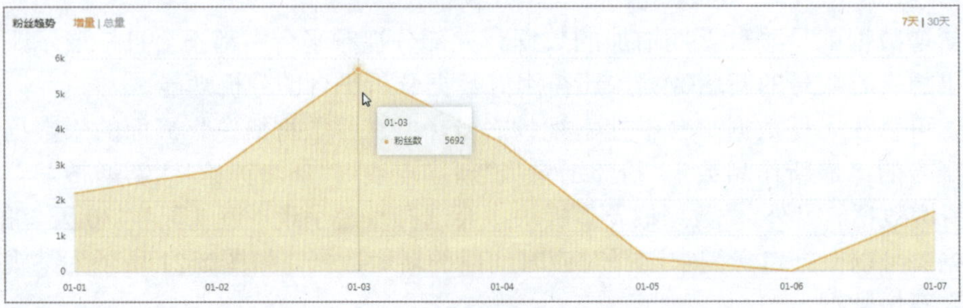

图 5-23　显示具体日期的粉丝增长数

如果要查看视频账号的粉丝总量变化情况，只需单击“粉丝趋势”板块中的“总量”按钮，便可查看粉丝总量变化趋势图。如图 5-24 所示为某视频账号的“近 7 天”粉丝“总量”趋势图。

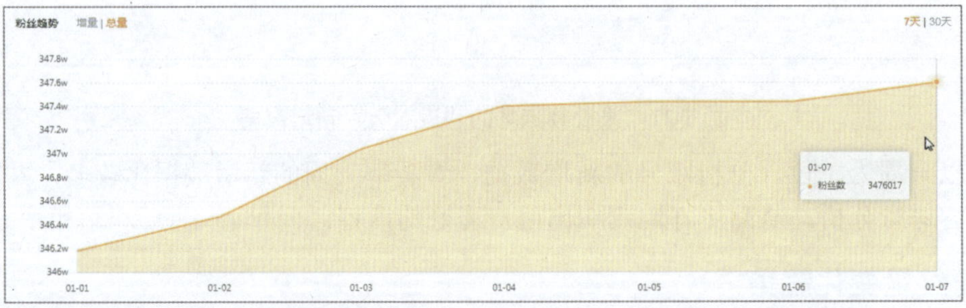

图 5-24　某视频账号的“近 7 天”粉丝“总量”趋势图

5.2.4　点赞量变化趋势

如果用户喜欢视频内容，或者认同视频中的观点，可能就会对视频进行点赞。在分析视频数据的过程中，不仅可以查看某个视频的点赞量，还可以查看视频账号的点赞量及其变化情况。例如，可以在飞瓜数据平台中搜索视频账号，并在“数据概览”界面的“点赞趋势”板块中查看账号的点赞“增量”和“总量”变化情况。

如图 5-25 所示为某视频账号的“近 7 天”点赞“增量”趋势图。从该图中可以看出，该视频账号在这 7 天的前六天中点赞“增量”比较平稳，最后一天的点赞“增量”明显增加了。

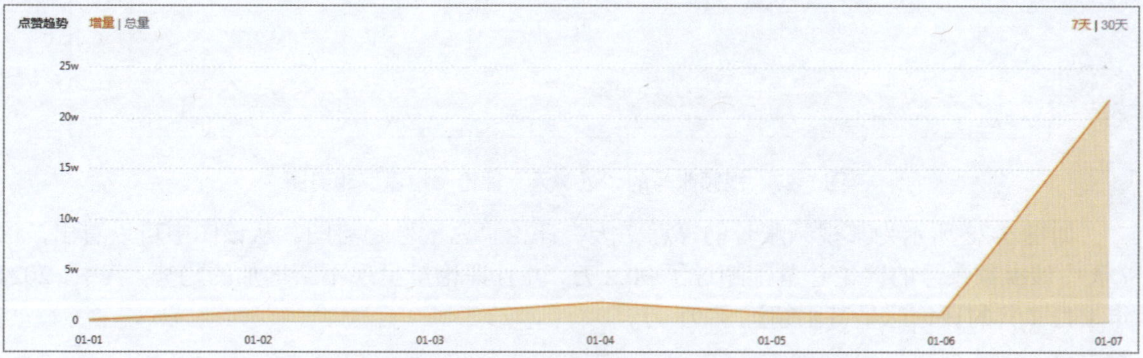

图 5-25　某视频账号的“近 7 天”点赞“增量”趋势图

如图 5-26 所示为某视频账号的“近 7 天”点赞“总量”趋势图。从该图中可以看出，这 7 天内该视频账号的点赞量不断增多，其中，2021 年 1 月 7 日点赞总量达到了 1 280 万。

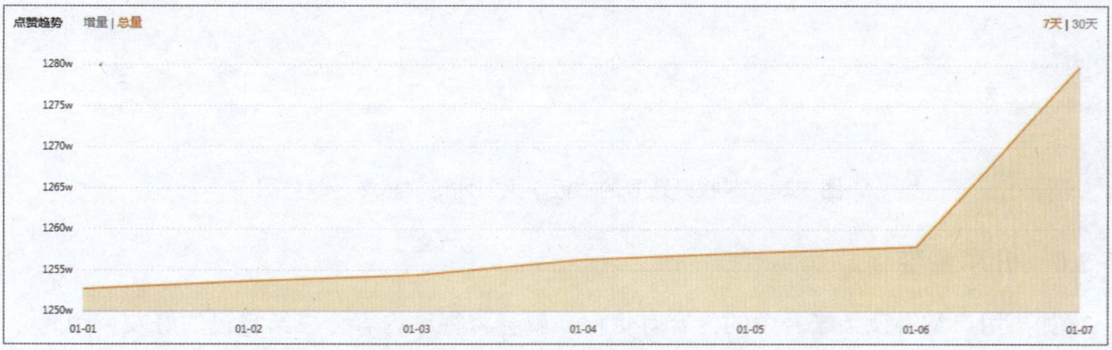

图 5-26　某视频账号的“近 7 天”点赞“总量”趋势图

5.2.5　评论量变化趋势

如果用户看到视频之后有话想说，就会对视频进行评论。通常，一条视频的评论量越多，就说明视频的用户参与度和视频的热度越高。而对于一个视频账号来说，评论量越多就表示账号越受用户的欢迎，近期评论量增加得越多就表示近期发布的内容越受用户的欢迎。许多视频数据分析平台中都会对账号的评论量情况进行统计，可以直接查看这些平台的统计数据。例如，可以在飞瓜数据平台中搜索视频账号，并在“数据概览”界面的“评论趋势”板块中查看账号的评论“增量”和“总量”变化情况。

如图 5-27 所示为某视频账号的“近 7 天”评论“增量”趋势图。从该图中不难看出，该账号前六天的评论“增量”相对比较平稳，而最后一天（也就是 2021 年 1 月 7 日）的评论“增量”则明显增多。

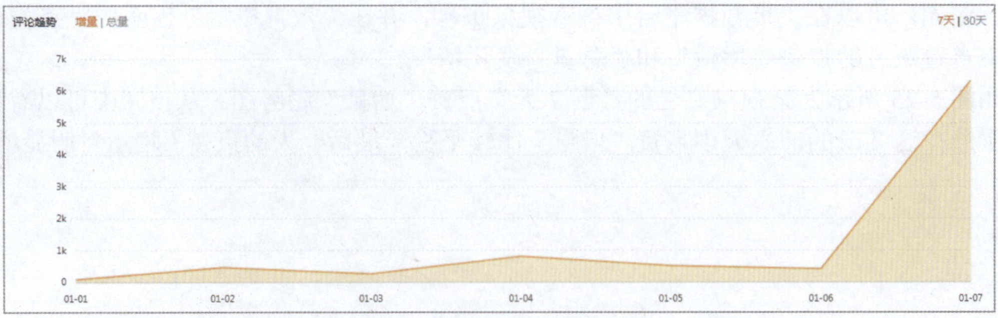

图 5-27　视频账号的“近 7 天”评论“增量”趋势图

如图 5-28 所示为某视频账号的“近 7 天”评论“总量”趋势图。从该图中可以看出，这 7 天中该视频账号的评论总量都超过了 90.2 万，并且评论量呈现不断增加的趋势，其中，2021 年 1 月 7 日的评论总量甚至超过了 91 万。

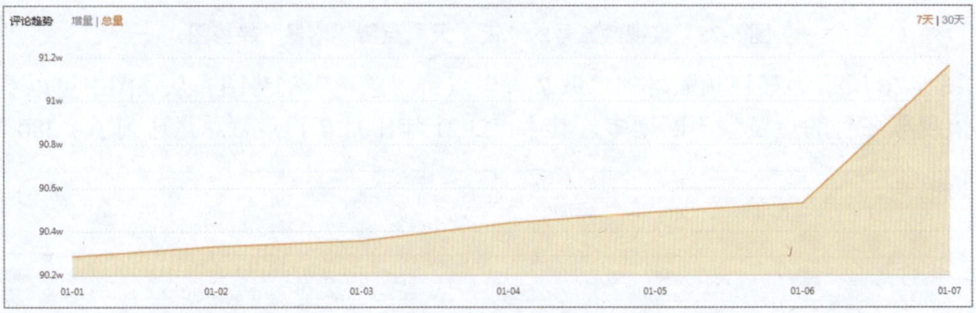

图 5-28　某视频账号的“近 7 天”评论“总量”趋势图

5.2.6　分享量变化趋势

如果用户觉得视频账号中的内容有价值，就会将视频内容分享给自己的好友。因此，可以根据账号内容的分享量来判断内容对用户的价值。部分视频数据分析平台中专门对账号的分享数据进行了展示，可以自主进行查看。例如，可以在抖查查平台中搜索视频账号，并在“达人分析”界面的“分享趋势”板块中查看账号的评论“增量”和“总量”变化情况。如图 5-29 所示为某视频账号的“分享趋势”图。

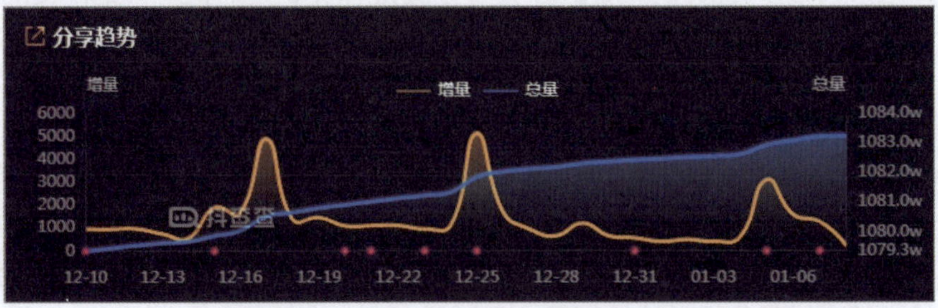

图 5-29　某视频账号的“分享趋势”图

如果将鼠标停留在某日期正上方的趋势线上，还可以查看该日的账号分享“增量”“总量”和“新发视频”等数值，如图 5-30 所示。

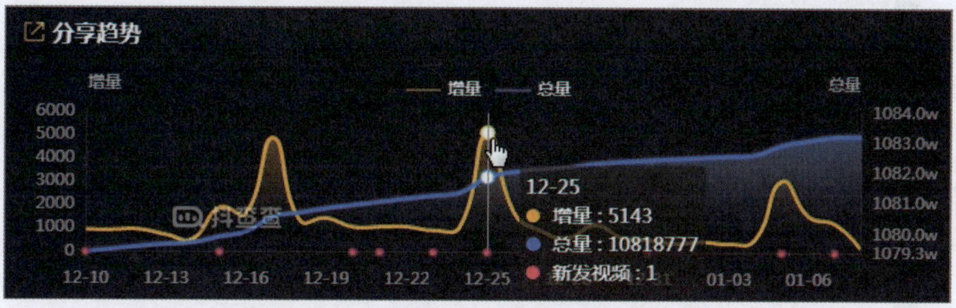

图 5-30　查看具体日期的账号相关数值

5.3　视频内容数据分析

在进行视频运营的过程中，要想准确判断和了解运营的效果，并在此基础上打造爆款内容，就需要做好视频内容的数据分析。本节主要对重要的视频数据进行分析，以便更好地打造爆款视频。

5.3.1　展现量分析

展现量，简单地说就是视频内容（通常是视频封面）出现在用户眼前的数量。如图 5-31 所示为某头条号部分小视频的展现量。

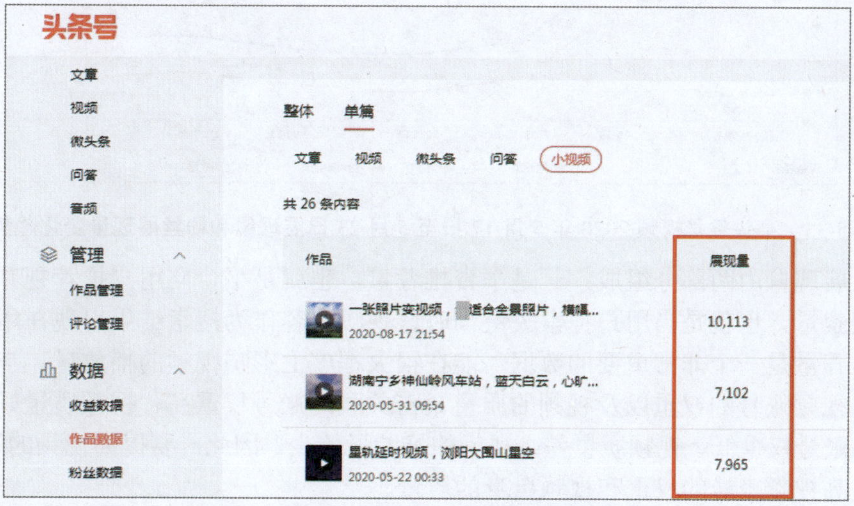

图 5-31　某头条号部分小视频的展现量

如图 5-31 中显示的视频的展现量，实际上是视频的展现总量。其实，除了现总量之外，还可以查看视频某段时间内现量的变化情况。例如，在头条号后台中，可以单击“单篇”板块中某条视频后方的“查看详情”按钮，如图 5-32 所示。

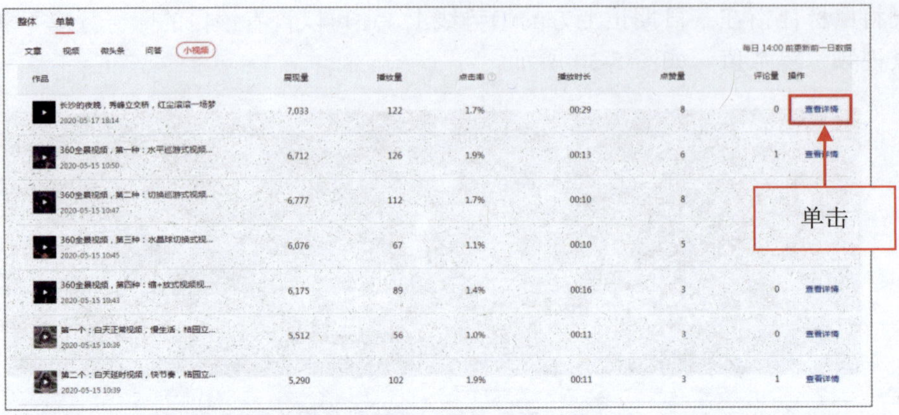

图 5-32　点击“查看详情”按钮

操作完成后即可进入视频数据详情界面，在“消费分析”板块的“流量趋势”中查看视频在某段时间内的展现量变化趋势，甚至还可以勾选“流量趋势”中的“粉丝展现量”选项，查看该视频某段时间内的粉丝展现量变化情况。如图 5-33 所示为某头条号视频 2020 年 5 月 17 日至 5 月 23 日展现量和粉丝展现量变化趋势图。

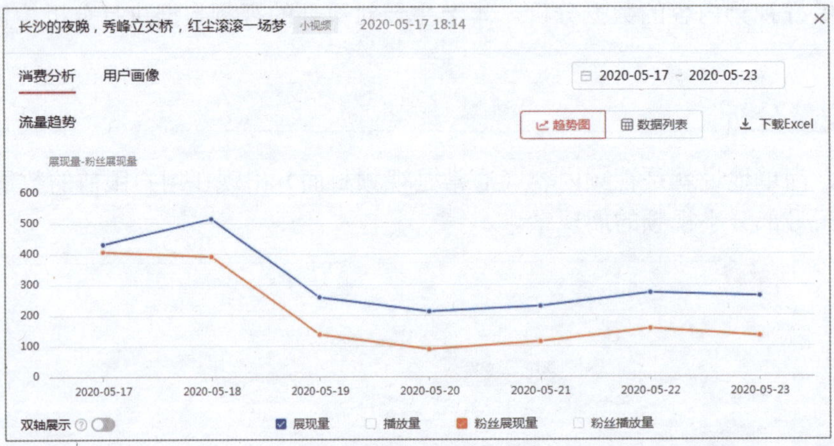

图 5-33　某头条号视频 2020 年 5 月 17 日至 5 月 23 日展现量和粉丝展现量变化趋势图

通常，展现量由两部分组成：一是平台推荐量，也就是平台向用户推荐视频的数量；二是用户的搜索量，也就是当用户搜索关键词时，视频内容作为搜索结果出现在用户眼前的次数。平台推荐量是一个非常重要的数据，能在很大程度上影响视频的播放量。当然，推荐量这一数据与视频账号的权重以及视频的质量紧密关联：账号权重高、视频质量好，视频的推荐量就多；账号权重低、视频质量差，视频的推荐量就少。因此，要提高视频的平台推荐量，就要重点提高视频账号的权重和视频自身的质量。

用户搜索量与视频封面（主要是账号名称和视频标题）中是否有和用户搜索关键词相关的内容有很大的关系。通常，当视频账号和标题中包含用户搜索的关键词时，视频出现在用户眼前的概率相对会比较高一些。

例如，用户在快手中搜索“手机摄影”时，便可以看到“用户”和“作品”这两个板块的内容，如图 5-34 所示。“用户”板块中会出现一个账号名称包含“手机摄影”这个关键词的快手号。而当用户点击“用户”后方的“更多”按钮时，则可进入“用户”搜索界面，查看与关键词相关的快手号，如图 5-35 所示。此时，除了发过与关键词相关作品的快手号之外，出现的其他快手号名称中都包含了“手机摄影”这个关键词。

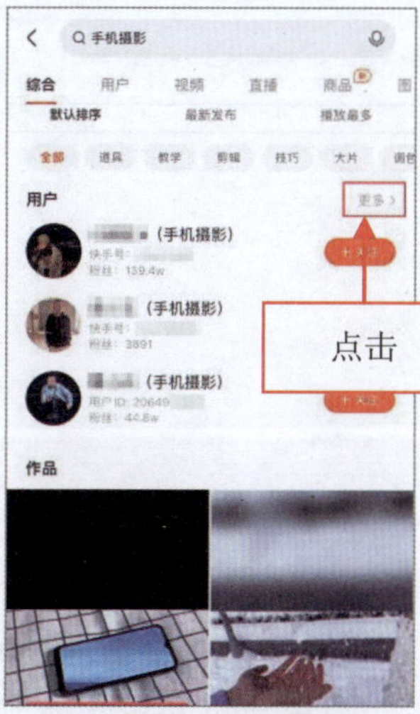

图 5-34　快手中搜索“手机摄影”的结果

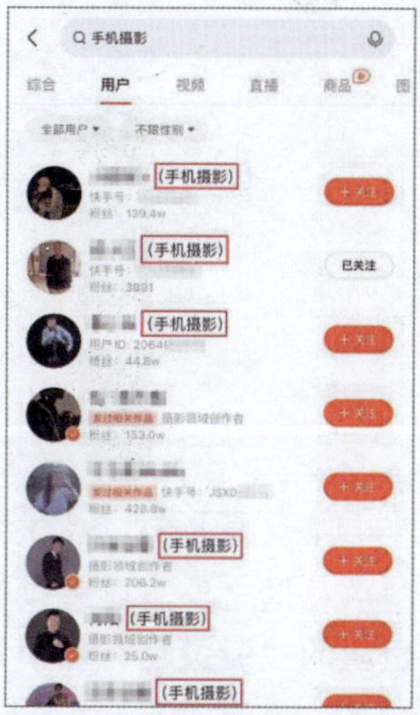

图 5-35　“用户”搜索界面中的搜索结果

点击搜索结果中“作品”板块的视频，进入视频播放界面之后，用户也会发现这些视频的标题（包括视频中添加的话题）都包含了“手机摄影”这个关键词，如图 5-36 所示。

图 5-36　视频的标题包含了搜索的关键词

如果想让自己的视频被更多用户搜索到，就需要多在账号名称和视频标题上下功夫，也就是在账号名称和视频标题中添加用户搜索频率高的关键词。

5.3.2　播放量分析

播放量（部分平台中用的是“观看量”，意思是一样的）是指视频上传至平台之后，被播放的次数。通常，可以在账号主页或者视频平台的后台中直接查看视频的播放总量。如图 5-37 所示为某西瓜视频账号中部分小视频的播放量。

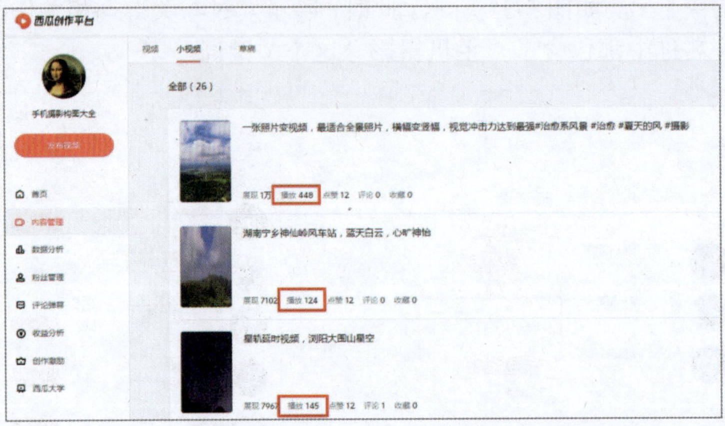

图 5-37　某西瓜视频账号中部分小视频的播放量

除了视频的播放总量之外，还可以查看某时间段内播放量的变化情况。以头条号为例，在“消费分析”板块的“流量趋势”中勾选并查看视频播放量和粉丝播放量的变化情况。如图 5-38 所示为某头条号视频 2020 年 8 月 17 日至 8 月 23 日播放量和粉丝播放量变化趋势图。

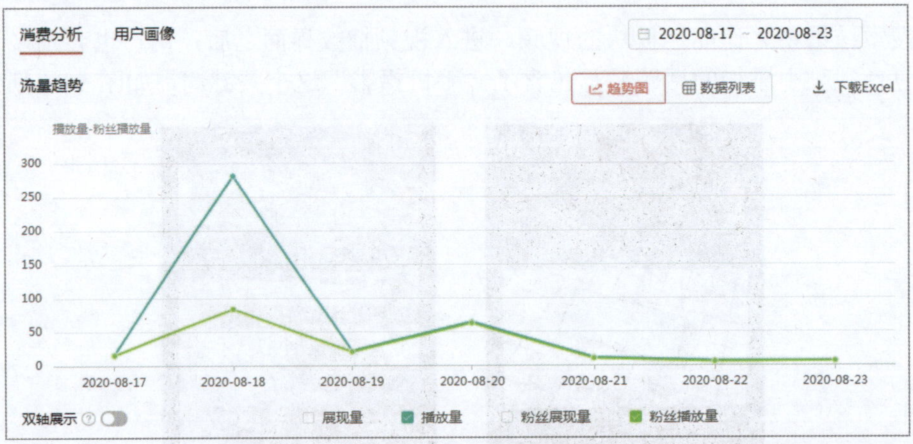

图 5-38　某头条号视频 2020 年 8 月 17 日至 8 月 23 日播放量和粉丝播放量变化趋势图

视频的播放量与展现量直接相关，通常，一个视频获得的展现量越多，那么该视频的播放量也会越多。这一点很好理解，毕竟只有当视频展现在用户眼前时，用户才会决定要不要播放该视频。如果视频没有展现在用户眼前，也就是用户没有看到视频，那么用户自然不会点击播放视频了。可以通过如下公式，利用展现量来计算播放量。

$$播放量 = 展现量 \times 点击率$$

要通过该公式计算播放量，首先还得知道视频的点击率。视频的点击率在许多视频平台的后台和视频数据分析平台中都是可以直接查看的。以头条号为例，在“单篇”界面中，便可以查看各视频的点击率。如图 5-39 所示为某头条号部分视频的点击率。

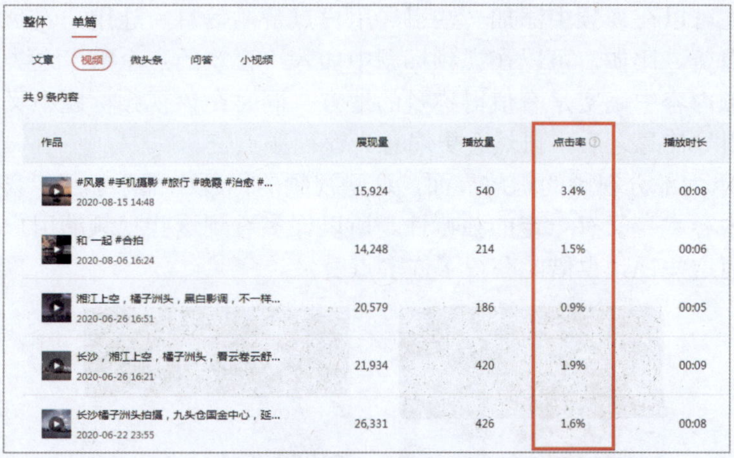
整体　单篇

文章　视频　微头条　问答　小视频

共 9 条内容

作品	展现量	播放量	点击率	播放时长
#风景 #手机摄影 #旅行 #晚霞 #治愈 #... 2020-08-15 14:48	15,924	540	3.4%	00:08
和 一起 #合拍 2020-08-06 16:24	14,248	214	1.5%	00:06
湘江上空，橘子洲头，黑白影调，不一样... 2020-06-26 16:51	20,579	186	0.9%	00:05
长沙，湘江上空，橘子洲头，看云卷云舒... 2020-06-26 16:21	21,934	420	1.9%	00:09
长沙橘子洲头拍摄，九头仓国金中心，延... 2020-06-22 23:55	26,331	426	1.6%	00:08

图 5-39　某头条号部分视频的点击率

正是因为播放量和展现量、点击率直接相关，所以如果想提高视频的播放量，就要尽可能地提高视频的展现量和点击率。而要提高视频的点击率，关键就在于让视频内容，特别是视频的封面能激发用户点击观看视频的欲望。因此，需要做的就是在视频封面中增加一些用户感兴趣的信息。

5.3.3　点赞量分析

点赞量是评估视频内容的重要数据之一。在许多视频平台中，视频的播放界面中会直接显示该视频的点赞量。如图 5-40 所示为抖音和快手的视频播放界面中直接显示点赞量。

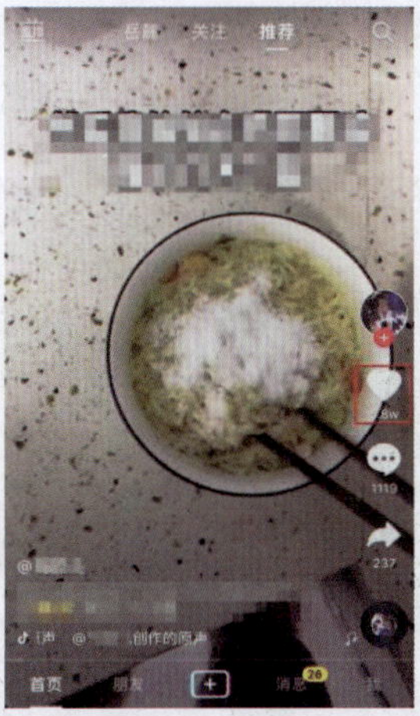

图 5-40　抖音和快手的视频播放界面中直接显示点赞量

只要视频内容中存在用户认可的点，用户就会为视频点赞。例如，用户会因为视频中所包含的正能量内容而点赞，也会因为其中所表露出来的某种情怀而点赞，还会因为视频中展现的出色技能而点赞。可以通过对已发布的视频的点赞量进行对比，分析哪些内容更能获得用户的点赞。然后，在视频中增加用户点赞量高的内容，让用户看到视频之后更有点赞的欲望。

除此之外，还可以在视频中添加一些引导用户点赞的信息，让用户看到这些信息之后，情不自禁地想要点赞。比如，可以在视频标题中加入“喜欢的点个赞”之类的文字信息。如果用户看到的视频内容中确实是有值得称赞的地方，同时在该视频标题中又进行了引导。那么，用户在看到引导信息之后，自然会更愿意为该视频点赞。

如图 5-41 所示为部分视频的播放界面，这些视频的标题中都添加了“喜欢的点个赞”的字样，而且视频内容本身又有一定的独特性。所以许多看到这些视频的用户很自然地就对视频进行了点赞，而这些视频也借此获得了许多点赞量。

图 5-41　通过视频标题引导用户点赞

5.3.4　评论量分析

评论量就是用户对视频进行评论的次数。许多视频平台的视频播放界面中，都会直接显示该视频的评论量。如图 5-42 所示为部分抖音视频的播放界面中直接显示评论量。

图 5-42　部分抖音视频播放界面中直接显示评论量

通常，一条视频获得的评论量越多，就越有可能成为爆款视频，所以账号运营者想方设法来提高视频的评论量。提高视频评论量的关键就在于刺激用户的表达欲望，让用户忍不住想要评论。

基于这一点，可以重点做好两个方面的工作：一是尽量打造具有话题性的内容，让用户看完你的视频之后有话可说；二是通过一定的方法引导用户评论。例如，可以通过提问的方式，让用户通过评论回答问题。

如图 5-43 所示为部分抖音视频的播放界面，这些视频便是通过在标题中进行提问的方式来引导用户评论的。而结果便是，这些视频借助提问引导都获得了较多的评论量。

图 5-43　通过提问引导用户点赞

5.3.5　转发量分析

转发量就是用户看到视频之后，转发给他人的数量。部分视频平台的视频播放界面中，会清楚地呈现视频的转发量。如图 5-44 所示为部分抖音视频的播放界面中直接显示转发量。

图 5-44　部分抖音视频的播放界面中直接显示转发量

转发量是有多少用户在观看了视频之后，觉得值得分享给别人。用户更多的是基于视频内容价值的普适性而产生转发行为。要提高转发量，就应该从三个方面着手打造视频内容，提升内容价值，如图 5-45 所示。

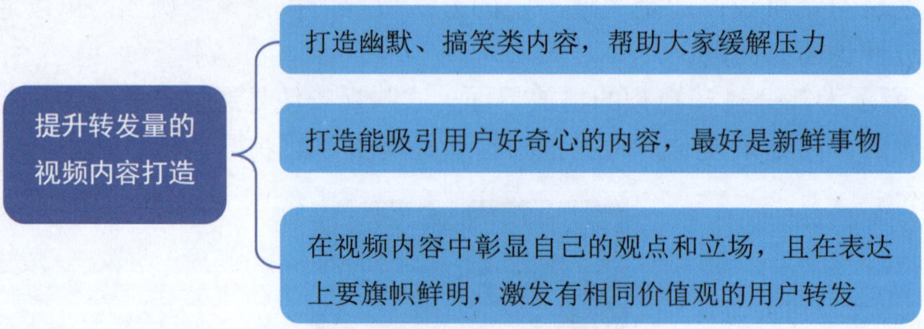

图 5-45　提升转发量的视频内容打造

5.3.6　收藏量分析

收藏量即用户观看视频之后，将其进行收藏的数量。和展现量、播放量、点赞量和转发量相比，收藏量的数值通常要小一些。而且有收藏视频习惯的用户也不是很多。所以有的视频的收藏量不是很大，但也能成为热门。

大多数视频平台的后台和数据分析平台中都没有将视频的收藏总量列出来。当然，也有一部分平台将收藏量作为评估视频的重要数据进行了展示。如图 5-46 所示为某西瓜视频号部分视频的收藏量。

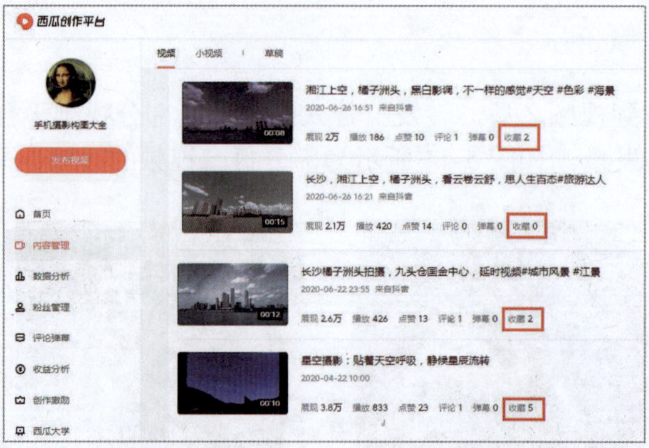

图 5-46　某西瓜视频号部分视频的收藏量

虽然部分平台对收藏量的分析不太重视，但是收藏量却是反映视频热度的一个重要依据。一条视频如果能够获得较高的收藏量，那么其成为爆款的可能性就会比较高。收藏量表示的是多少用户在观看了视频之后，有多少用户想要将视频内容进行收藏，以备后续观看。这一数据代表了用户对内容价值的肯定。

如果要想提高收藏量，首先要提升视频内容的推荐量和播放量，并确保视频内容有实用价值。只有高的推荐量和播放量，才能在大的用户基数上实现收藏量的大提升；只有视频内容有实用价值，如能提升用户自身技能、能用在生活中的某一方面等，才能让用户愿意收藏。

5.3.7 播放完成率

播放完成率（有的平台也称之为“平均播放完成率”），简称完播率，是指完整播放视频的比例。例如，某视频被播放了 1 000 次，其中有 900 次是播完整个视频的，那么该视频的播放完成率就是 900÷1 000＝90%。

视频的播放完成率通常不会出现在视频的播放界面中，但可以在视频平台的后台和数据分析平台中看到该数据的统计。以头条号为例，可以在小视频数据详情的“流量”板块中看到该小视频的平均播放完成率，如图 5-47 所示。

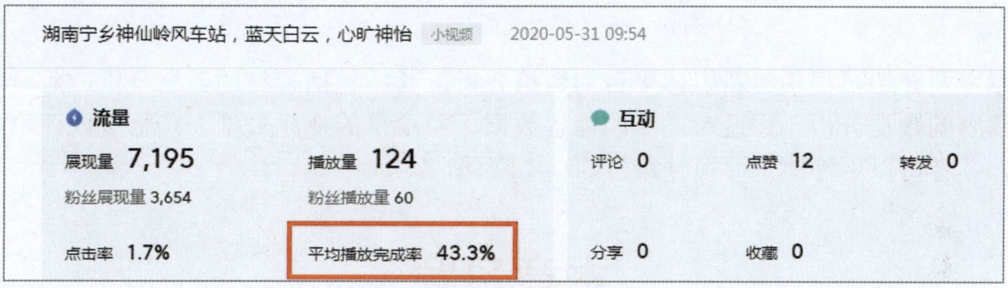

图 5-47 某头条号小视频的平均播放完成率

要想提高视频的播放完成率，可以重点做好如下两个方面的工作。

（1）尽量控制视频的长度，让视频的剧情变得更加紧凑。如果视频足够简短，那么视频便会快速被播完，而在这种情况下，其完整播放率自然就提高了。

（2）让视频内容对用户产生强大吸引力，让用户忍不住想要一直看下去。只要视频中有吸引用户一直看下去的内容，那么许多用户就会选择看完整个视频。

5.3.8 平均播放时长

平均播放时长是指所有观看用户平均观看该视频的时长。在部分视频平台的后台和数据分析平台中，是可以直接查看视频的平均播放时长的。以头条号为例，可以在视频数据详情的“流量”板块中“点击率”的下方，看到该视频的平均播放时长，如图 5-48 所示。

图 5-48 某头条号视频的平均播放时长

把“平均播放时长”和“平均播放进度”放在一起进行分析，可以了解用户观看该视频时的一些情况，具体内容如下。

（1）了解用户一般会在什么时间离开，离开时播放的视频内容是什么。

（2）了解视频内容中该时间附近有哪些内容是让用户离开的关键所在。

通过以上分析，可以找到不太受用户欢迎的内容和内容呈现方式。如果以后制作视频时，针对性地进行调整，减少不受用户欢迎的内容和内容呈现方式，那么发布的视频内容的平均播放时长将会有所增长，而视频成为爆款的概率也将变得更高。

本章小结

本章主要介绍了视频类新媒体平台的数据分析，其中包括素材的数据分析、账号的运营分析和内容的数据分析。通过对产品的销售数据、粉丝量的变化数据、点赞量或评论量的数据分析，读者可以更好地把握视频账号的动态变化。

本章习题

1．如何查看实时热点？

2．视频内容展现量由哪两部分组成？

第 6 章　图文平台的数据分析

本章导读

图文类新媒体平台是前几年新媒体营销的主战场，虽然近几年视频行业飞速发展，但是，图文类平台的营销作用仍旧不容小觑，这也是许多人依旧花费大量时间和精力运营图文类平台的重要原因。那么，图文类新媒体平台的数据要如何分析呢？本章主要解决这个问题。

本章重点

- 账号榜单数据
- 发布规律分析
- 阅读原文分析
- 内容列表分析

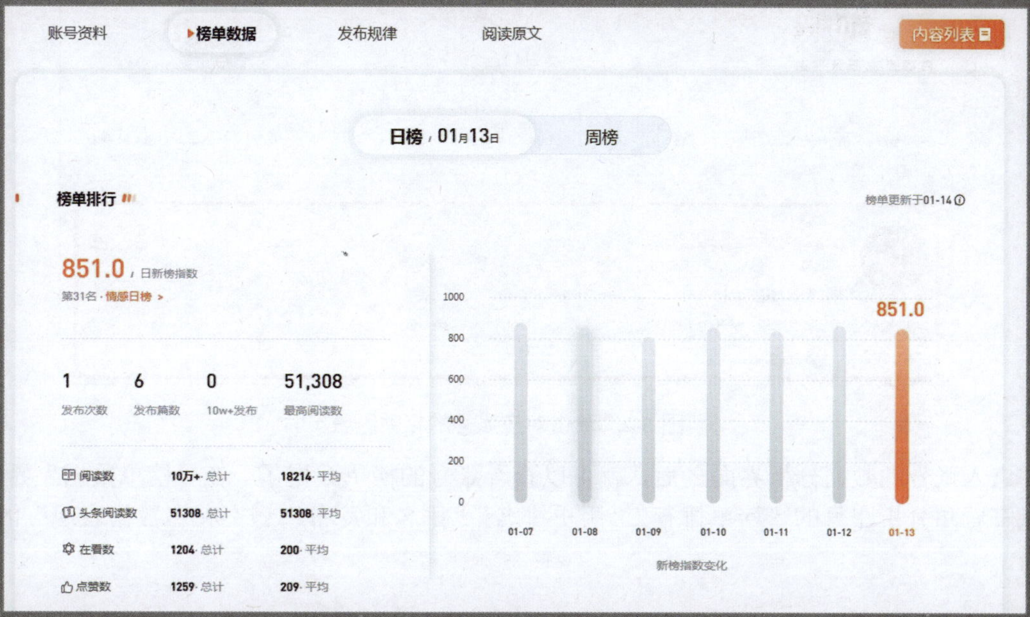

6.1　账号榜单数据

在分析图文类新媒体账号的数据时，除了可以查看官方平台后台中的数据之外，还可以结合第三方平台的数据进行更全面地分析。例如，可以借助新榜平台查看微信公众号等图文类账号的相关数据。

进入新榜平台的官网首页，在输入栏中❶输入账号名称；❷单击“搜索”按钮，如图 6-1 所示。

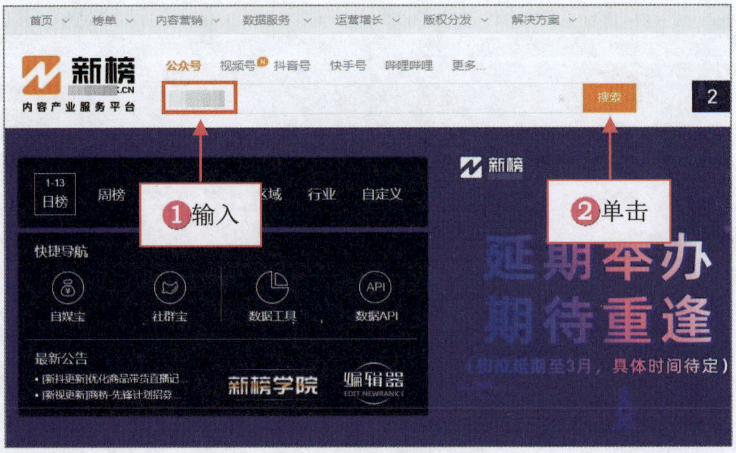

图 6-1　单击“搜索”按钮

操作完成后，在搜索结果中单击对应账号的相关区域，如图 6-2 所示。执行上述操作后，便可以进入该账号的数据分析界面。

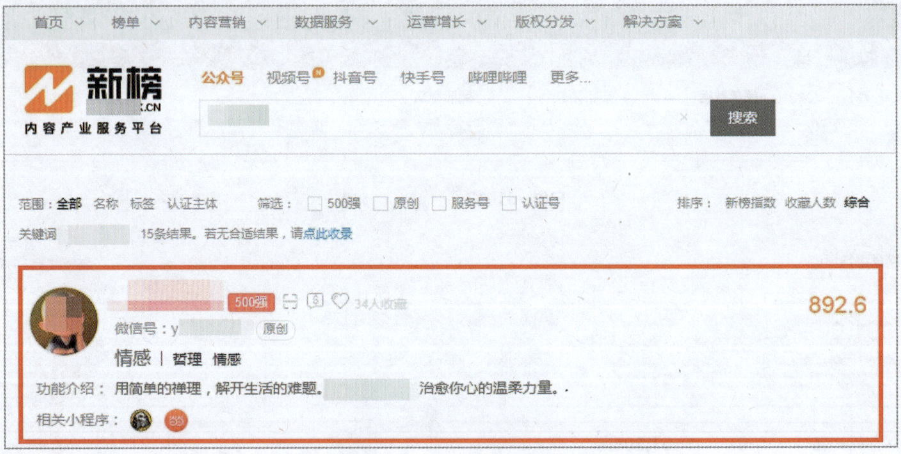

图 6-2　单击对应账号的相关区域

进入账号的数据分析界面之后，就可以查看账号的榜单数据了。在“榜单数据”界面中，可以查看和分析账号的“榜单排行”“历史排名”“排名和发布趋势”和“数据表现”的数据详情。

6.1.1　榜单排行分析

在“榜单排行”板块中，可以查看账号的“日榜”和“周榜”数据。在“日榜”和“周榜”中都可以查看“新榜指数”“发布次数”“发布篇数”“10W＋发布（篇数）”“（单篇）最高阅读数”“阅读数”“头条阅读数”“在看数”和“点赞数”等数据，只是这些数据的统计周期不同，所以具体数据的表现上可能会有差异。

如图 6-3 和图 6-4 所示分别为某图文类新媒体账号的“日榜”和“周榜”数据。不难看出，该账号的周榜中的数据通常要高于日榜，这主要是因为“日榜”统计的只是一天内的数据，而“周榜”则统计的是一周内的数据。

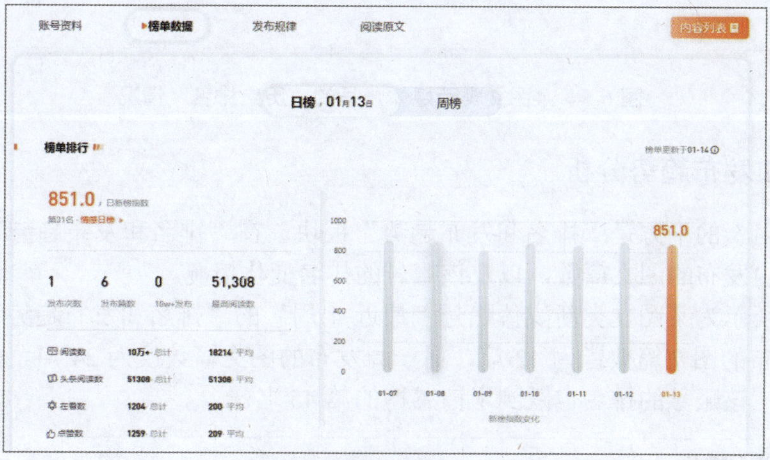

图 6-3　某图文类新媒体账号的“日榜”

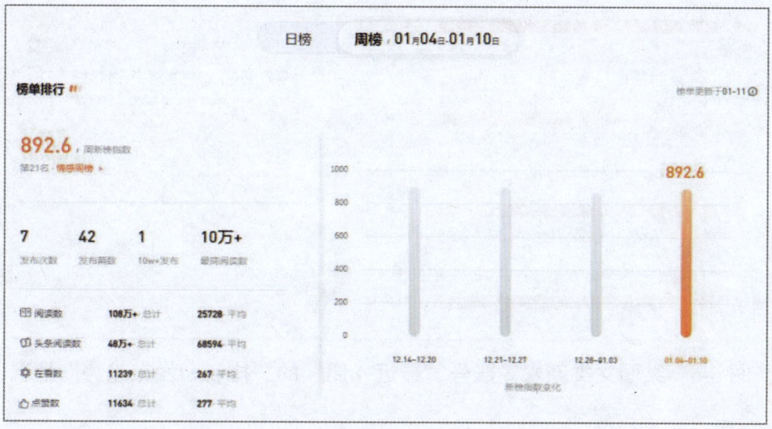

图 6-4　某图文类新媒体账号的“周榜”

6.1.2　历史排名分析

“榜单排行”的下方是“历史排名”板块。在“历史排名”板块中，可以查看账号“最近 30 天”的“最高指数”与该指数发生的时间，以及“最近 30 天”的“最高排名”与该排名发生的时间。

如图 6-5 所示为某图文类新媒体账号的“历史排名”情况。该账号“最近 30 天”的“最高指数”为 898.2，“最高排名”为情感榜第 16 名，这两个数据都发生在 2020 年 12 月 21 日至 12 月 27 日。

图 6-5　某图文类新媒体账号的“历史排名”情况

6.1.3　排名和发布趋势分析

“历史排名”的下方是“排名和发布趋势”板块。在“排名和发布趋势”板块中，可以查看某段时间内发布的图文篇数，以及该账号的排名变化情况。

如图 6-6 所示为某图文类新媒体账号“最近 4 周”的“排名和发布趋势”情况，其中该账号有 3 周发布的图文篇数皆为 42 篇，另一周发布的图文篇数仅为 24 篇。而发布图文篇数较少的这一周，该账号的排名也跌到了情感榜的第 45 名。

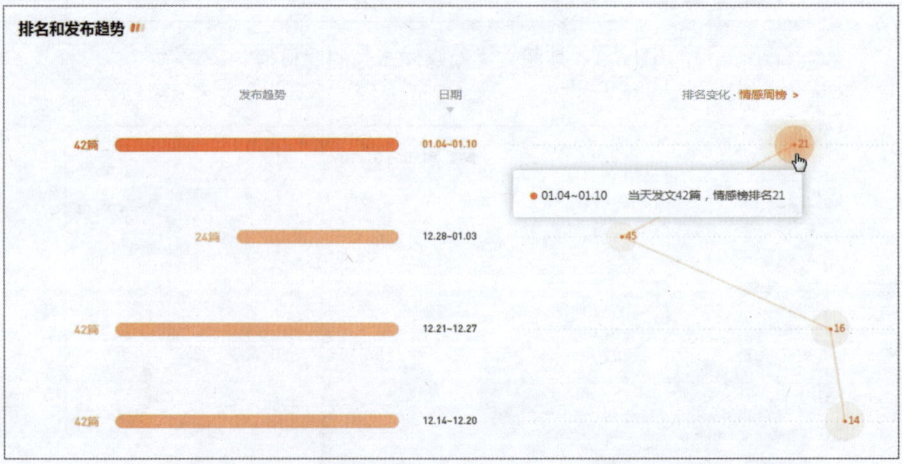

图 6-6　某图文类新媒体账号“最近 4 周”的“排名和发布趋势”情况

6.1.4　数据表现分析

“排名和发布趋势”的下方是“数据表现”板块。在“数据表现”板块中，可以查看某段时间内账号内容的“总阅读数”“平均阅读数”“最高阅读数”“总在看数”“平均在看数”“总点赞数”和“平均点赞数”的相关数据。如图 6-7 所示为某图文类新媒体账号“最近 4 周”的“总阅读数”情况，其中该账号有 3 周的推文阅读数总和都超过了 1 000 K（即 100 万），但第 3 周的推文阅读数总和却少于 800 K（即 80 万）。

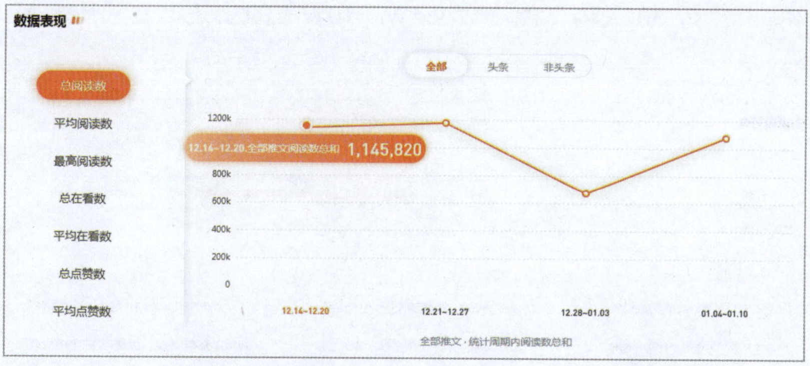

图 6-7　某图文类新媒体账号“最近 4 周”的“总阅读数”情况

分析第 3 周推文阅读数总和较少的原因（是发布的内容用户不感兴趣，还是发布内容的频次太低），并找到具体的解决方案。这样才能提高运营水平，增强账号内容的吸引力。

6.2　发布规律分析

每个图文类新媒体账号都有其内容发布规律，结合账号的发布规律进行针对性地分析账号已发布内容的相关数据。通过新榜的“发布规律”界面，查看图文类账号的“发布频次”“头条阅读数分布”“发文特征”“发布趋势”“内容创作”和“互动留言”的相关数据。

6.2.1　发布频次分析

在“发布频次”板块中，可以查看某段时间内的“头条（篇数）”“次条（篇数）”“3 条（篇数）”“4 条（篇数）”“5 条（篇数）”“6 条（篇数）”“总推文（数）”“平均每次推文（数）”“推送次数”和“日均推送（次数）”。

如图 6-8 所示为某图文类新媒体账号“近 30 天内”推文的“发布频次”板块。该账号 30 天内，共发布了 168 篇推文。其中，有 28 天发布了推文，而且每次发布的推文都超过了 6 条。

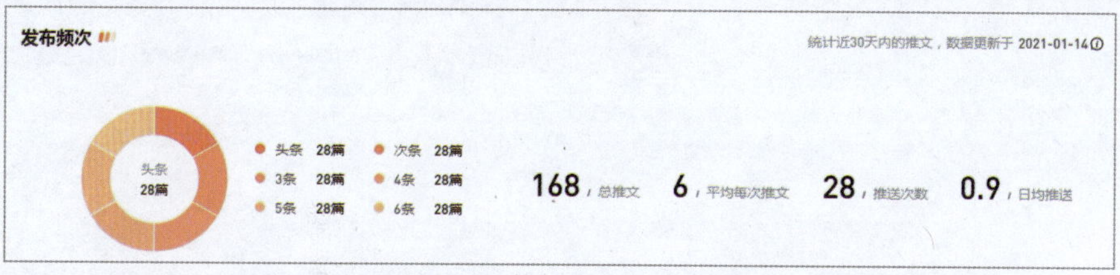

图 6-8　某图文类新媒体账号“近 30 天内”推文的“发布频次”板块

6.2.2　头条阅读数分布分析

“发布频次”的下方是“头条阅读数分布”板块。在“头条阅读数分布”板块中，可以查看某段时间内头条推文的阅读数分布情况，以及每个阅读数范围内对应的头条推文标题。

如图 6-9 所示为某图文类新媒体账号“近 30 天内”推文的“头条阅读数分布”情况。从中可以看出，该账号“近 30 天内”阅读数 9.4W～10W＋的头条推文共计 8 篇，占到了头条推文总数的 25%。

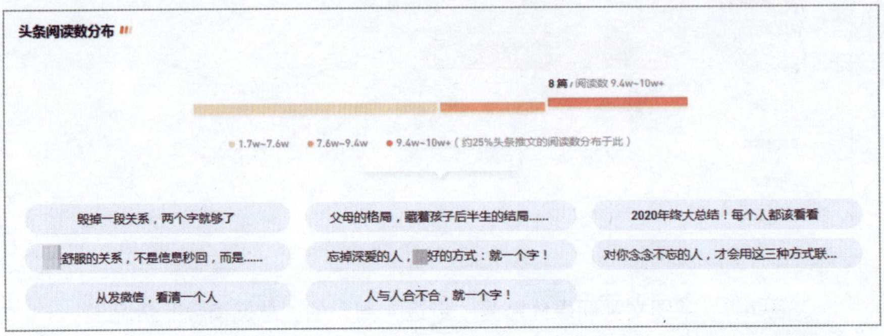

图 6-9　某图文类新媒体账号“近 30 天内”推文的“头条阅读数分布”情况

6.2.3　发文特征分析

“头条阅读数分布”的下方是“发文特征”板块。在“发文特征”板块中，可以查看账号已发布推文的相关关键词，而且将鼠标停留在关键词上，还可以查看该关键词相关的推文数量，以及部分推文的标题和阅读数。

如图 6-10 所示为某图文类新媒体账号的“发文特征”情况。该账号发布的“纯图文”内容达到了 166 篇，其中部分图文的阅读数更是超过了 1 万次。

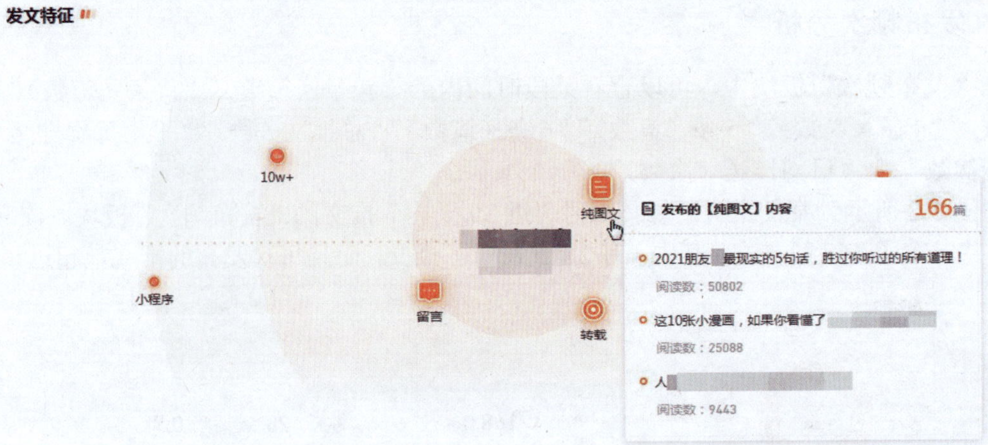

图 6-10　某图文类新媒体账号的“发文特征”情况

6.2.4　发布趋势分析

“发文特征”的下方是“发布趋势”板块。在“发布趋势”板块中，可以查看账号推文的发布时段分布情况，以及推文的常见发布时间段。

如图 6-11 所示为某图文类新媒体账号的“发布趋势”情况。该账号的文章都是 19：00～20：00 发布的，共发布的推文数为 168 篇。

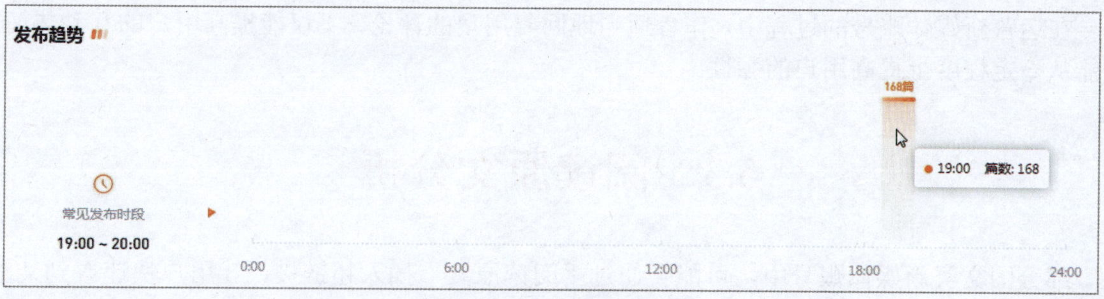

图 6-11　某图文类新媒体账号的“发布趋势”情况

6.2.5　内容创作分析

“发布趋势”的下方是“内容创作”板块。在“内容创作”板块中，可以查看账号已发布推文的“原创篇数”“原创占比”“赞赏次数”“转载曝光量”，以及原创推文的近期转载情况。如图 6-12 所示为某图文类新媒体账号的“内容创作”情况。该账号发布的推文中，有 8 篇为原创，原创占比为 4.8%，原创推文的转载曝光量为 190 万+。但是，不知道是账号没开赞赏功能，还是开了赞赏功能，却没有用户赞赏，因此该账号的赞赏次数没有统计出来。

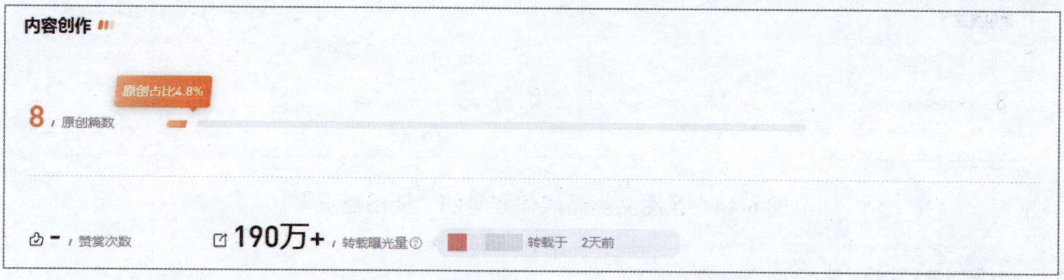

图 6-12　某图文类新媒体账号的“内容创作”情况

6.2.6　互动留言分析

“内容创作”的下方是“互动留言”板块。在“内容创作”板块中，可以查看账号“含留言（的推文）篇数”“留言总条数”和“作者回复率”的相关数据。

如图 6-13 所示为某图文类新媒体账号的“互动留言”情况。该账号“含留言（的推文）篇数”为 158 篇，“留言总条数”为 1 862 条。但是不知道是什么原因作者从不回复用户的评论。

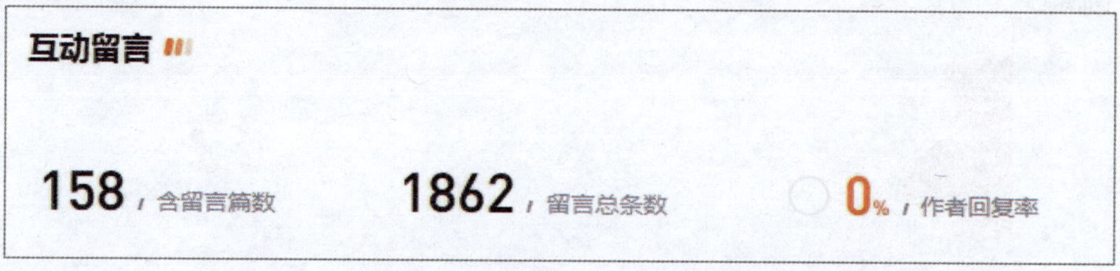

图 6-13　某图文类新媒体账号的“互动留言”情况

在运营新媒体账号的过程中，作者适当地回复用户的评论，不仅能提高用户的互动热情，还能从一定程度上提高用户的黏性。

6.3 阅读原文分析

部分图文类新媒体账号中，可能会通过“阅读原文”插入超链接，让用户快速看到某些内容。为了更好地了解“阅读原文”中插入的超链接获得的效果，可以通过新榜对“阅读原文”的相关数据进行全面地分析。

6.3.1 使用概况分析

在新榜平台“阅读原文”界面的“使用概况”板块中，可以查看“使用阅读原文（的）推文篇数”“使用（阅读原文的推文）占比”和“使用域名数”。

如图 6-14 所示为某图文类新媒体账号的“使用概况”。该账号中“使用阅读原文（的）推文篇数”为 8 篇，“使用（阅读原文的推文）占比”为 4.76%，“使用域名数”为 5 个。

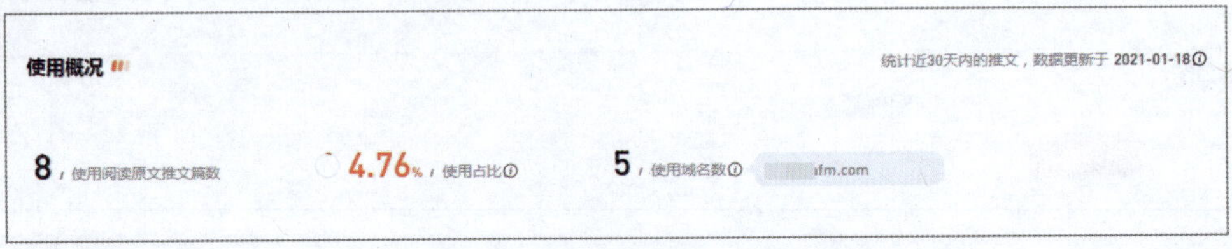

图 6-14　某图文类新媒体账号的“使用概况”

6.3.2 使用特征分析

“使用概况”的下方是“使用特征”板块。在“使用特征”板块中，可以查看“使用阅读原文的推文发布位置”和“阅读原文页面的内容词频”。

如图 6-15 所示为某图文类新媒体账号的“使用特征”板块，从“使用阅读原文的推文发布位置”来看，该账号共使用了 8 次阅读原文，其中，头条中使用了 3 次；次条使用了两次；第 4 条使用了两次；第 5 条使用了 1 次。从“阅读原文页面的内容词频”来看，该账号阅读原文页面中“网络”“页面”“尝试”“失效”“刷新”“切换”“WIFI”“加载”和“稍候”等词汇的出现频率较高。

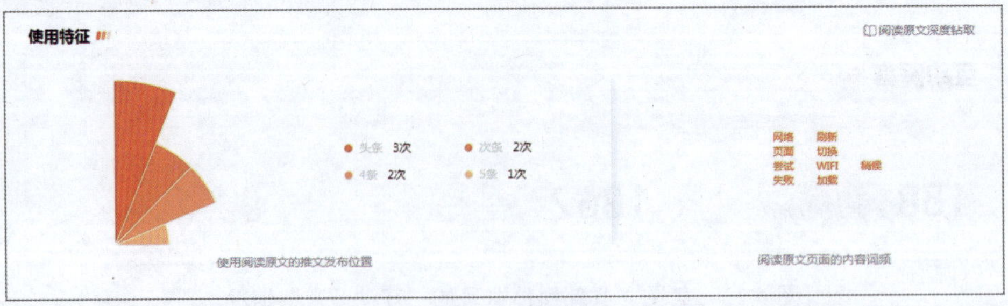

图 6-15　某图文类新媒体账号的“使用特征”

6.3.3　常用域名分析

“使用特征”的下方是“常用域名分析”板块。在“常用域名分析”板块中，可以查看该账号常用域名的排名（根据域名的使用次数进行的排名）、“阅读原文链接”“（链接）使用次数”“（阅读原文的）总阅读数”和“（阅读原文的）总在看数”，以及使用该域名的推文的“阅读数”“在看数”和“留言数”等数据。

如图 6-16 所示为某图文类新媒体账号的“常用域名分析”板块。该账号比较常用的域名使用了 3 次，“（阅读原文的）总阅读数”为 13 万+，“（阅读原文的）总在看数”为 1 149。另外，还可以分别查看使用该域名的图文的具体“阅读数”“在看数”和“留言数”。

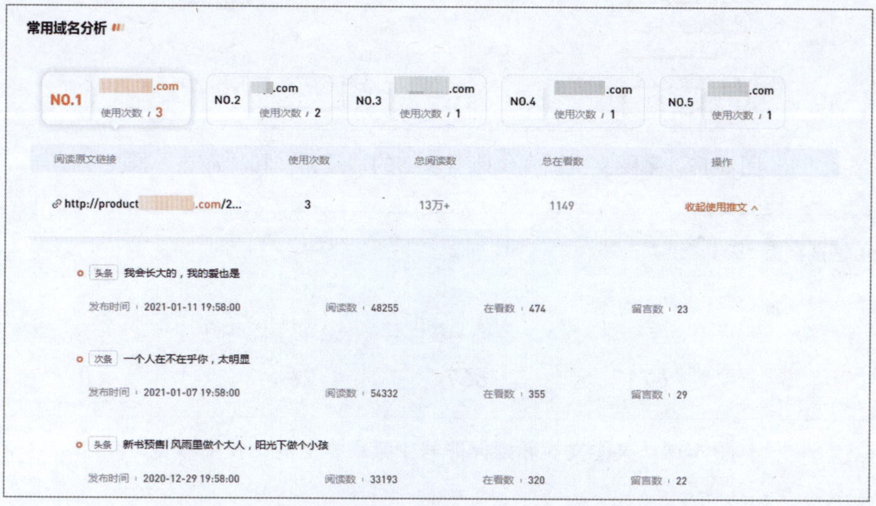

图 6-16　某图文类新媒体账号的“常用域名分析”

6.4　内容列表分析

可以在“阅读原文”界面中单击“内容列表”按钮，进入“内容列表”界面，查看各推文的相关数据。

6.4.1　内容数据概览

进入“内容列表”界面之后，可以在界面左侧查看账号发布的“最新”和“最热”推文，并查看列表中各推文的阅读数和在看数，如图 6-17 所示。

另外，可以单击左侧列表中的推文，查看推文的“传播概览”数据。在“传播概览”板块中，可以查看推文的“阅读数”“在看（数）”“点赞（数）”“留言（含回复）”和“赞赏数”。如图 6-18 所示为某图文类新媒体账号中某篇推文的“传播概览”板块。该篇推文的“阅读数”为 78 135 次，“在看（数）”为 671 次，“点赞（数）”为 667 次，“留言（含回复）”为 26 条，“赞赏数”为 0 次。

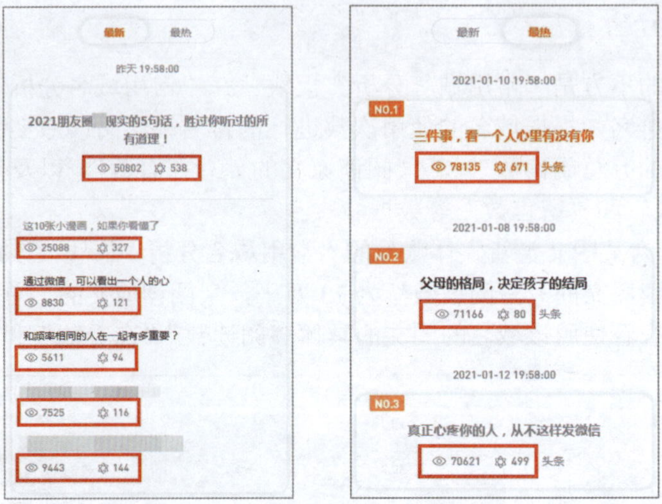

图 6-17　某图文类新媒体账号发布的“最新”和“最热”推文

图 6-18　某图文类新媒体账号中某篇推文的“传播概览”

6.4.2　内容数据分析

“数据概览”的下方是“内容分析”板块。在“内容分析”板块中，可以查看推文的“内容字数”，以及该推文包含的“音频（数）”“视频（数）”“音频（数）”“图片（数）”“小程序（数）”“视频号动态（数）”和“涉及热点（数）”。

如图 6-19 所示为某图文类新媒体账号中某篇推文的“内容分析”板块。该篇推文为包含 1 541 个字的纯文字型推文，推文中不包含音频、视频、音乐、图片、小程序、视频号动态，也没有涉及相关热点。

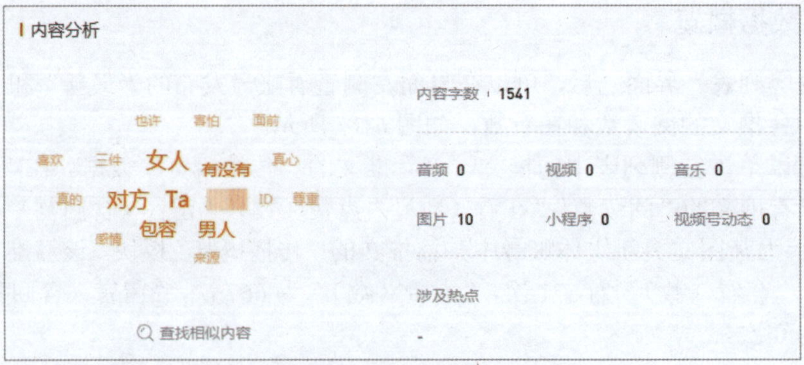

图 6-19　某图文类新媒体账号中某篇推文的“内容分析”

6.4.3　留言数据分析

“内容分析”的下方是“留言分析”板块。在“留言分析”板块中，可以查看推文的“留言数”“留言用户（数）”“留言总赞（数）”“留言均赞（数）”“常见表情”“留言速度”“作者回复（量）”“回复率”“回复总赞”和“回复均赞”，以及用户评论表达的态度、评论的内容和评论的点赞量。

如图 6-20 所示为某图文类新媒体账号中某篇推文的“留言分析”板块。该篇推文的“留言数”为 24 条，“留言用户”为 24 位，“留言总赞”为 312 次，“留言均赞”为 13.0 次。

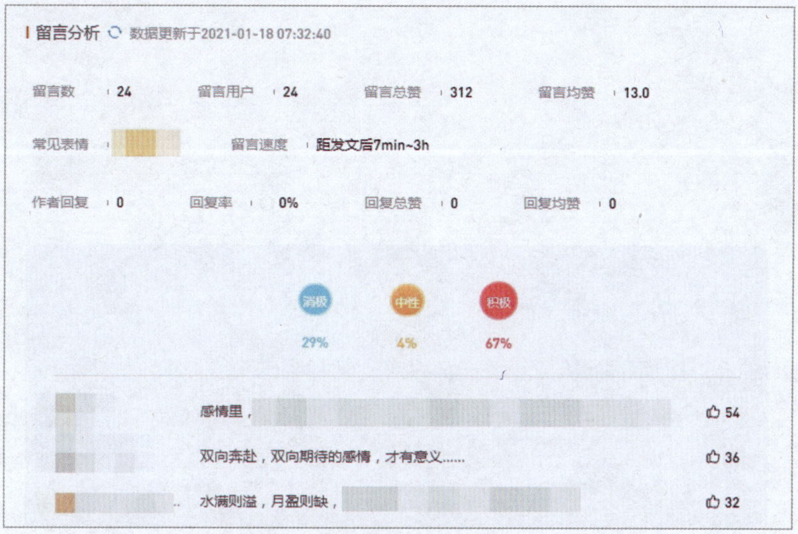

图 6-20　某图文类新媒体账号中某篇推文的“留言分析”

本章小结

本章介绍了图文平台的数据分析，包括账号榜单数据、发布规律分析、阅读原文分析和内容列表分析。图文类新媒体平台在近年来飞速发展，掌握这类平台的内容和数据规律有利于读者更好地进入市场。

本章习题

1．可以通过对哪些数据进行分析来研究已发布内容的规律？

2．如何通过新榜对“阅读原文”的相关数据进行全面地分析？

第 7 章　直播平台的数据分析

本章导读

新媒体运营者通过直播进行变现，运营者可以通过数据直观地分析和评估直播的效果，从而寻找提高直播效果的方法。本章重点讲解直播平台的数据查看和分析方法，让读者更好地评估直播的效果。

本章重点

- 账号直播数据分析
- 直播商品数据分析
- 直播观众数据分析
- 单场直播数据分析

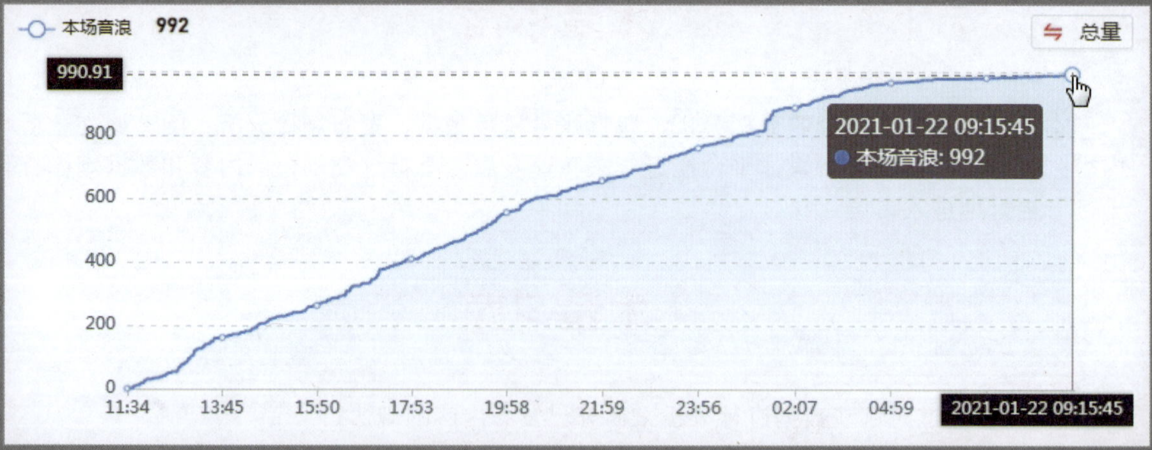

7.1　账号直播数据分析

通过数据分析了解账号直播的整体数据情况，从而对自身的直播运营情况进行客观地评估，并寻找提升直播效果的方法。在分析直播数据时，可以借助一些专业的数据分析平台。本节以抖查查平台为例，对账号直播数据的分析进行讲解。

在抖查查平台默认界面的搜索栏中，❶输入账号名称；❷单击“搜索”按钮，如图 7-1 所示。

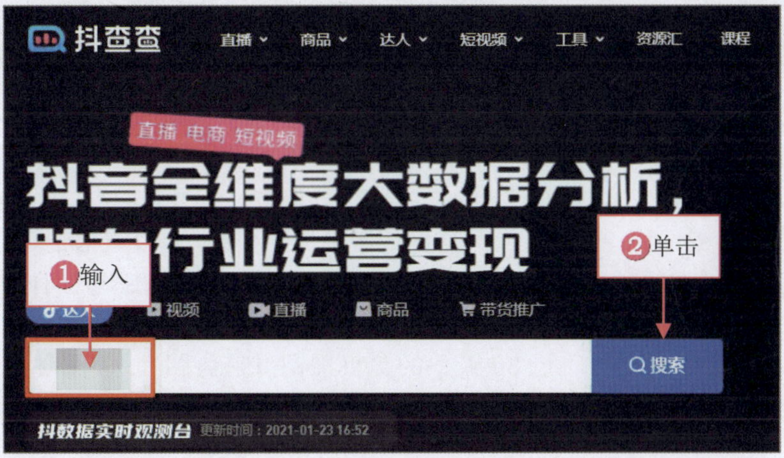

图 7-1　单击“搜索”按钮

操作完成后，在搜索结果界面中单击对应账号所在的区域，如图 7-2 所示。操作完成后，即可进入该账号的数据分析界面，查看账号的“直播分析”数据。

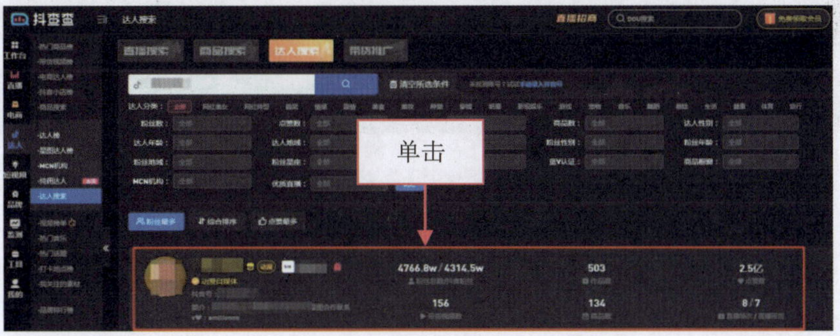

图 7-2　单击对应账号所在的区域

在抖查查平台的“直播分析”界面中，可以查看账号的直播数据概览、销量数据、礼物数据和时间数据。

7.1.1　直播数据概况

在“直播分析”界面的“直播数据概览”板块中，可以查看账号某段时间内的“直播场次/带货次数”“累计音浪”“送出音浪”“直播销量/场均销量”“直播销售额/场均销售额”“UV

价值（UV：一般就是指独立访客）”及“直播商品数”“粉丝团增量”和“带货转化率”。如图 7-3 所示为某抖音号“（近）30 天”的“直播数据概览”。该账号 2020 年 12 月 24 日至 2021 年 1 月 22 日的“直播场次/带货次数”为 15/15（即每场直播都在带货），“累计音浪”为 8.6 万，“直播销量”为 38.2 万件，“场均销量”为 2.5 万件，“直播销售额”为 1.6 亿元，“场均销售额”为 1 062.5 万元，“UV 价值”为 21.3，“直播商品数”为 1 070 种，“粉丝团增量”为 1.1 万人，“带货转化率”为 5.1%。

图 7-3　某抖音号“（近）30 天”的“直播数据概览”

7.1.2　直播销售数据

在“直播分析”界面中，可以查看两方面的直播销售数据，即“直播销量趋势图”和“UV 价值与销售额趋势图”。在“直播销量趋势图”板块中，可以查看某段时间内账号直播销量的“增量”和“总量”变化情况。

如图 7-4 所示为某抖音号“近 30 天”的“直播销量趋势图”。该账号“近 30 天”内直播销量整体呈现上升趋势。其中，2021 年 1 月 5 日至 7 日期间的直播销量增量变化相对比较剧烈。

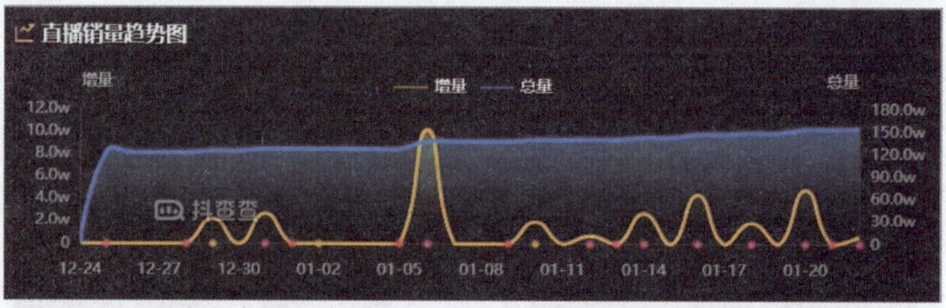

图 7-4　某抖音号“近 30 天”的“直播销量趋势图”

在“UV 价值与销售额趋势图”板块中，可以查看某段时间内账号直播 UV 价值与销售额的变化情况。如图 7-5 所示为某抖音号“近 30 天”的“UV 价值与销售额趋势图”。该账号“近 30 天”内直播 UV 价值有一定的起伏，而直播销售额则整体呈现上升趋势。

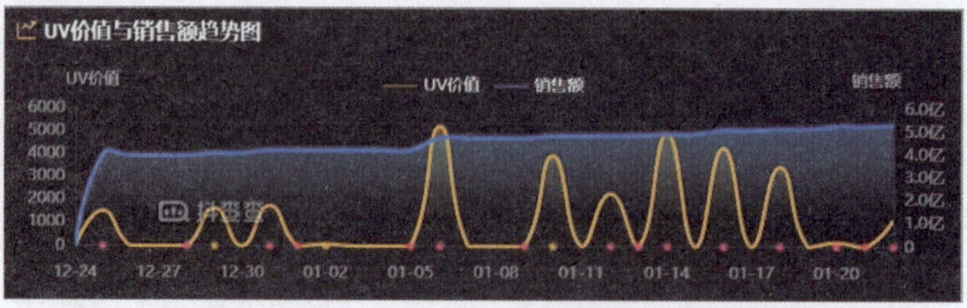

图 7-5　某抖音号“近 30 天”的“UV 价值与销售额趋势图”

7.1.3　直播礼物数据

在“直播分析”界面中，可以查看三方面的直播礼物数据，即“音浪收入趋势图”“送出音浪趋势图”和“打赏人数趋势图”。在“音浪收入趋势图”板块中，可以查看某段时间内账号音浪收入的“增量”和“总量”变化情况。如图 7-6 所示为某抖音号“近 30 天”的“音浪收入趋势图”。该账号“近 30 天”内直播音浪收入整体呈现上升趋势，其中，2021 年 1 月 5 日至 7 日期间音浪收入的增量变化相对较为剧烈。

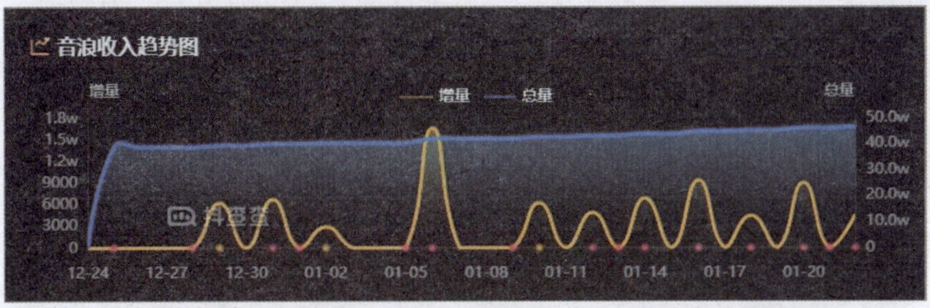

图 7-6　某抖音号“近 30 天”的“音浪收入趋势图”

在“送出音浪趋势图”板块中，可以查看某段时间内账号送出的音浪的“增量”和“总量”变化情况。如图 7-7 所示为某抖音号“近 30 天”的“送出音浪趋势图”。该账号“近 30 天”内直播音浪收入整体呈现上升趋势，而送出音浪的增量情况则比较平缓。

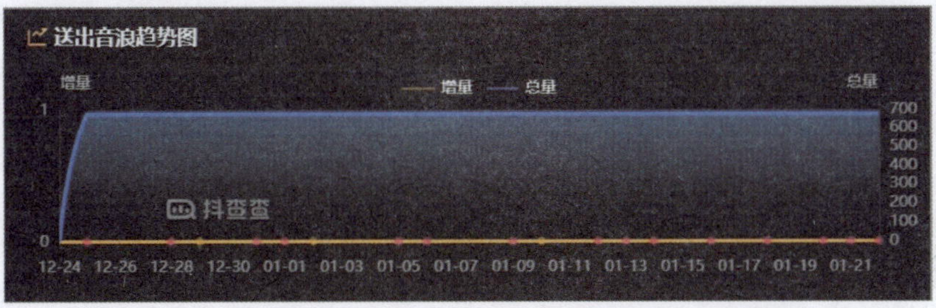

图 7-7　某抖音号“近 30 天”的“送出音浪趋势图”

在“打赏人数趋势图”板块中，可以查看某段时间内账号直播打赏人数的“增量”和“总量”变化情况。如图 7-8 所示为某抖音号“近 30 天”的“打赏人数趋势图”。该账号“近 30 天”内直播打赏人数整体呈现上升趋势，其中，2021 年 1 月 5 日至 7 日期间的打赏人数增量变化较为剧烈。

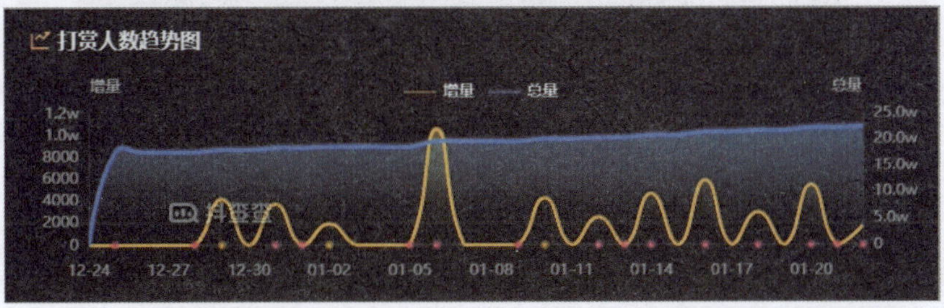

图 7-8　某抖音号“近 30 天”的“打赏人数趋势图”

7.1.4 直播时间数据

在“直播分析”界面中，可以查看三方面的直播时间数据，即“平均停留时长趋势图”“直播开播时间”和“打直播时长分布”。在“平均停留时长趋势图”板块中，可以查看某段时间内用户观看直播的平均停留时间“增量”和“总量”变化情况。如图 7-9 所示为某抖音号“近 30 天”的“平均停留时长趋势图”。该账号 2020 年 12 月 24 日至 2021 年 1 月 5 日用户观看直播的平均停留时间“增量”和“总量”变化都较为平缓，而 2021 年 1 月 5 日至 1 月 23 日用户观看直播的平均停留时间“增量”和“总量”变化则相对较为剧烈。

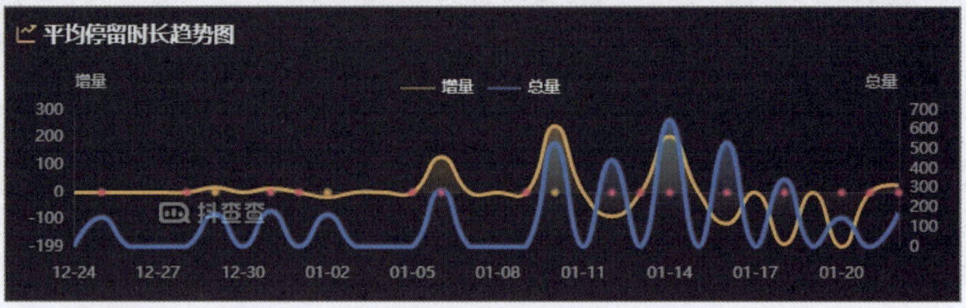

图 7-9 某抖音号“近 30 天”的“平均停留时长趋势图”

在“直播开播时间”板块中，可以以“日”或“周”为周期，查看某段时间内账号开播时间的分布情况。如图 7-10 所示为某抖音号运营者以“日”为周期的“直播开播时间”。该账号在此时间段内共进行了 15 场直播，其中，有 12 场直播是下午 13：00 开播的。

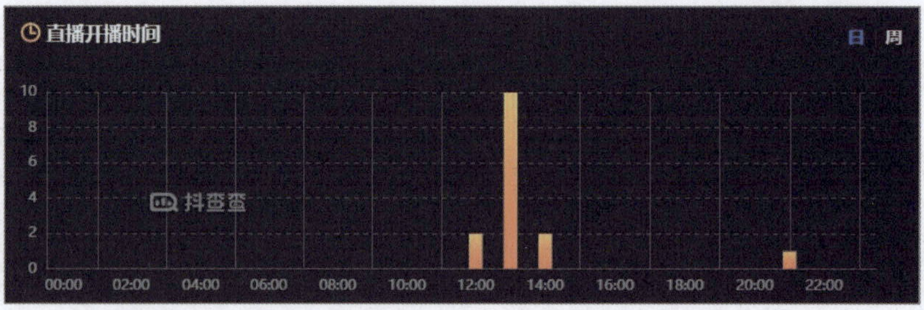

图 7-10 某抖音号运营者以“日”为周期的“直播开播时间”

在“直播时长分布”板块中，可以查看某段时间内直播时长分布的占比情况。如图 7-11 所示为某抖音号的“直播时长分布”。该账号直播时长为 4 小时的直播场次较多，其占比高达 80%。

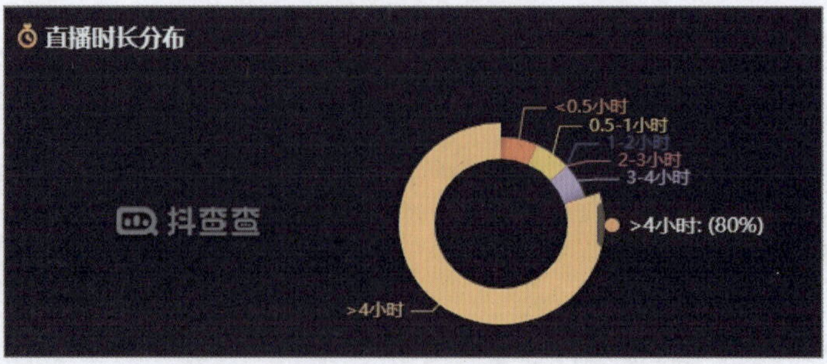

图 7-11 某抖音号的“直播时长分布”

7.2　直播商品数据分析

单击抖查查平台中的“直播带货能力”分析按钮，进入“直播带货能力”界面，查看直播带货数据、品类数据、品牌数据和商品数据。

7.2.1　直播带货数据

在“直播带货能力”界面中，可以查看六方面的直播带货数据，即“带货资历”“带货场次峰值分布”“带货效果对比”“受众消费能力”“直播带货场次上榜记录”和“直播&销售额分布”。在“带货资历”板块中，可以查看加入抖音的时间、直播带货的场次数、开播的间隔、场均销量、场均销售额，以及这些数据超过的抖音用户比例。

如图 7-12 所示为某抖音号直播的“带货资历”。该账号是 2020 年 4 月注册的，该注册时间超过了 18.23%的抖音用户；该账号共进行了 109 场直播带货，直播带货场次超过了 99.07%的抖音用户；该账户直播的平均开播间隔为 1 天，其直播频率超过了 9.19%的抖音用户；该账号直播的场均销量为 1.4 万件，这一数据超过了 99.95%的抖音用户；该账号直播的场均销售额为 484.4 万元，这一数据超过了 100%的抖音用户。

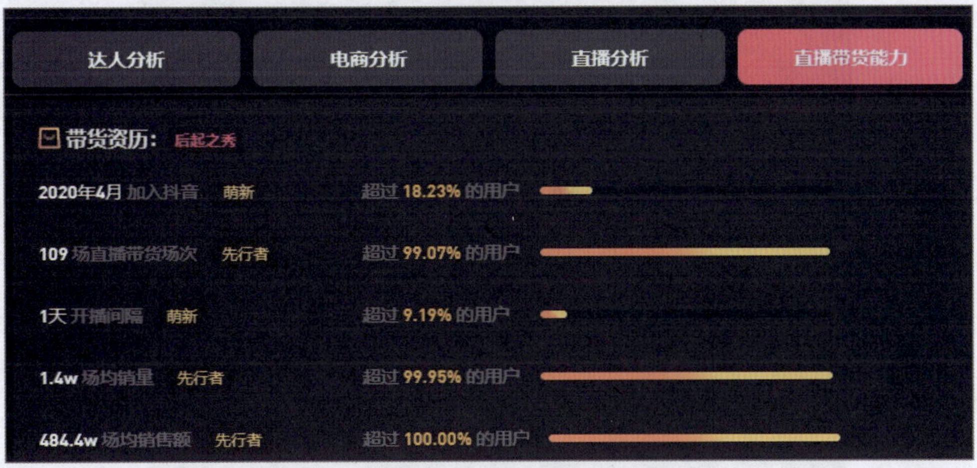

图 7-12　某抖音号直播的“带货资历”

在“带货场次峰值分布”板块中，可以查看账号直播“最多观看（人数）”“最多音浪（数）”“最多（时长）直播”“最多在线（人数）”“最多销量”和“最多销售额”的相关数据。

如图 7-13 所示为某抖音号直播的“带货场次峰值分布”。该账号单场直播的“最多观看（人数）”为 227.2 万人，“最多音浪（数）”为 3.8 万，“最多（时长）直播”为 11 小时，“最多在线（人数）”为 2.4 万人，“最多销量”为 10.2 万件，“最多销售额”为 5 326.5 万元。

在“带货效果对比”板块中，可以查看账号第一场直播和最近一场直播的“开播时间”“直播时长”“粉丝数”“带货商品”“销量”和“销售额”的数据对比。

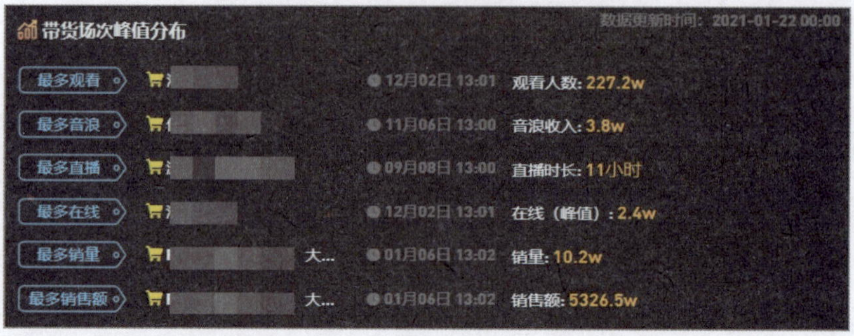

图 7-13 某抖音号直播的“带货场次峰值分布”

如图 7-14 所示为某抖音号直播的“带货效果对比”。与第一场直播相比，该账号最近一场直播的直播时长虽然短了一些，但是，“粉丝数”“带货商品”“销量”和“销售额”却多很多。这就说明该账号的影响力明显增强了，账号的直播内容获得了更多用户的关注。

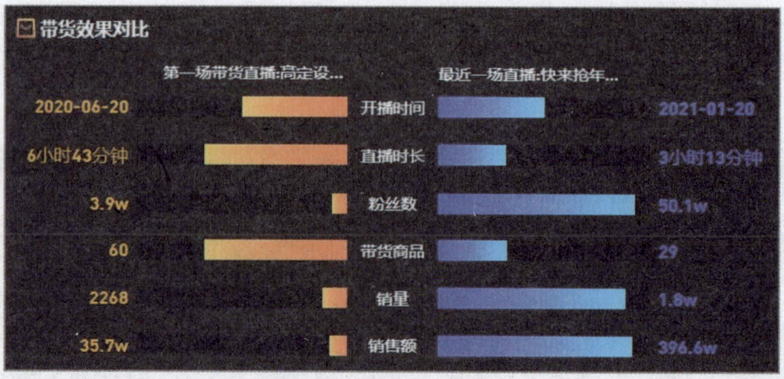

图 7-14 某抖音号直播的“带货效果对比”

在“受众消费能力”板块中，可以查看账号直播中用户（即直播受众）笔单价（即单笔成交的平均价格）范围的占比情况。如图 7-15 所示为某抖音号直播的“受众消费能力”。该账号直播中，笔单价为 100～500 元的用户比较多，其占比高达 53.7%。

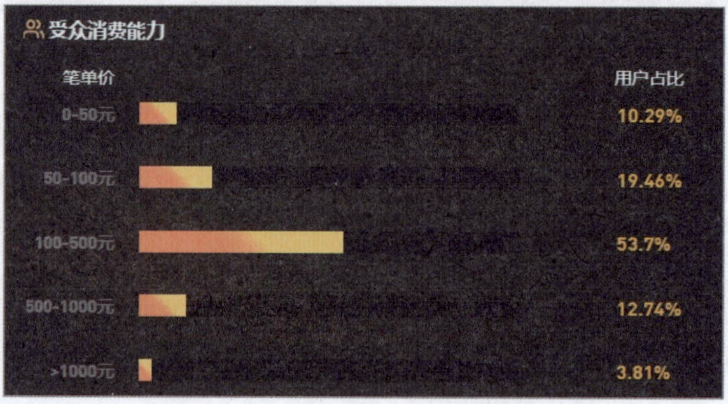

图 7-15 某抖音号直播的“受众消费能力”

在“直播带货上榜记录”板块中，可以查看账号上榜直播的“开播时间”“在线人数（峰值）”“收获音浪”“带货商品（数）”“销量”和“销售额”，以及具体的榜单排名。

如图 7-16 所示为某抖音号的“直播带货上榜记录”。该账号 2021 年 1 月 18 日的某场直播中的“在线人数（峰值）”为 4 565 人，“收获音浪”为 3 395，“带货商品（数）”为 77 种，“销量”为 1.9 万件，“销售额”为 566.6 万元。另外，该场直播在“实时直播榜”中排第 67 名，“实时带货榜”中排第 53 名。

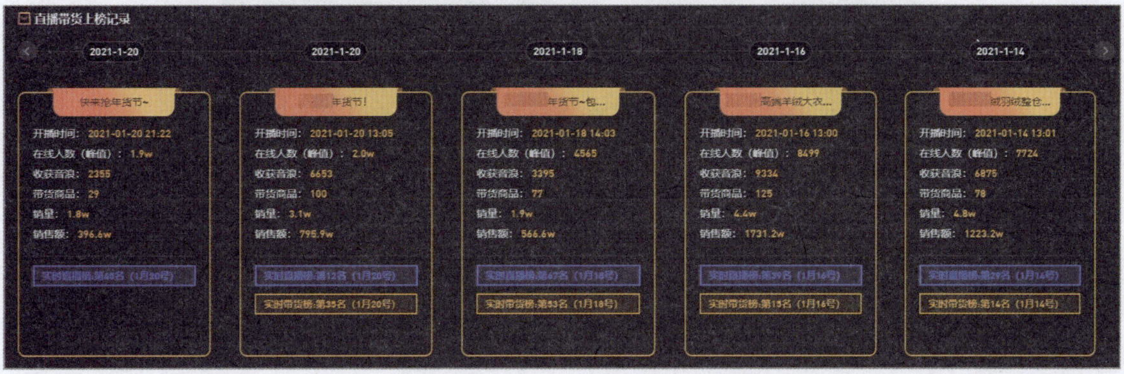

图 7-16　某抖音号的“直播带货上榜记录”

在“销量&销售额分布”板块中，可以查看账号直播的“销量”和“销售额”变化情况。如图 7-17 所示为某抖音号的“销量&销售额分布”。该抖音号 2021 年 1 月 6 日 13：02 开播的直播销量和销售额相对较高。该场直播的销量突破了 10 万件，而销售额则突破了 5 000 万元。

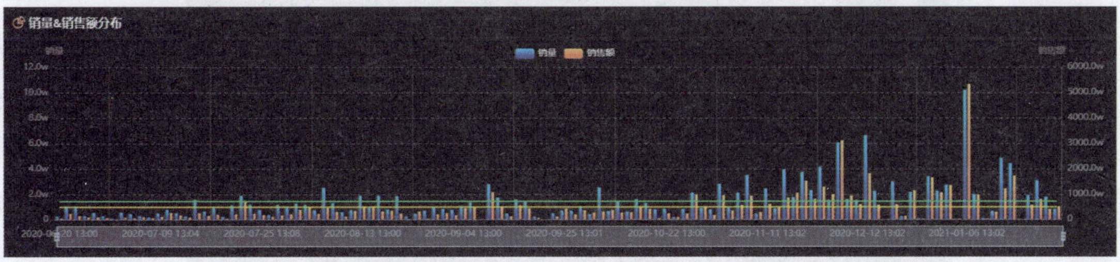

图 7-17　某抖音号的“销量&销售额分布”

7.2.2　直播品类数据

因为直播定位不同和用户的需求不同，所以不同品类的商品获得的直播带货效果往往也会存在一定的差异。对此，可以通过直播品类的数据分析，判断哪些品类的商品比较受用户的欢迎，然后在接下来的直播中适当地增加这些品类的商品，从而让直播带货的收益更有保障。例如，在抖查查平台中，可以在“直播带货能力”界面中，查看账号的“热推品类”和“热销品类”，了解哪些品类的商品更适合推广和销售。在“热推品类”板块，查看“关联直播场次”和“热推商品数”较多的商品品类，以及“关联直播场次”和“热推商品数”的具体数值。如图 7-18 所示为某抖音号的直播“热推品类”。该账号直播中，“美食饮品”类商品的热推数据相对较高。这类商品的“关联直播场次”为 104 场，“热推商品数”为 984 种。

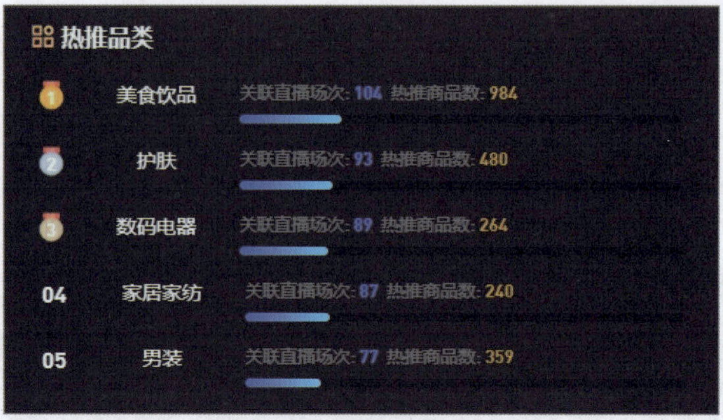

图 7-18　某抖音号的直播“热推品类”

在“热销品类”板块中，可以查看“热推商品销量”和“销售额”较多的商品品类，以及“热推商品销量”和“销售额”的具体数值。

如图 7-19 所示为某抖音号的直播“热销品类”。该账号直播中，“美食饮品”类商品的热销数据相对较高。这类商品的“热推商品销量”为 489.4 万件，“销售额”为 4.1 亿元。

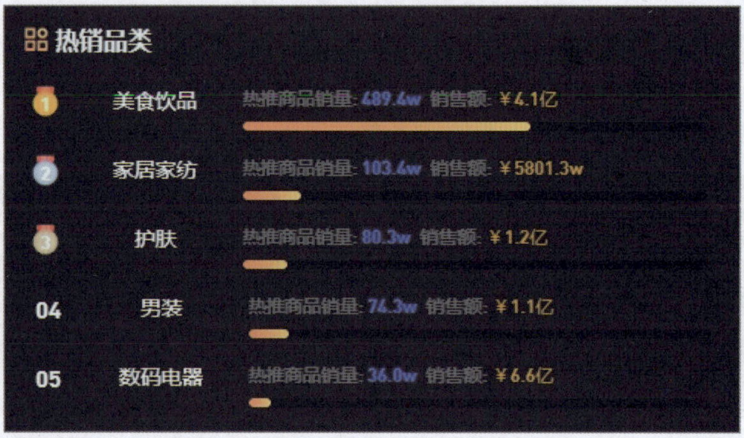

图 7-19　某抖音号的直播“热销品类”

7.2.3　直播品牌数据

直播带货销售的商品的品牌也会对直播带货的销售量和销售额造成一定的影响。对直播的品牌数据进行分析，判断哪些品牌的商品更受用户的欢迎，并在之后的直播带货中选择更受用户欢迎的品牌带货。例如，在抖查查平台中，可以在“直播带货能力”界面中，查看账号的“热推品牌”和“热销品牌”，了解哪些品牌的商品更适合推广和销售。在“热推品牌”板块中，可以查看“关联直播场次”和“热推商品数”较多的商品品牌，以及“关联直播场次”和“热推商品数”的具体数值。如图 7-20 所示为某抖音号的直播“热推品牌”。该账号直播中，某个热推数据较高的品牌的“关联直播场次”达到了 32 场，而该品牌的“热推商品数”也达到了 35 种。

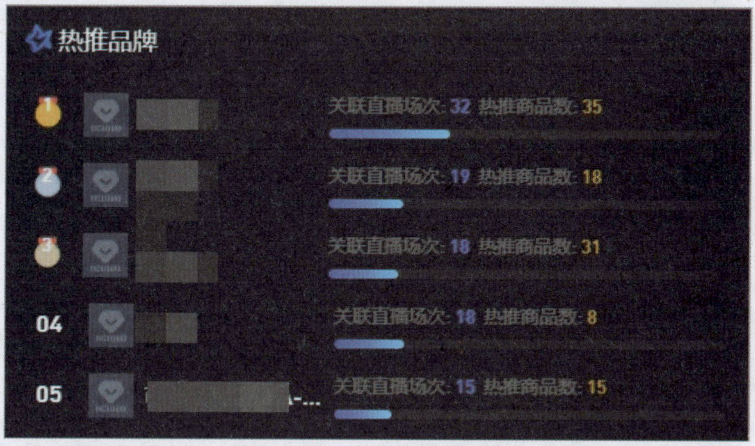

图 7-20　某抖音号的直播“热推品牌”

在“热销品牌”板块中，可以查看“热推商品销量”和“销售额”较多的商品品牌，以及“热推商品销量”和“销售额”的具体数值。如图 7-21 所示为某抖音号的直播“热销品牌”。该账号直播中，其他类商品的热销数据相对较高。这类商品的“热推商品销量”为 56.2 万件，“销售额”为 7 649.6 亿元。

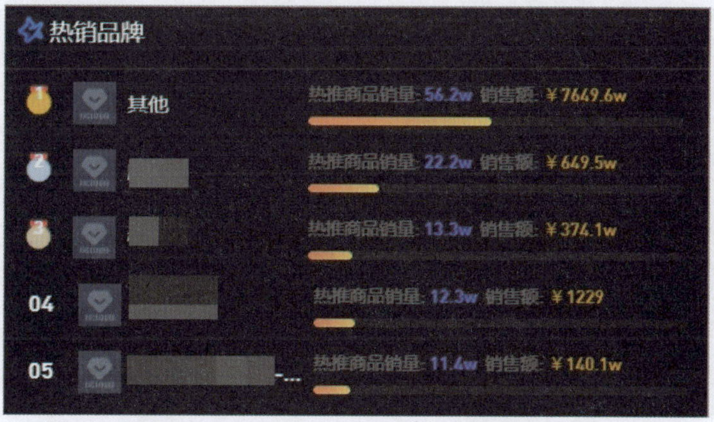

图 7-21　某抖音号的直播“热销品牌”

7.2.4　直播商品数据

除了品类和品牌，还可以对商品直播数据分析和评估。例如，在抖查查平台中，可以在“直播带货能力”界面查看账号的“热推商品”和“热销商品”，了解哪些商品更适合进行推广和销售。

在“热推商品”板块中，运营者可以查看“关联直播场次”较多的商品，以及“关联直播场次”和“最低成交价”的具体数值。

如图 7-22 所示为某抖音号的直播“热推品牌”。该账号直播中，某个热推数据较高的商品的“关联直播场次”达到了 22 场，而该商品的“最低成交价”则为 149 元。

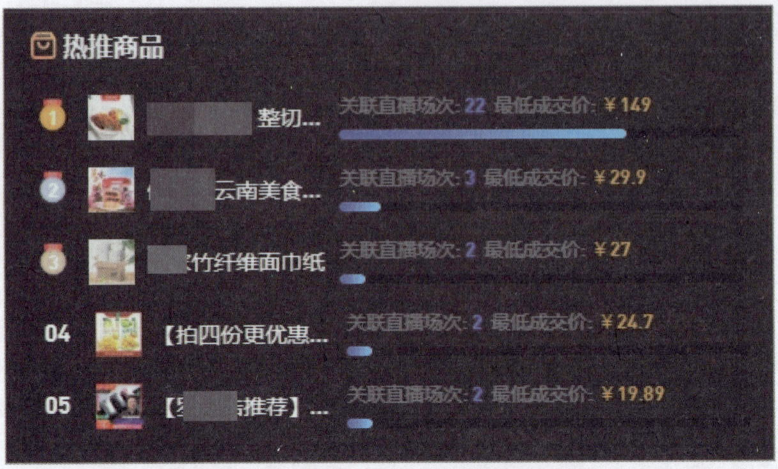

图 7-22　某抖音号的直播“热推品牌”

在“热销商品”板块中，可以查看“关联带货销量”和“销售额”较多的商品，以及“关联带货销量”和“销售额”的具体数值。

如图 7-23 所示为某抖音号的直播“热销商品”。该账号直播中，某个热销数据较高的商品的“直播带货销量”为 17.2 万件，“销售额”为 2 045 万元。

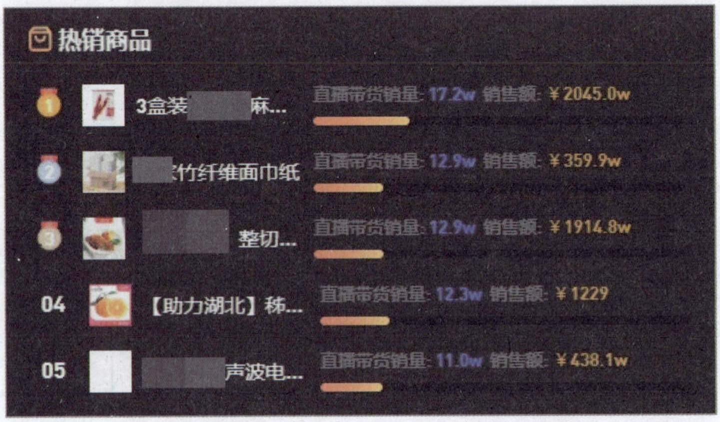

图 7-23　某抖音号的直播“热销商品”

7.3　直播观众数据分析

可以对直播的观看人数、粉丝团数据和观众画像进行分析，了解账号直播观众的相关情况，并找准核心用户，进行直播带货。

7.3.1　观看人数数据

通常，一场直播吸引的观众越多，该直播的影响力就越大，而直播获得的收益也会越多。因此，还需重点对直播观众的相关数据进行分析，并寻找方法提高直播的观看人数和观看人次。对此，可以在抖查查平台“直播分析”界面的“累计观看人数与累计观看人次”板块，查看“累计观看人数”和“累计观看人次”的变化情况。如图 7-24 所示为某抖音号的“累计观看人数与累计观看人次”趋势图。该账号 2021 年 1 月 19 至 21 日的“累计观看人次”变化相对来说比较剧烈。

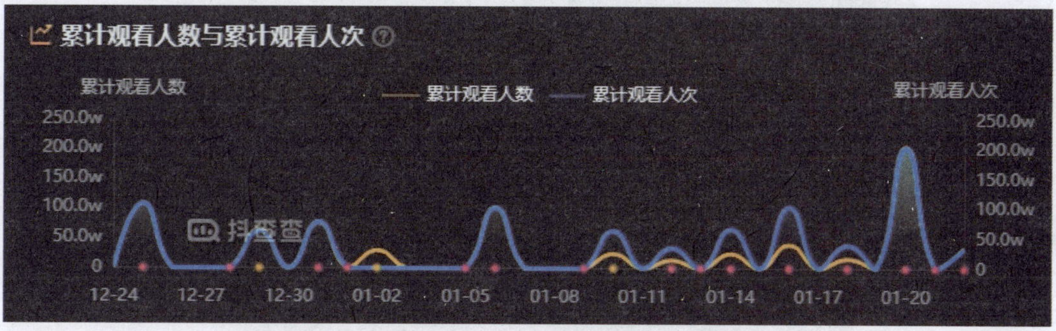

图 7-24　“累计观看人数与累计观看人次”趋势图

7.3.2　粉丝团数据分析

如果用户对你的直播内容感兴趣，就会选择成为你的粉丝团成员。对此，可以通过查看粉丝团数据来判断直播内容和直播表现对用户的吸引力。

在抖查查平台“直播分析”界面的“粉丝团趋势图”板块，查看账号粉丝团人数的“增量”和“总量”变化情况。如图 7-25 所示为某抖音号的“粉丝团趋势图”。该账号的粉丝团人数总量整体呈现上升趋势，而增量则有一定的波动。其中，2021 年 1 月 5 日至 7 日粉丝团人数的增量变化相对比较剧烈。

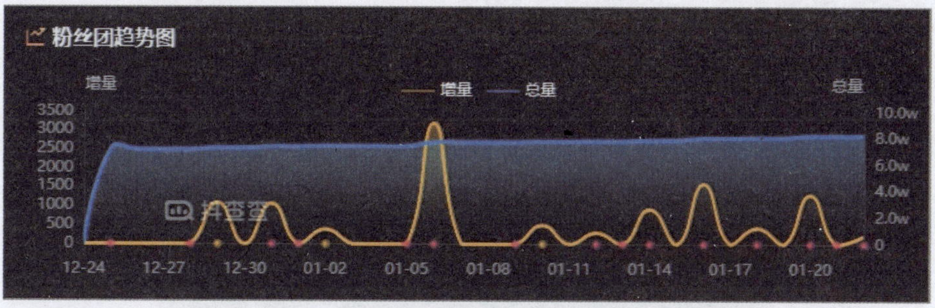

图 7-25　某抖音号的“粉丝团趋势图”

7.3.3　观众画像分析

单击抖查查平台“粉丝画像”界面中的“直播观众画像”按钮，进入“直播观众画像”界面，查看账号的“直播观众性别分布”“直播观众年龄分布”“直播观众地域分布”“直播观众星座分布”“直播观众活跃时间分布”和“30 天内粉丝变化趋势图”。

在“直播观众性别分布”板块中，可以查看直播观众的男女性别占比情况。如图 7-26 所示为某抖音号的“直播观众性别分布”。该账号的直播观众中，女性占比为 33.08%，男性占比为 66.92%。

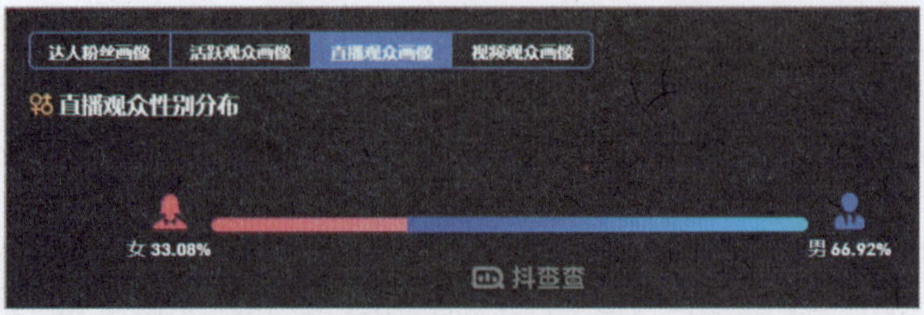

图 7-26　某抖音号的“直播观众性别分布”

在“直播观众年龄分布”板块中，可以查看各年龄段直播观众的占比情况。如图 7-27 所示为某抖音号的“直播观众年龄分布”。该账号中 25～30 岁的直播观众相对较多，该年龄段直播观众的占比达到了 28.29%。

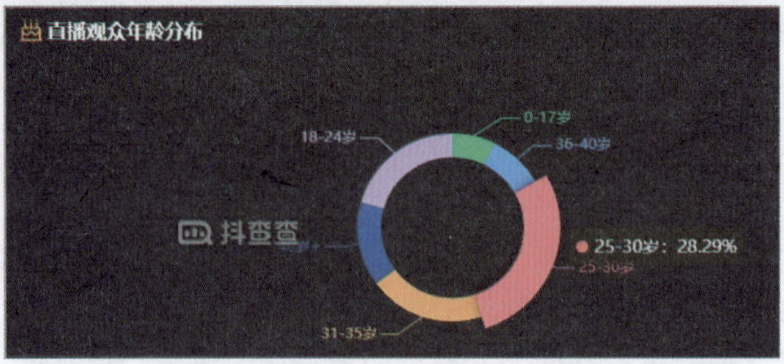

图 7-27　某抖音号的“直播观众年龄分布”

在“直播观众地域分布”板块中，可以查看各“省份”或“城市”的直播观众占比情况。如图 7-28 所示为某抖音号的“直播观众地域分布”。该账号的直播观众分布较多的城市包括北京市、上海市、深圳市、广州市、杭州市、西安市、苏州市和成都市。其中，北京市的直播观众占比更是达到了 6.06%。

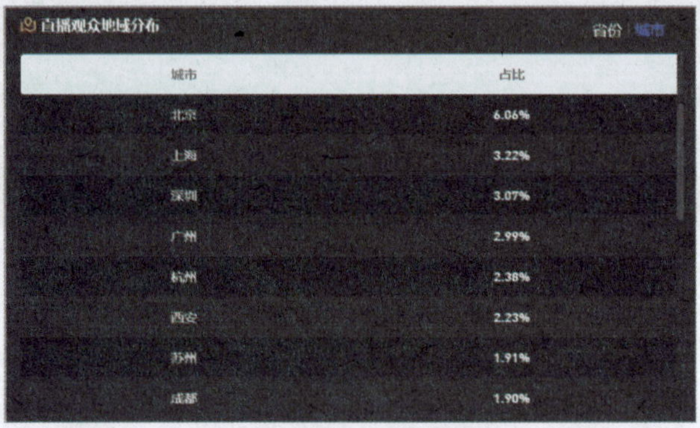

城市	占比
北京	6.06%
上海	3.22%
深圳	3.07%
广州	2.99%
杭州	2.38%
西安	2.23%
苏州	1.91%
成都	1.90%

图 7-28　某抖音号的“直播观众地域分布”

在“直播观众星座分布”板块中，可以查看各星座的直播观众占比情况。如图 7-29 所示为某抖音号的“直播观众星座分布”。该账号中属于摩羯座的直播观众较多，这部分观众的占比超过了 15%。

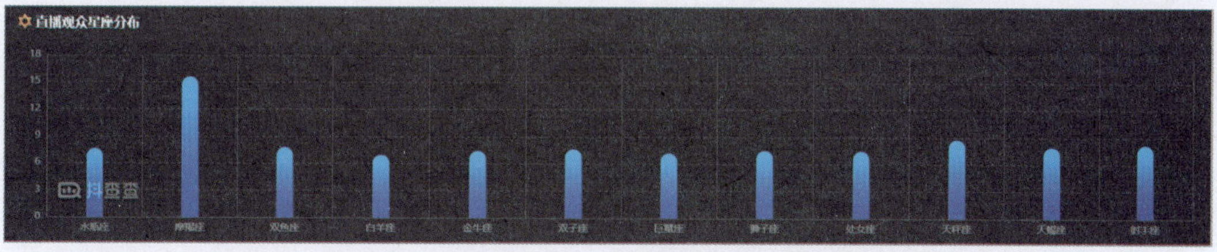

图 7-29　某抖音号的“直播观众星座分布”

在“直播观众活跃时间分布”板块中，可以将“日”或“周”作为周期，查看账号直播观众。如图 7-30 所示为某抖音号的“直播观众活跃时间分布”。6 点、9 点、11 点、14 点和 17 点，该账号的直播观众是比较活跃的。

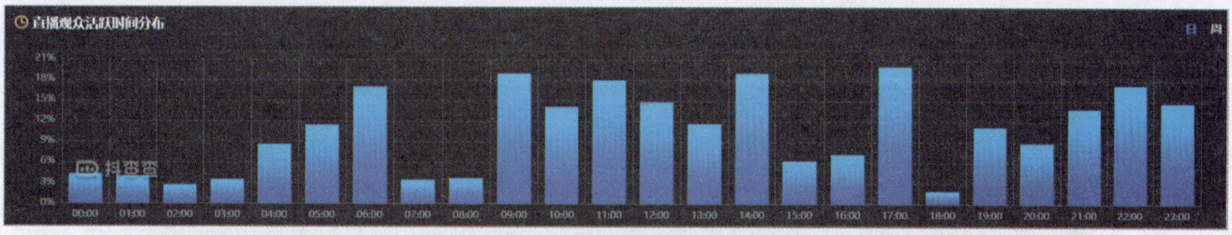

图 7-30　某抖音号的“直播观众活跃时间分布”

在“30 天内粉丝变化趋势图”板块中，可以查看“近 30 天”内粉丝的“性别”或“年龄”占比变化情况。如图 7-31 所示为某抖音号“近 30 天”内粉丝的“性别”占比变化情况。该账号“近 30 天”内“性别”占比情况虽然有一定的变化，男性粉丝的占比要多于女性粉丝。2020 年 12 月 29 日的男性粉丝占比为 69%，女性粉丝占比为 31%。

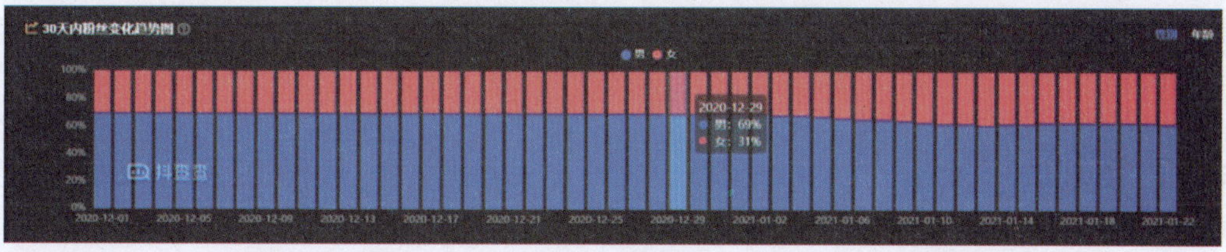

图 7-31　某抖音号“近 30 天”内粉丝的“性别”占比变化情况

如图 7-32 所示为某抖音号“近 30 天”内粉丝的“年龄”占比变化情况。该账号“近 30 天”内“年龄”占比情况虽然有一定的变化，25～30 岁粉丝的占比相对来说比较高。2021 年 1 月 3 日 0～17 岁的粉丝占比为 8.65%，18～24 岁的粉丝占比为 17.29%，25～30 岁的粉丝占比为 24.39%，31～35 岁的粉丝占比为 18.17%，36～40 岁的粉丝占比为 12.28%，41 岁以上的粉丝占比为 19.23%。

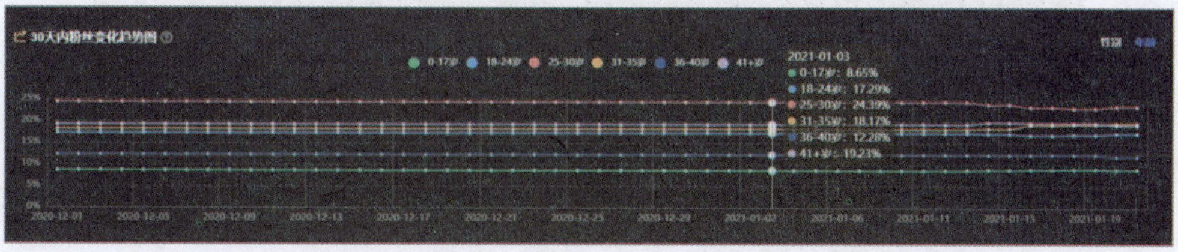

图 7-32　某抖音号“近 30 天”内粉丝的“年龄”占比变化情况

7.4 单场直播数据分析

除了账号的直播整体数据之外，还可以针对性地查看单场直播的相关数据。本节将对关键性的单场直播数据进行分析。

7.4.1 单场直播数据分析

可以在抖查查“直播分析”界面的“直播列表”板块中，查看单场直播的“开播时间”“直播时长”“音浪”“人数峰值”“上架商品数”“销量”和“销售额”等数据。如图 7-33 所示，为某抖音号的“直播列表”。另外，可以单击对应直播后方的“直播详情”按钮，查看该场直播的“直播数据分析”“直播商品分析”和“直播观众分析”。

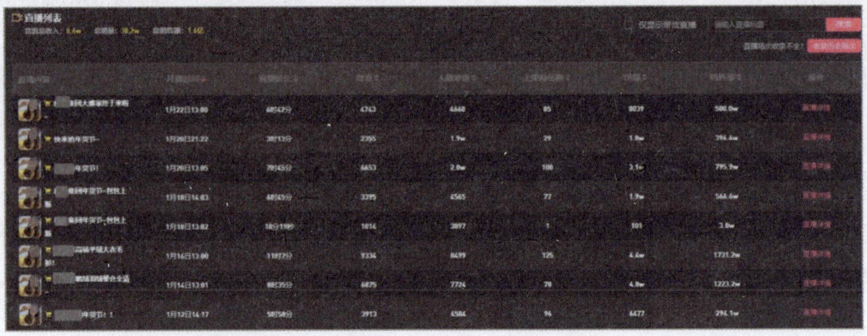

图 7-33 某抖音号的“直播列表”。

在“直播数据分析”界面中，可以查看账号直播的“累计观看人数趋势”“直播间点赞趋势”“获得音浪趋势”“打赏人数趋势”“直播涨粉趋势”“粉丝团趋势”“弹幕热词”和“弹幕详情”。

在“累计观看人数趋势”板块中，可以查看单场直播的累计观看人数的“增量”和“总量”变化情况。如图 7-34 所示为某场抖音直播的“累计观看人数趋势”。该场直播前半段时间的累计观看人数增量变化较剧烈，而累计观看人数总量则呈现不断上升的趋势。

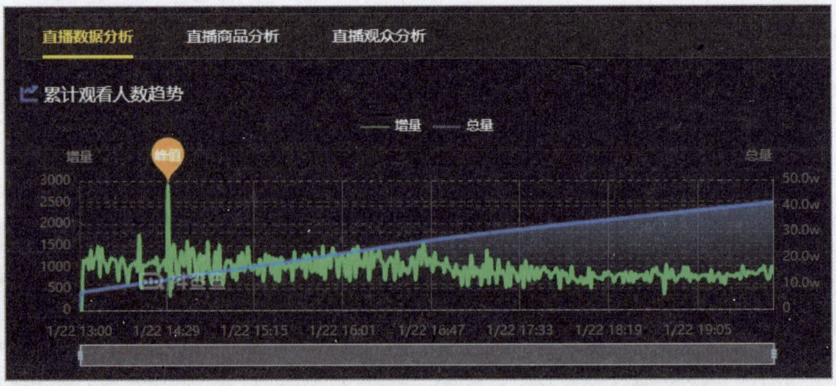

图 7-34 某场抖音直播的“累计观看人数趋势”

在“直播间点赞趋势”板块，可以查看单场直播的直播间点赞“增量”和“总量”变化情况。如图 7-35 所示为某场抖音直播的“直播间点赞趋势”。该场直播间的点赞增量出现了七次较大地波动，而直播间的点赞总量则呈现不断上升的趋势。

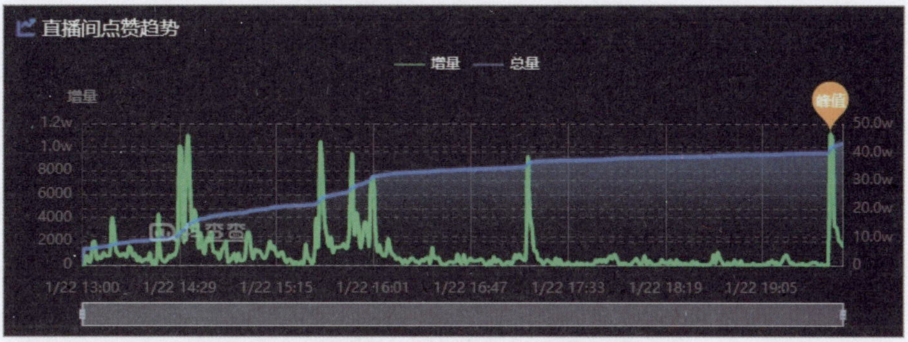

图 7-35　某场抖音直播的“直播间点赞趋势”

在“获得音浪趋势”板块，可以查看单场直播获得的音浪的“增量”和“总量”变化情况。如图 7-36 所示为某场抖音直播的“获得音浪趋势”。该场直播获得的音浪增量出现了四次较大地波动，而直播间获得的音浪总量则呈现不断上升的趋势。

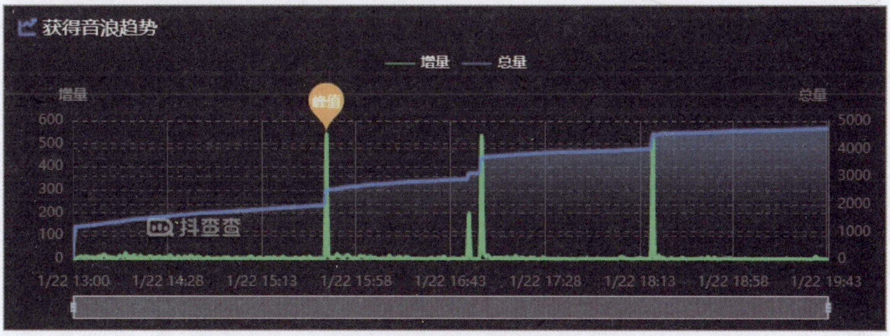

图 7-36　某场抖音直播的“获得音浪趋势”

在“打赏人数趋势”板块，可以查看单场直播的打赏人数“增量”和“总量”变化情况。如图 7-37 所示为某场抖音直播的“打赏人数趋势”。该场直播前期的打赏人数增量的波动较大，而直播打赏人数的总量则呈现不断上升的趋势。

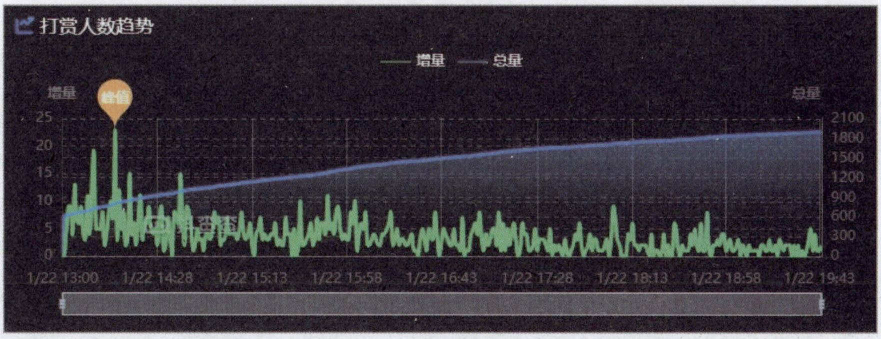

图 7-37　某场抖音直播的“打赏人数趋势”

在“直播涨粉趋势”板块，可以查看单场直播的涨粉“增量”和“总量”变化情况。如图 7-38 所示为某场抖音直播的“直播涨粉趋势”。该场直播中期的涨粉增量的波动较大，而直播涨粉的总量则呈现不断上升的趋势。

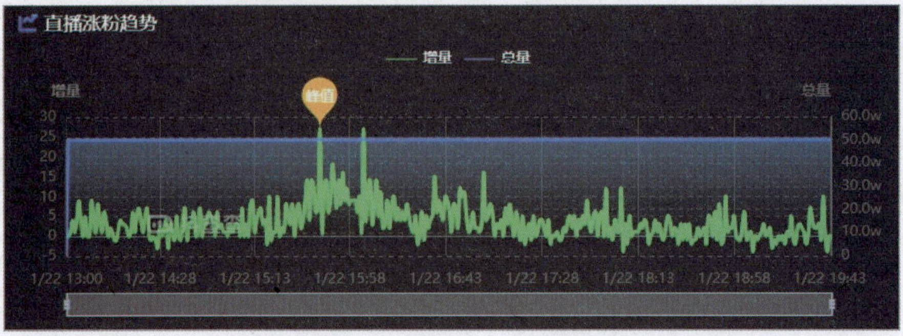

图 7-38　某场抖音直播的“直播涨粉趋势”

在“粉丝团趋势”板块，可以查看单场直播的粉丝团人数“增量”和“总量”变化情况。如图 7-39 所示为某场抖音直播的“粉丝团趋势”。该场直播前期的粉丝团人数增量的波动较大，而直播粉丝团人数的总量则呈现不断上升的趋势。

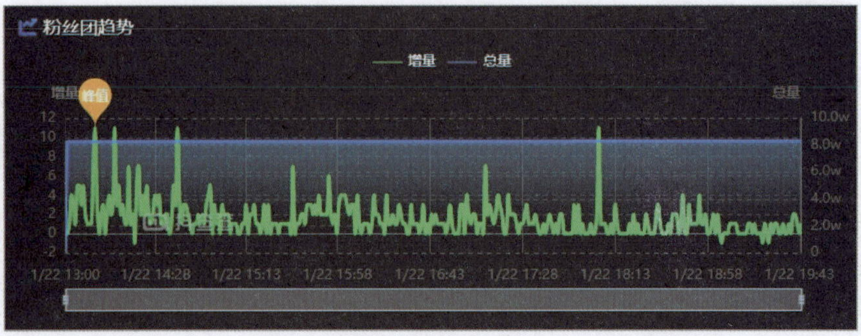

图 7-39　某场抖音直播的“粉丝团趋势”

在“弹幕热词”和“弹幕详情”板块，可以查看单场直播的观众评论热词和具体的评论内容。如图 7-40 所示为某场抖音直播的“弹幕热词”和“弹幕详情”。该场直播中“羽绒服”“大鱼”“打底”“没有”“喜欢”“黑色”“毛衣”“助理”“想要”和“时候”等词汇出现的频率相对较高。其中，“羽绒服”一词出现的概率甚至超过了 10%。

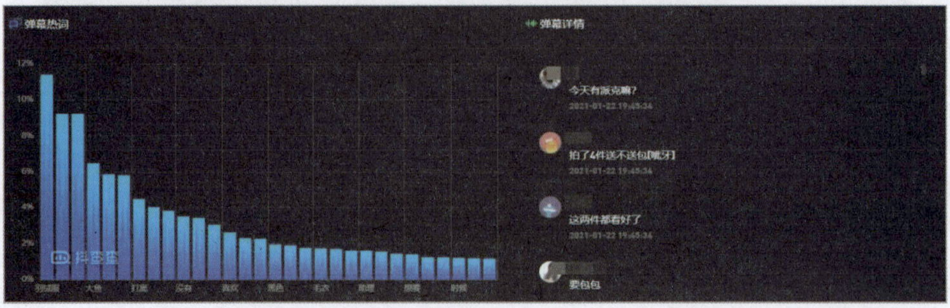

图 7-40　某场抖音直播的“弹幕热词”和“弹幕详情”

7.4.2　单场直播商品分析

在“直播数据分析”界面中单击“直播商品分析”按钮，进入“直播商品分析”界面，查看单场直播的“直播销量趋势”“直播销售额趋势”“购买人数趋势”“商品来源分析”“商品分布 TOP10”和“商品品牌分布 TOP10”“商品讲解”和“商品详情”。

在“直播销量趋势”板块，可以查看单场直播的直播销量“增量”和“总量”变化情况。如图 7-41 所示为某场抖音直播的“直播销量趋势”。该场直播的直播销量增量出现了两次明显的波动，而直播销量的总量则呈现不断上升的趋势。

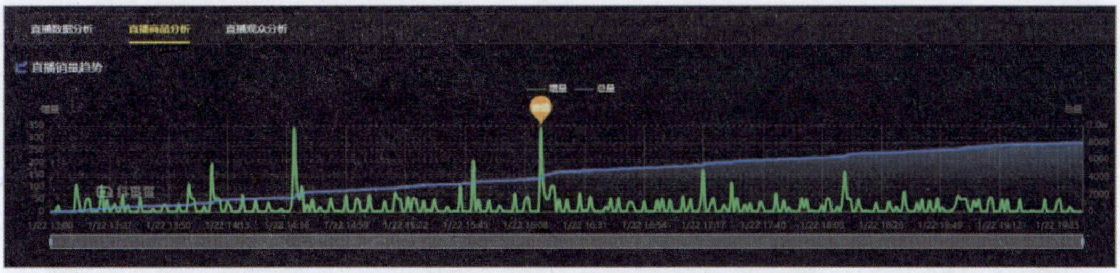

图 7-41　某场抖音直播的“直播销量趋势”

在“直播销售额趋势”板块，可以查看单场直播的直播销售额“增量”和“总量”变化情况。如图 7-42 所示为某场抖音直播的“直播销售额趋势”。该场直播的直播销售额增量出现了一次较大的波动，而直播销售额的总量则呈现不断上升的趋势。

图 7-42　某场抖音直播的“直播销售额趋势”

在“购买人数趋势”板块，可以查看单场直播的购买人数“增量”和“总量”变化情况。如图 7-43 所示为某场抖音直播的“购买人数趋势”。该场直播前期的购买人数增量和总量相对比较稳定，而后期则出现了一定的波动。

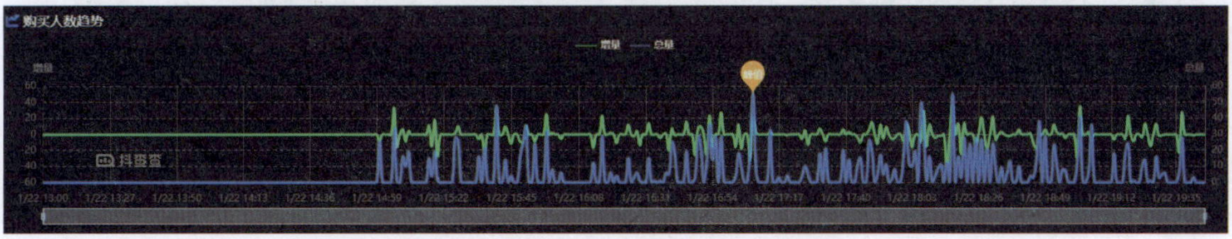

图 7-43　某场抖音直播的“购买人数趋势”

在“商品来源分析”“商品分布 TOP10”和“商品品牌分布 TOP10”板块，可以查看单场直播的商品来源、分类和品牌分布情况。如图 7-44 所示为某场抖音直播的“商品来源分析”“商品分布 TOP10”和“商品品牌分布 TOP10”。该场直播的商品来源、分类和品牌分布都是比较单一的。

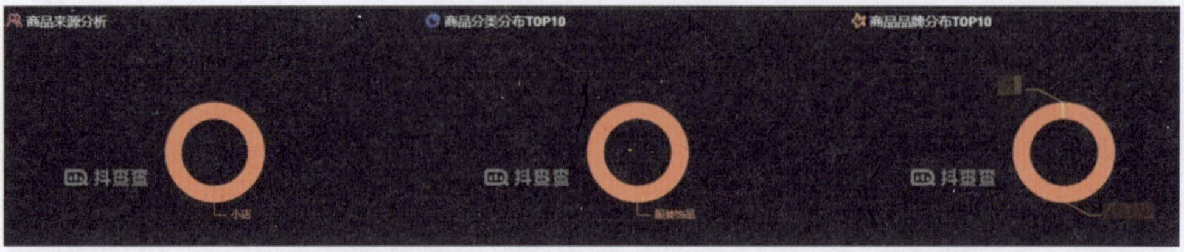

图 7-44　某场抖音直播的“商品来源分析”“商品分布 TOP10”和“商品品牌分布 TOP10”

在“商品讲解”板块，可以查看单场直播中讲解的商品的“增量”和“销售额”变化情况。如图 7-45 所示为某场抖音直播的“商品讲解”。2021 年 1 月 22 日 14 点 14 分 28 秒正在讲解的商品的“增量”为 343 件，销售额为 212 317 元。

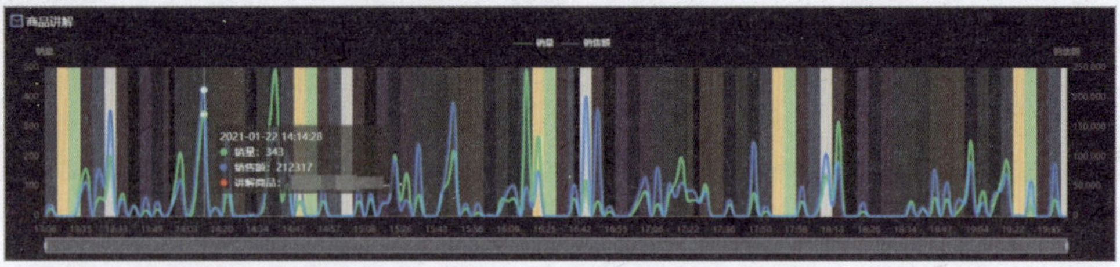

图 7-45　某场抖音直播的“商品讲解”

在“商品详情”板块，可以查看单场直播中销售的商品的“商品佣金及比例”“商品讲解（时长）”“商品上架时间”“直播销量”“直播销售额”。如图 7-46 所示为某场抖音直播的“商品详情”。

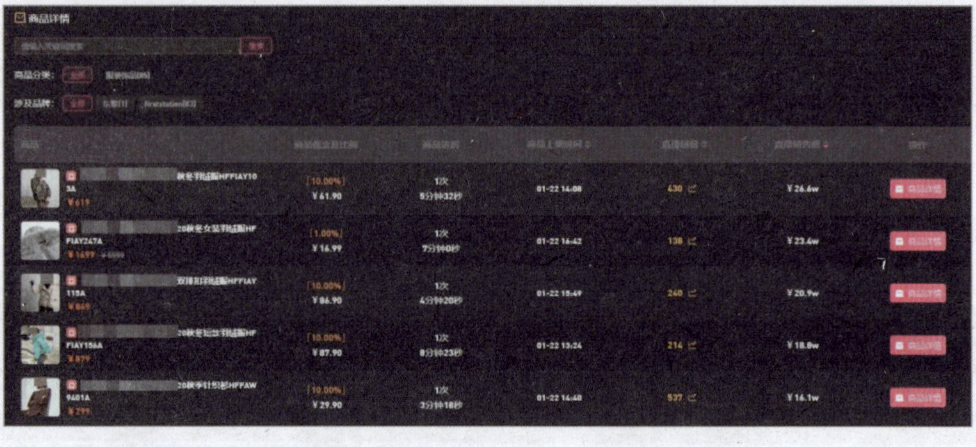

图 7-46　某场抖音直播的“商品详情”

7.4.3　单场直播观众分析

单击“直播商品分析”界面中的“直播观众分析”按钮，查看单场直播观众的“性别分布”“年龄分布”“地域分布”“直播观众来源分析”“星座分布”和“本场音浪贡献 TOP10”。

在“性别分布”板块，可以查看单场直播观众的男女性别占比情况。如图 7-47 所示为某场抖音直播的观众“性别分布”。该场抖音直播的观众中，女性占比为 26.38%，男性占比为 73.62%。

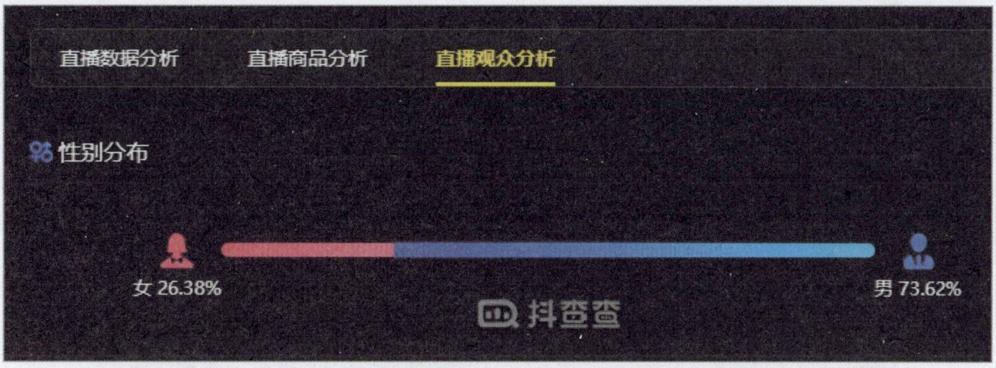

图 7-47　某场抖音直播的观众“性别分布”

在“年龄分布”板块，可以查看单场直播各年龄段观众的占比情况。如图 7-48 所示为某场抖音直播的“年龄分布”。该场直播中 25～30 岁的观众相对较多，该年龄段直播观众的占比达到了 34.73%。

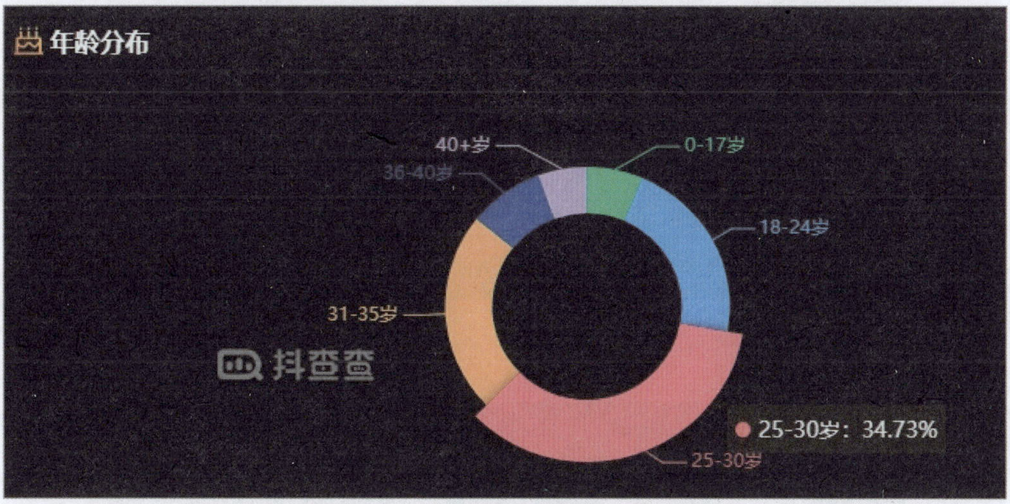

图 7-48　某场抖音直播的“年龄分布”

在“地域分布”板块，可以查看单场直播的各“省份”或“城市”的观众占比情况。如图 7-49 所示为某场抖音直播的“地域分布”。该场直播的观众分布较多的城市包括北京市、上海市、天津市、苏州市、深圳市、广州市、郑州市和重庆市。其中，北京市的直播观众占比更是达到了 24.6%。

在“直播观众来源分析”板块，可以查看各来源的直播观众的占比情况。如图 7-50 所示为某场抖音直播的“直播观众来源分析”。该场直播中来自“视频推荐”的观众较多，其占比达到了 19%。

在“星座分布”板块，可以查看各星座的直播观众占比情况。如图 7-51 所示为某场抖音直播的“星座分布”。该场直播中属于摩羯座的观众较多，该部分的观众占比超过了 20%。

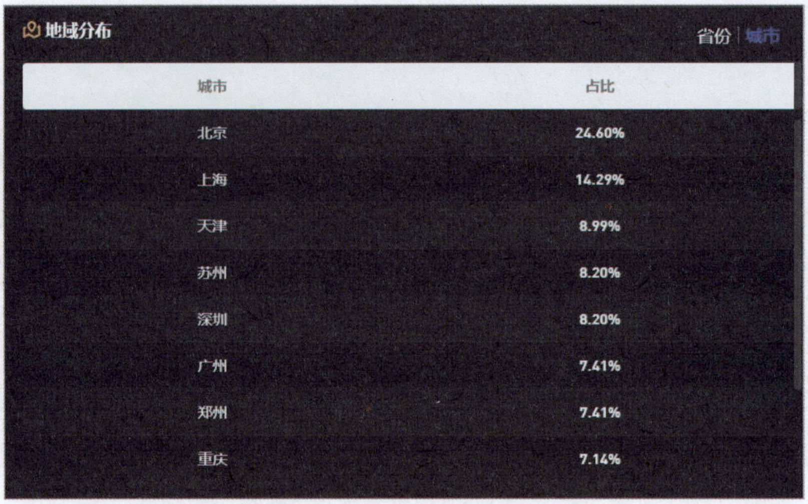
地域分布　省份 | 城市

城市	占比
北京	24.60%
上海	14.29%
天津	8.99%
苏州	8.20%
深圳	8.20%
广州	7.41%
郑州	7.41%
重庆	7.14%

图 7-49　某场抖音直播的“地域分布”

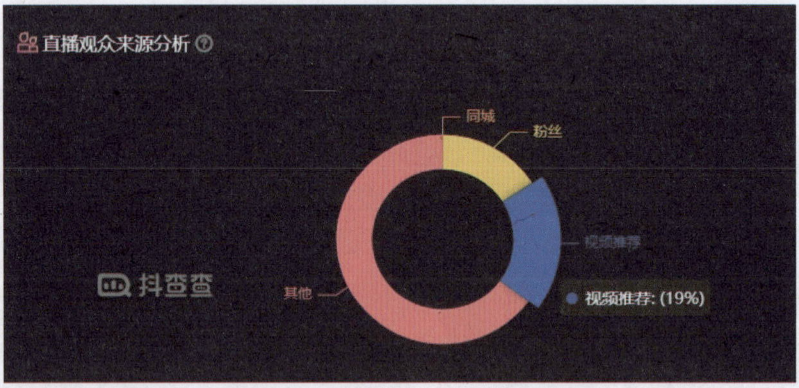

图 7-50　某场抖音直播的“直播观众来源分析”

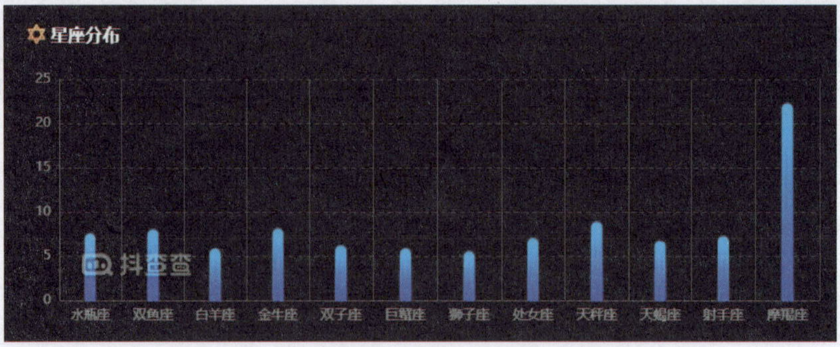

图 7-51　某场抖音直播的“星座分布”

在“本场音浪贡献 TOP100”板块，可以查看单场直播中贡献音浪的用户的账号头像、名称和送出的音浪。如图 7-52 所示为某场抖音直播的“本场音浪贡献 TOP100”。该场抖音直播中贡献音浪较多的用户，送出了 1.2 万音浪。

图 7-52　某场抖音直播的“本场音浪贡献 TOP100”

7.4.4　单场直播数据监控

如果正在进行直播，或者将要进行直播，便可以通过直播数据监控，了解单场直播的实时数据。下面以灰豚数据平台为例，介绍如何借助直播监控功能查看和分析账号直播的实时数据。

如果抖音号正在进行直播，可以在灰豚数据平台“直播监测”界面的搜索栏中，❶输入账号名称；❷单击 🔍 图标；在弹出的列表框中，❸选择正在进行直播的账号（即播主），如图 7-53 所示。

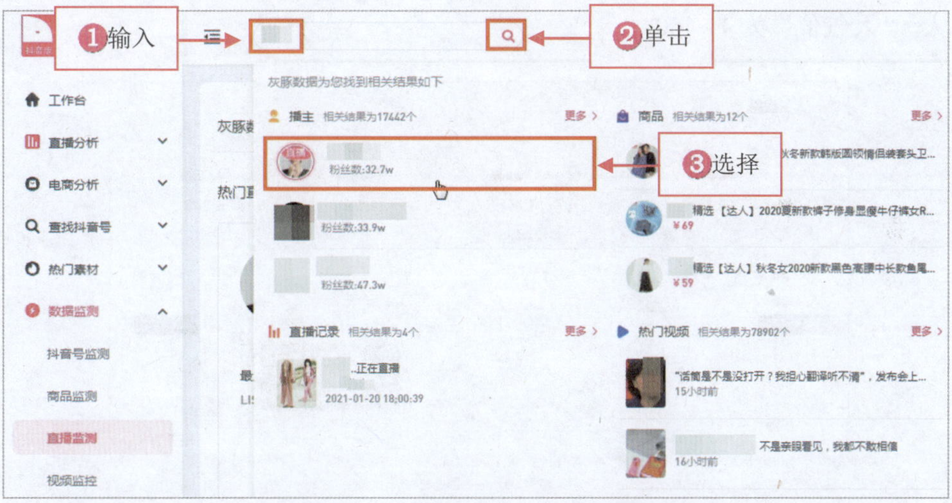

图 7-53　选择正在进行直播的账号

操作完成后，进入账号数据分析界面。点击账号头像，如图 7-54 所示。操作完成后，即可进入账号直播数据监测界面。在该界面中，可以查看本场直播的“数据概览”“带货商品数据”“人气数据”“观众画像”和“观众互动”。

在“数据概览”板块中，可以查看本场直播的“人气数据”和“带货数据”概况。在“人气数据”概况部分，可以查看本场直播的“观看人数”“人气峰值”“平均在线（人数）”“本场（获得的）音浪”“新增粉丝（数）”“转粉率”“本场点赞（数）”“送礼人数”，以及本场直播的“观看人数”和“人气值”的变化趋势图。

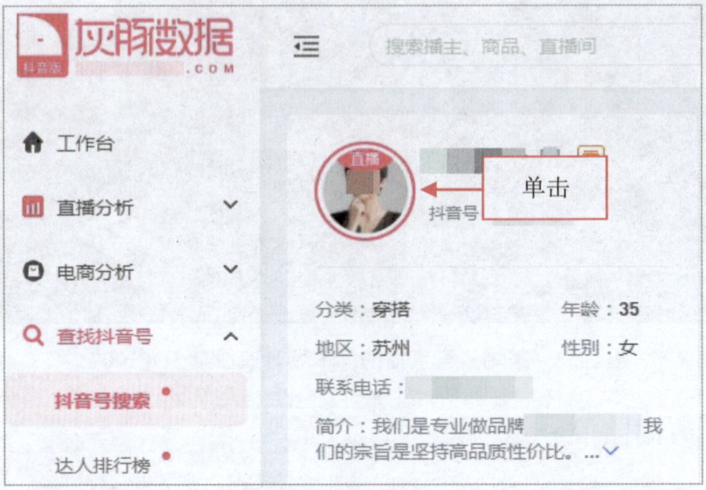

图 7-54 单击账号头像

如图 7-55 所示为某场抖音直播的"人气数据"概览。该场直播"观看人数"为 44.6 万人，"人气峰值"为 1.6 万人，"平均在线（人数）"为 1.1 万人，"本场（获得的）音浪"为 6 843，"新增粉丝（数）"为 6 404 人，"转粉率"为 1.4%，"本场点赞（数）"为 50.4 万次，"送礼人数"为 4 575 人。另外，该场直播 2021 年 1 月 22 日 8 点 40 分 18 秒时的"观看人数"为 419 082 人，"人气值"为 11 450。

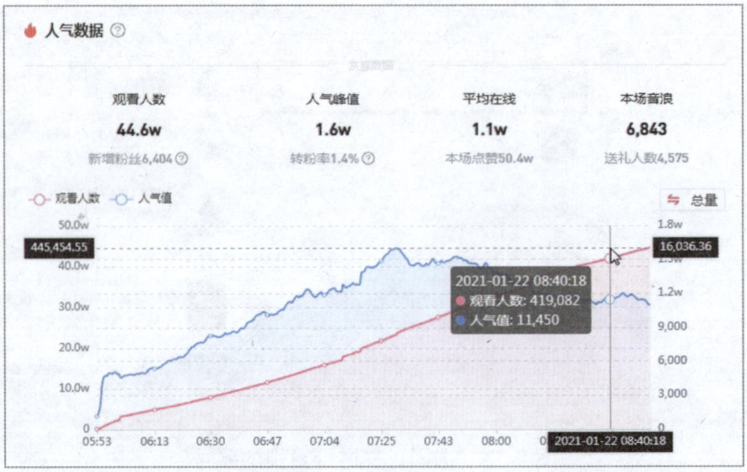

图 7-55 某场抖音直播的"人气数据"概览

在"带货数据"概览部分，可以查看该直播的"本场销售额""本场销量""客单价""上架商品数""用户人均价值"和"销售转换率"，以及当场直播的"全网销量"和"销售额"变化趋势图。如图 7-56 所示为某场抖音直播的"带货数据"概览。该场直播的"本场销售额"为 155.4 万元，"本场销量"为 2.1 万件，"客单价"为 75 元，"上架商品数"为 75 种，"用户人均价值"为 3.49，"销售转换率"为 4.6%。另外，该场直播 2021 年 1 月 22 日 8 点 48 分 24 秒时的"全网销量"为 20 019 件，"销售额"为 1 482 793 元。

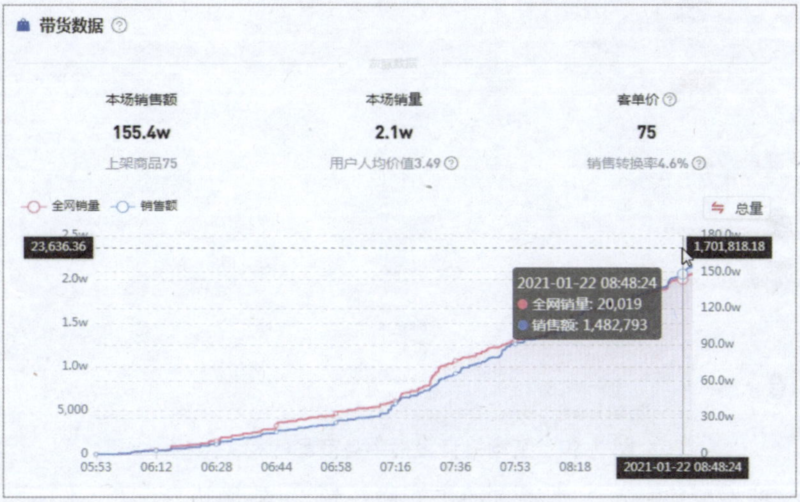

图 7-56　某场抖音直播的“带货数据”概览

在“带货商品数据”板块中，可以查看“热销商品品类”和直播中各商品的相关数据。在“热销商品品类”部分，可以查看直播热销商品的“大品类”和“细分品类”占比情况。

如图 7-57 所示为某场抖音直播热销商品的“大品类”占比情况。这场直播以销售“男装女装”类商品为主，该类商品的销量占比高达 73.33%。

图 7-57　某场抖音直播热销商品的“大品类”占比情况

如图 7-58 所示为某场抖音直播热销商品的“细分品类”占比情况。这场直播，“女_毛衣”的销量占比较高，其占比达到了 18.67%。

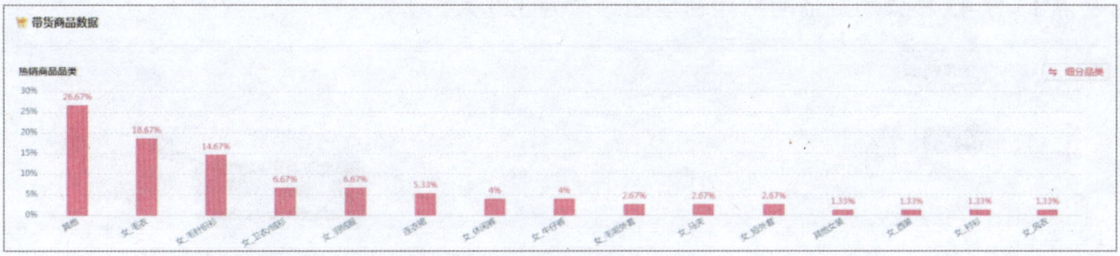

图 7-58　某场抖音直播热销商品的“细分品类”占比情况

在“带货商品数据”板块部分的下方，可以查看直播中各商品的相关数据，具体包括直播中每种商品的“直播价”“券后价”“上（下）架时全网销量”“销量（预估）”和“销售额（预估）”。如图 7-59 所示为某场抖音直播中各商品的相关数据。

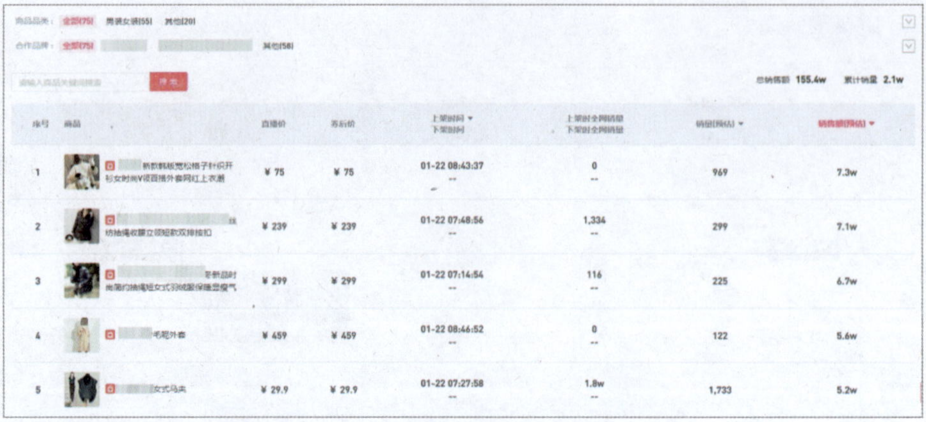

图 7-59　某场抖音直播中各商品的相关数据

在“人气数据”板块，可以查看直播“新增粉丝”“新增粉丝团”“本场音浪”和“本场点赞”的“总量”和“增量”变化趋势图。

如图 7-60 所示为某场抖音直播“新增粉丝”的“总量”变化趋势图。2021 年 1 月 22 日 9 点 8 分 8 秒该场直播的新增粉丝总量为 15 969 人。

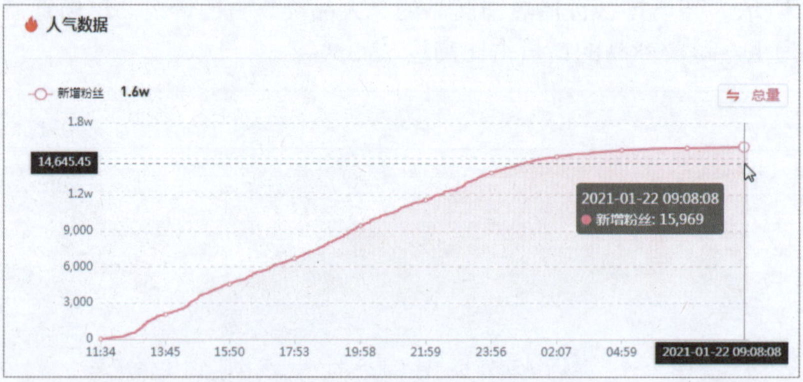

图 7-60　某场抖音直播“新增粉丝”的“总量”变化趋势图

如图 7-61 所示为某场抖音直播“新增粉丝团”的“总量”变化趋势图。2021 年 1 月 22 日 9 点 15 分 45 秒该场直播的新增粉丝团总量为 320 人。

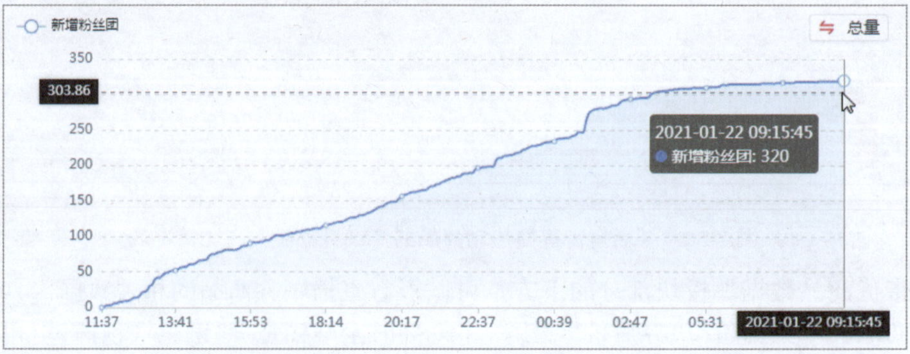

图 7-61　某场抖音直播“新增粉丝团”的“总量”变化趋势图

如图 7-62 所示为某场抖音直播“本场音浪”的“总量”变化趋势图。2021 年 1 月 22 日 9 点 15 分 45 秒该场直播获得的音浪总量为 992。

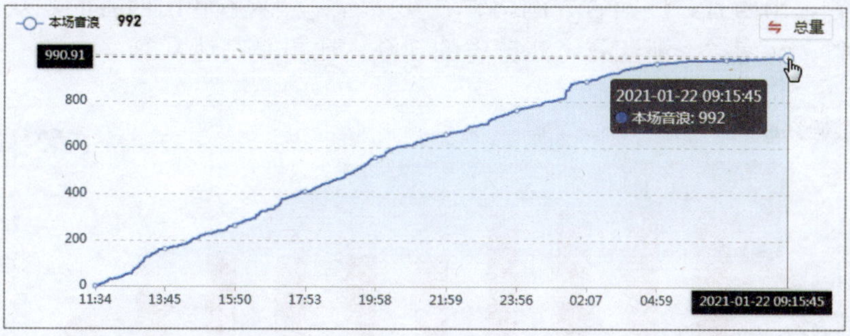

图 7-62 某场抖音直播“本场音浪”的“总量”变化趋势图

如图 7-63 所示为某场抖音直播“本场点赞”的“总量”变化趋势图。2021 年 1 月 22 日 9 点 15 分 46 秒该场直播获得的点赞总量为 97 844 次。

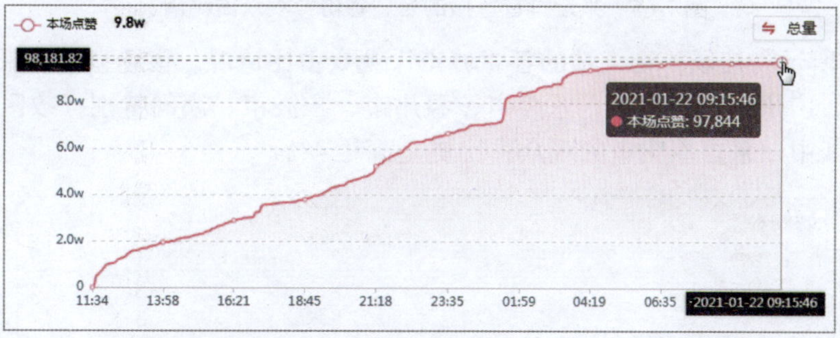

图 7-63 某场抖音直播“本场点赞”的“总量”变化趋势图

在“观众画像”板块，可以查看本场直播的“观众来源”“（观众）地域分布”“（观众）性别分布”和“（观众）年龄分布”情况。在“观众来源”部分中，可以查看直播观众来源的占比情况。如图 7-64 所示为某场抖音直播的“观众来源”。该场直播的观众中，有 76%来自“直播广场”，22%来自“视频推荐”，2%来自“关注页”。

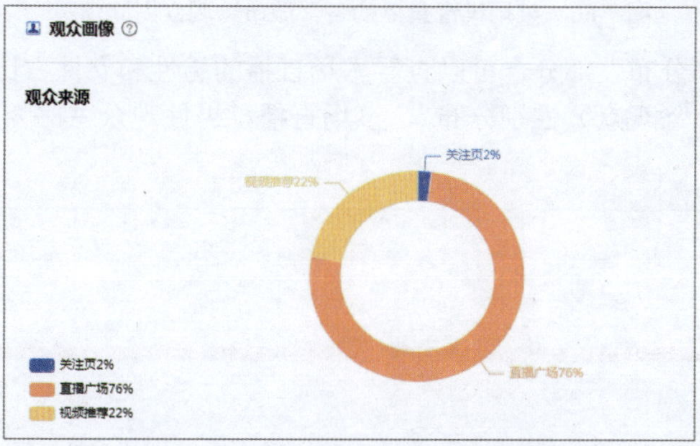

图 7-64 某场抖音直播的“观众来源”

在“（观众）地域分布”板块，可以查看各“省份”和“城市”的观众占比情况。如图7-65所示为某场抖音直播的各“省份”观众占比情况。该场直播中，来自四川省、河南省、浙江省、江苏省、山西省、广西省、湖南省、安徽省、广东省和山西省的观众占比较高。其中，来自四川省、河南省、浙江省、江苏省的观众占比更是高达9.2%。

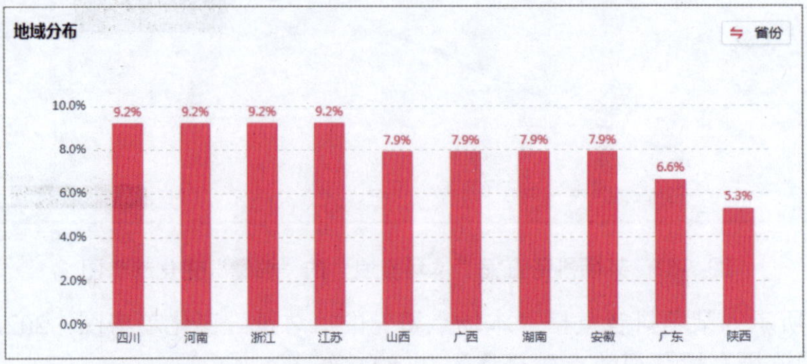

图7-65　某场抖音直播的各“省份”观众占比情况

如图7-66所示为某场抖音直播的各“城市”观众占比情况。该场直播，来自重庆市、上海市、成都市、广州市、深圳市、东莞市、温州市、宁波市、澳门特别行政区和苏州市的观众占比较高。其中，来自重庆市的观众占比更是高达4%。

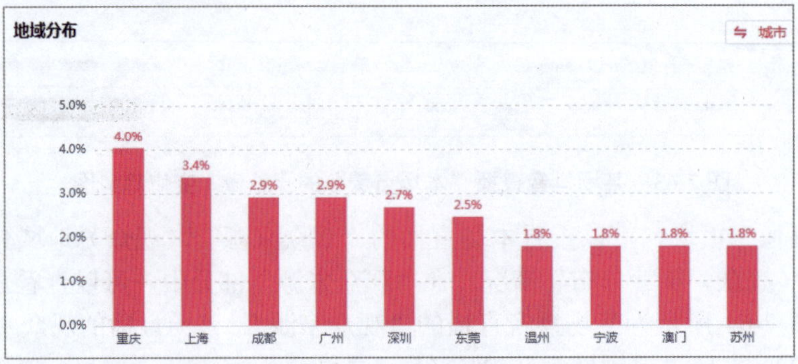

图7-66　某场抖音直播的各“城市”观众占比情况

在“（观众）性别分布”部分，可以查看本场直播的男性和女性占比情况。如图7-67所示为某场抖音直播的“（观众）性别分布”。该场直播，男性观众占比为5.71%，女性观众占比为94.29%。

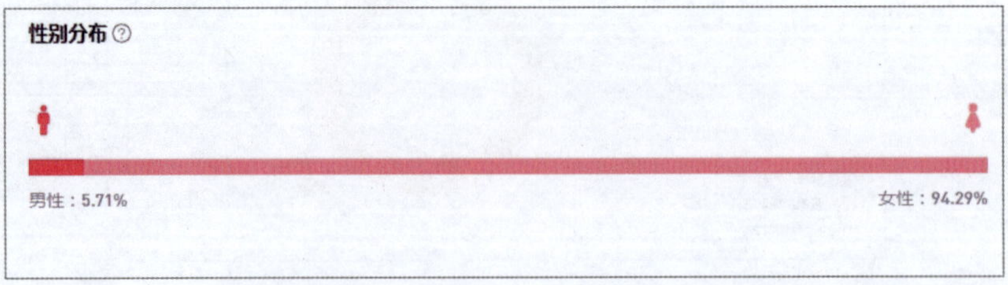

图7-67　某场抖音直播的“（观众）性别分布”

在“（观众）年龄分布”板块，可以查看各年龄段观众的占比情况。如图 7-68 所示为某场抖音直播的“（观众）年龄分布情况”。该场直播中，31~35 岁的观众相对较多，其占比高达 34.61%。

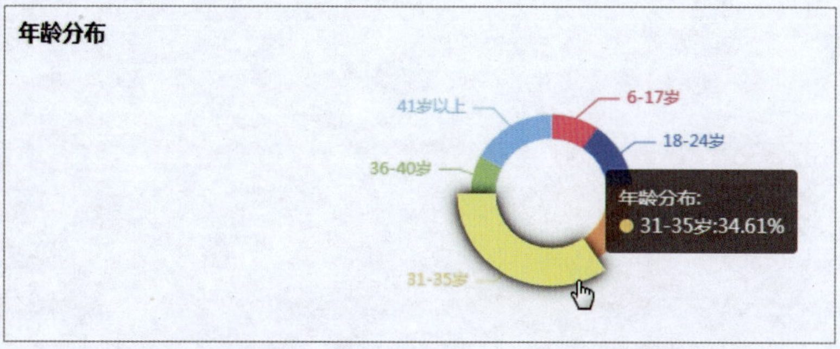

图 7-68　某场抖音直播的“（观众）年龄分布情况”

在“互动数据分析”板块，可以查看送礼较多的十个播主的名字和“贡献（的）音浪数”。如图 7-69 所示为某场抖音直播的“互动数据分析”。

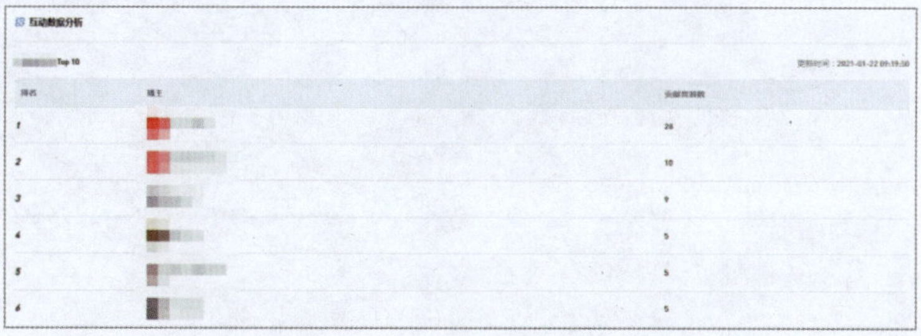

图 7-69　某场抖音直播的“互动数据分析”

本章小结

本章首先介绍了直播账号的整体数据进行了详细介绍，然后对直播商品数据和观众数据进行了具体分析，最后针对性地对单场直播数据进行了解释和说明，以帮助读者更好全面地进行直播。

本章习题

1．在“直播带货能力”界面中，可以查看哪些数据？
2．在单场直播中，如何对商品进行分析？

第 8 章　抖音数据分析

本章导读

在运营抖音号的过程中，要想准确地判断和了解账号运营的效果，就需要通过数据分析对运营效果进行评估。那么有哪些数据是需要运营者重点把握的？又该如何查看这些数据呢？本章主要解答这两个问题。

本章重点

- 账号基础数据分析
- 视频作品数据分析
- 直播记录数据分析
- 带货商品数据分析
- 粉丝特征数据分析

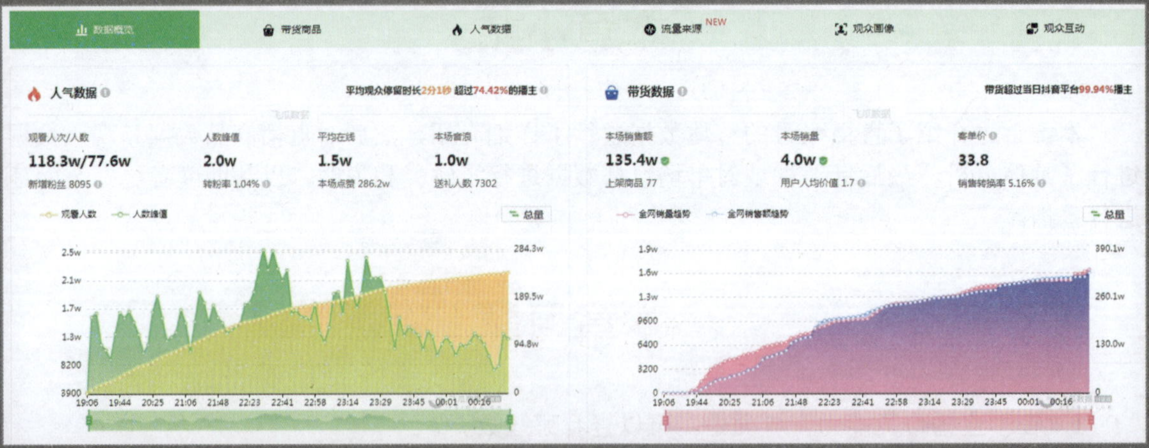

8.1　账号基础数据分析

虽然抖音官方平台可以查看账号的数据，但是有的重要数据该平台中却没有展示出来。对此，可以借助第三方数据分析平台查看账号的相关数据，对账号的数据进行更全面地分析。下面以飞瓜数据平台为例讲解抖音数据分析的方法。

在飞瓜数据 PC 端，只要进入官网首页查询抖音号，便可直接看到账号的数据概览情况。具体操作步骤如下。

Step 01　在浏览器中输入“飞瓜数据”，进入官网默认界面，单击界面中的“抖音版”按钮，如图 8-1 所示。

图 8-1　单击“抖音版”按钮

Step 02　进入“飞瓜数据抖音版”界面，在搜索栏中，❶输入账号名称；❷单击“搜索”按钮，如图 8-2 所示。

图 8-2　单击“搜索”按钮

Step 03 进入搜索结果界面，从搜索结果中选择需要查看数据的账号。因为搜索的是“手机摄影构图大全”，所以只需在搜索结果中单击“手机摄影构图大全”这个抖音号后方的“查看详情”按钮即可，如图 8-3 所示。

图 8-3　单击“查看详情”按钮

Step 04 上述操作完成后，进入账号数据的查询界面，便可以查看账号的基础数据，对账号的运营情况进行全面评估了。

8.1.1　基础数据

在飞瓜数据的抖音账号数据查询界面，账号的“粉丝数”“飞瓜指数”“带货口碑”“作品数”“点赞数”和“粉丝团（人数）”等基础数据，如图 8-4 所示。可以根据这些数据直观地了解账号的整体运营情况。

图 8-4　某账号的“基础数据”

8.1.2　粉丝趋势

在“粉丝趋势”板块，可以查看账号粉丝的“增量”或“总量”的变化趋势。如图 8-5 所示为某抖音账号的粉丝增量变化趋势图。通常，当粉丝增量为正数时，账号的粉丝总量会随之增加。

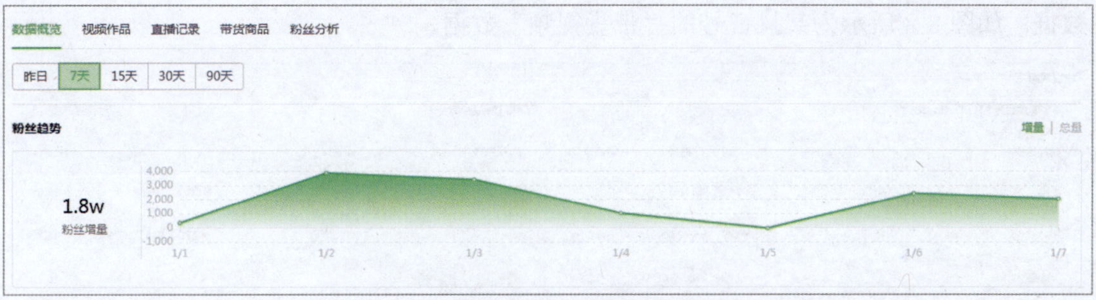

图 8-5　某抖音号的粉丝增量变化趋势图

另外，将鼠标停留在趋势图的某个位置，还能查看某一天的具体粉丝数。如图 8-6 所示为某抖音号的粉丝总量变化趋势图。

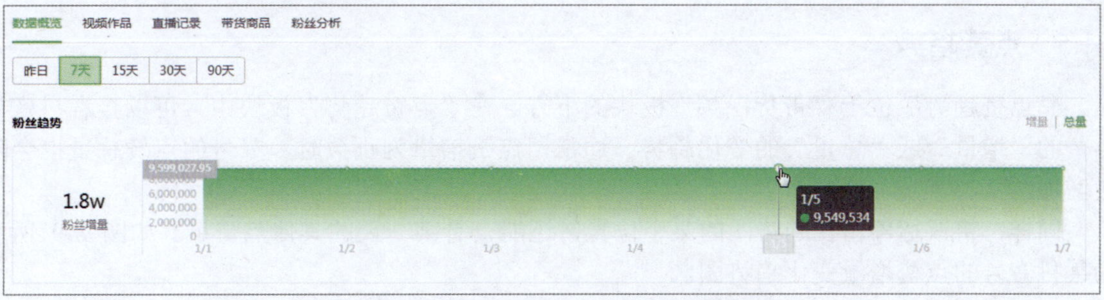

图 8-6　某抖音号的粉丝总量变化趋势图

8.1.3　视频和直播数据

“粉丝趋势”板块的下方是“视频数据”和“直播数据”板块。在“视频数据”板块，可以查看抖音号视频的“新增作品”“新增点赞”“新增评论”“新增转发”和“带货视频”等数据。在“直播数据”板块中，可以查看抖音号的“直播场次”“直播粉丝团增量”“（直播）平均销量”和“（直播）场均销售额”等数据。如图 8-7 所示为某抖音号的视频和直播数据。

图 8-7　某抖音号的视频和直播数据

8.1.4　带货视频

“直播数据”板块的下方是“带货视频”板块。在“带货视频”板块，可以查看抖音号的“TOP5 商品品类|TOP5 细分品类”和“TOP5 商品品牌”的“均价”“销量”和“销售额”

等数据。如图 8-8 所示为某抖音号的“带货视频”数据。

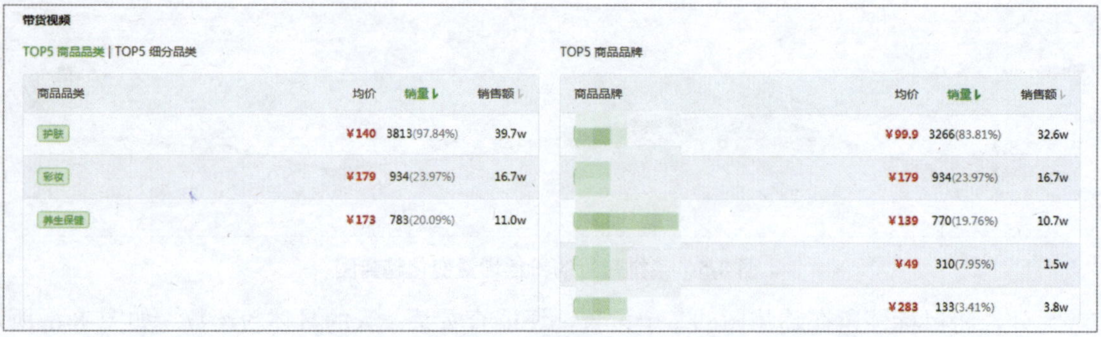

图 8-8　某抖音号的“带货视频”数据

8.1.5　点赞趋势

“点赞趋势”位于“带货视频”板块的下方。在“点赞趋势”板块中，可以查看抖音号点赞的“增量”或“总量”的变化趋势。通常，点赞增量为正数时，账号的点赞总量也会随之增加。

同样，将鼠标停留在趋势图的某个位置，还能查看某一天的具体点赞量。如图 8-9 所示为某抖音号的点赞增量变化趋势图。

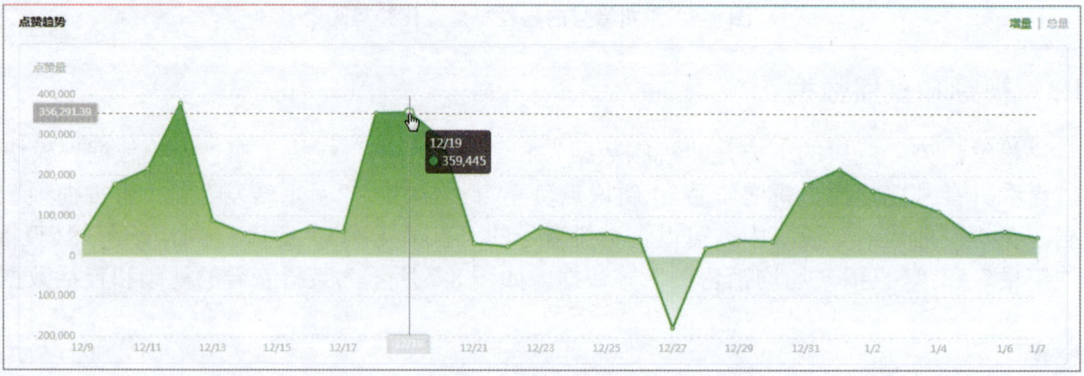

图 8-9　某抖音号的点赞增量变化趋势图

8.1.6　评论趋势

“评论趋势”位于“点赞趋势”板块的下方。在“评论趋势”板块，可以查看抖音号评论的增量或总量的变化趋势，并以此判断粉丝的参与积极性。通常，评论增量为正数时，账号的评论总量增加，粉丝的参与积极性增强。

如果将鼠标停留在趋势图的某个位置，那么就可查看某一天的具体评论量。如图 8-10 所示为某抖音号的评论增量变化趋势图。

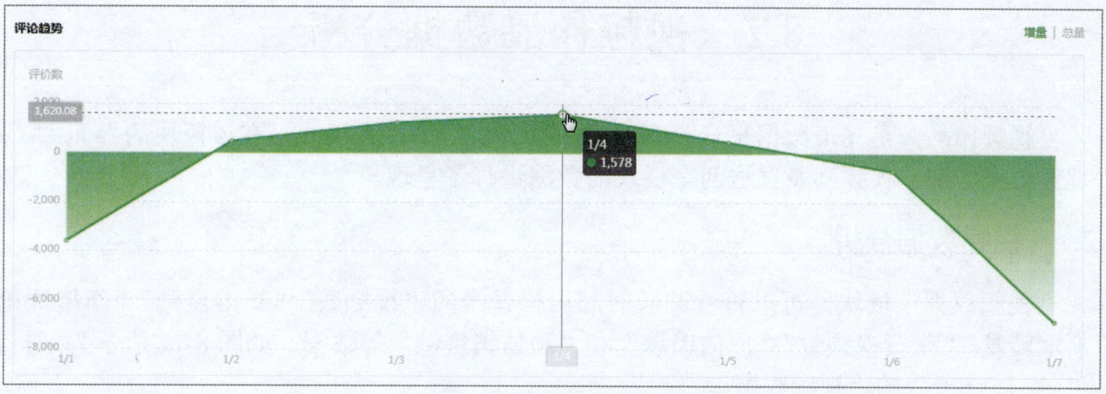

图 8-10　某抖音号的评论增量变化趋势图

8.1.7　评论词云

“评论词云”位于“评论趋势”板块的下方。在“评论词云”板块，可以查看用户评论短视频的热词。通常，某个词汇在用户评论中出现的频率越高，其在“评论词云”中显示的字号就越大。另外，还可以在右侧的搜索栏中输入关键词，查看带有该关键词的用户评论。

8.1.8　近期作品表现

“近期 10 个作品表现”位于“评论词云”板块的下方。在“近期 10 个作品表现”板块，可以查看近 10 个作品的点赞量和评论量变化图。

虽然该板块名为“近期 10 个作品表现”，但是数据却是以日期进行呈现的。因此，如果某一天发布了多个作品，那么点赞量和评论量也将累计起来进行呈现。另外，将鼠标停留在图中的某个位置，还会显示某一天的点赞量和评论量。如图 8-11 所示为某抖音号的“近期 10 个作品表现”页面。

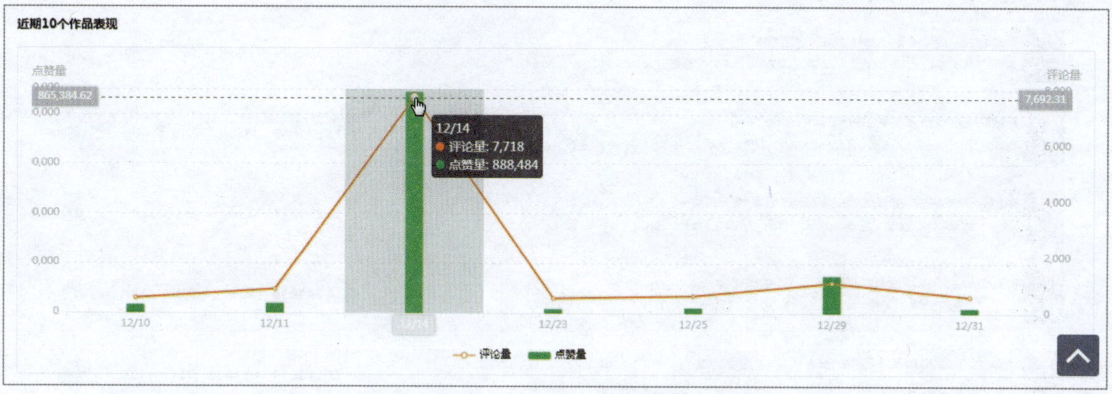

图 8-11　某抖音号的“近期 10 个作品表现”页面

8.2 视频作品数据分析

“视频作品”是飞瓜数据平台抖音账号数据分析的第二大板块。在该板块的界面中，对“视频数据”和“视频列表”这两个板块的数据进行了呈现。

8.2.1 视频数据分析

“视频数据”板块，可以查看某段时间内抖音号的“视频数”“新增点赞”“新增评论”“新增转发”“带货视频数”“预估销量”和“预估销售额”等数据。如图 8-12 所示为某抖音号“（近）30 天”的“视频数据”。

图 8-12　某抖音号“（近）30 天”的“视频数据”

8.2.2 视频列表分析

“视频列表”位于“视频数据”板块的下方。在“视频列表”板块，可以查看抖音号已发布视频的“发布时间”“点赞”“评论”和“分享”等数据。如图 8-13 所示为某抖音号“视频列表”的相关页面。

图 8-13　某抖音号“视频列表”的相关页面

8.3　直播记录数据分析

“直播记录”是飞瓜数据平台中抖音账号数据分析的第三大板块。在该板块的界面，对“直播数据”和“直播列表”这两个板块的内容进行了呈现。

8.3.1　直播记录数据

在“直播数据”板块，可以查看某段时间内抖音号的“直播场次”“平均直播时长“场均音浪”“场均人数峰值”“带货场次”“商家商品（数）”“场均销量”和“场均销售额”等数据。如图 8-14 所示为某抖音号“（近）7 天”的“直播数据”。

图 8-14　某抖音号“（近）7 天” 的“直播数据”

8.3.2　直播记录数据

“直播记录”位于“直播数据”板块的下方。在“直播记录”板块，可以查看每场直播的“开播时间”“直播时长”“人气峰值”“预估销量”和“预估销售额”等数据。如图 8-15 示为某抖音号的“直播记录”页面。

图 8-15　某抖音号的“直播记录”页面

另外，还可以单击“操作”一栏下方的图标，查看某场直播的“数据概览”“带货商品”“人气数据”“流量来源”“观众画像”和“观众互动”等数据。如图 8-16 所示为某场抖音直播的“数据概览”页面。

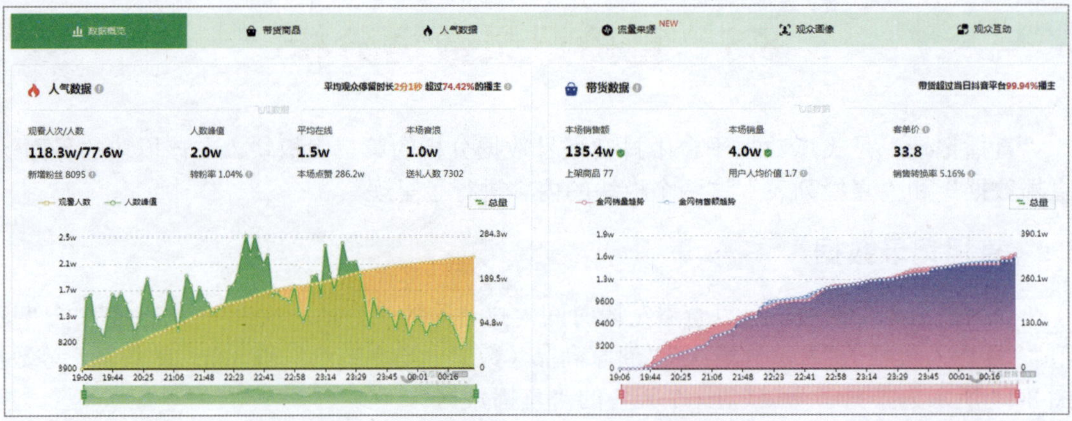

图 8-16　某场抖音直播的“数据概览”页面

8.4　带货商品数据分析

“带货商品”是飞瓜数据平台中抖音账号数据分析的第四大板块。在该板块的界面，对“带货数据”和“商品列表”这两个板块的数据进行了呈现。

8.4.1　带货数据分析

“带货数据”板块中，可以查看某段时间内抖音号的“预估总销量”“预估总销售额”“视频销量”“视频销售额”“直播销量”和“直播销售额”等数据。如图 8-17 所示为某抖音号的“（近）7 天”“带货数据”。

图 8-17　某抖音号的“（近）7 天”“带货数据”

8.4.2　商品列表数据

“商品列表”位于“带货数据”板块的下方。在“商品列表”板块，可以查看对应商品分类和商品品牌的“带货销售额”“带货销量”“关联视频”和“关联直播”等数据。如图 8-18 示为某抖音号的“商品列表”页面。

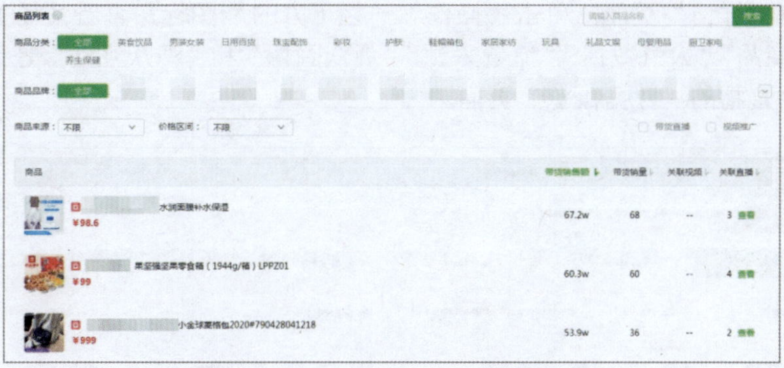

图 8-18　某抖音号的“商品列表”页面

在搜索栏中，❶输入商品名称，如“面膜”；❷单击“搜索”按钮。操作完成后，便可以查看与该名称相关商品的“带货销售额”“带货销量”“关联视频”和“关联直播”等数据，如图 8-19 所示。

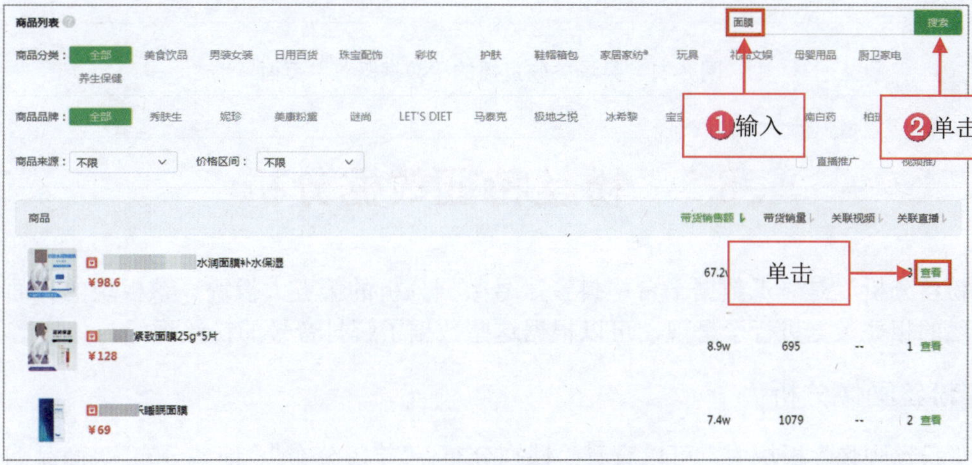

图 8-19　查看面膜带货的相关数据

单击商品后方的“查看”按钮，还可进入“关联直播详情”页面中，查看对应直播的“预估销量”和“人气峰值”等数据，如图 8-20 所示。

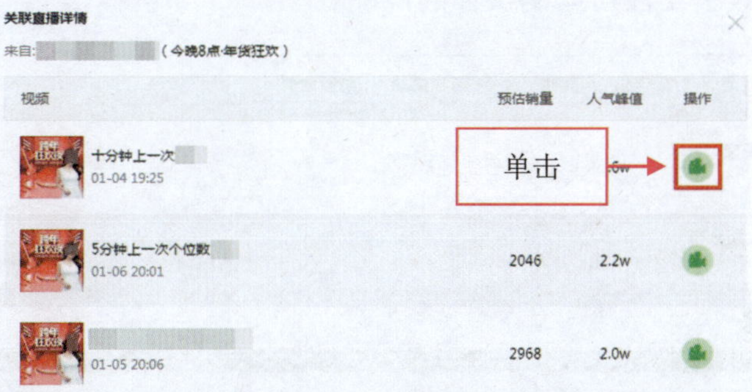

图 8-20　某商品的“关联直播详情”页面

在“关联直播详情”页面，单击“操作”一栏下方的图标，查看某场关联直播的“数据概览”“带货商品”“人气数据”“流量来源”“观众画像”和“观众互动”等数据。如图 8-21 所示为某场关联直播的“数据概览”页面。

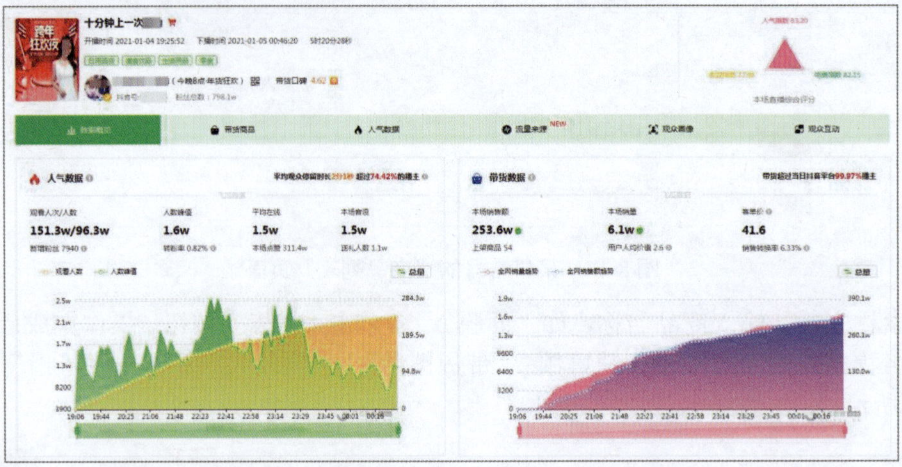

图 8-21　某场关联直播的“数据概览”页面

8.5　粉丝特征数据分析

“粉丝分析”是飞瓜数据平台中抖音账号数据分析的第五大板块。该板块的界面，对抖音号粉丝的相关数据进行了呈现，可以根据这些数据了解抖音号的粉丝画像。

8.5.1　粉丝画像分析

在“粉丝画像”板块中，可以查看“性别分布”“年龄分布”“地域分布”“商品购买需求分布”“视频标签喜好分布”和“粉丝活跃时间”等部分内容。

“性别分布”部分会显示账号中男性和女性粉丝的占比情况。如图 8-22 所示为某抖音号的粉丝性别分布情况，其女性粉丝的占比要远远高于男性粉丝。对此，可以多生产一些女性粉丝感兴趣的内容，吸引女性粉丝购买你的产品。

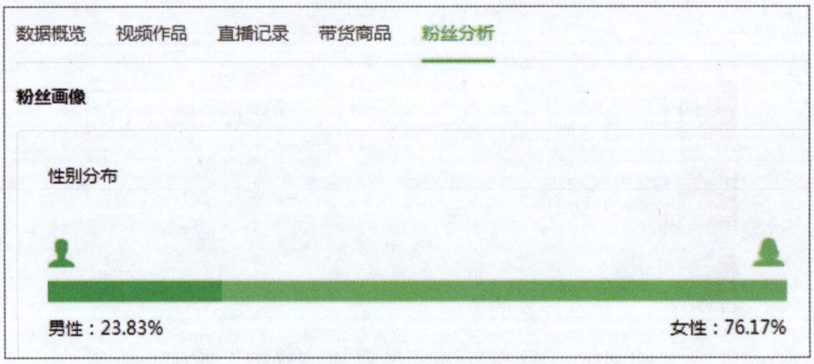

图 8-22　某抖音号的粉丝性别分布情况

“性别分布”的下方显示的是“年龄分布”部分的内容。“年龄分布”部分中，显示的是账号中每个年龄段的粉丝占比情况。如图 8-23 所示为某抖音号粉丝的年龄分布情况。

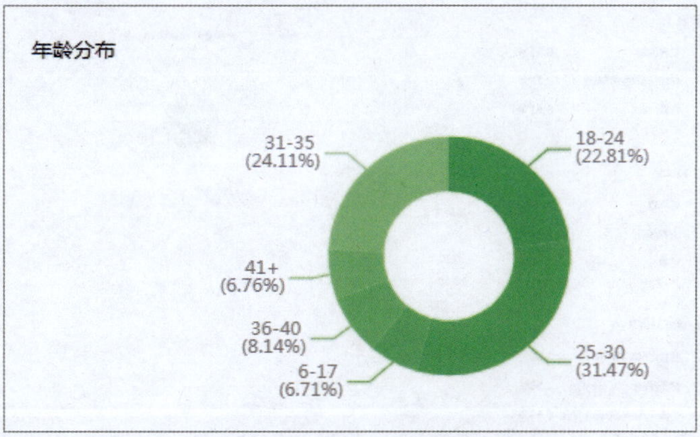

图 8-23　某抖音号粉丝的年龄分布情况

从图 8-23 中看出，该抖音号的粉丝中 18～35 岁的年轻群体占比相对较高。这部分人群主要包括学生、刚步入岗位不久的职场新人、工作多年深谙职场之道的职场老人和刚成为父母的不久的宝妈宝爸等。

可以结合这些人群的属性生产与其关联性更强的内容，让这些用户对你生产的内容更感兴趣。例如，可以从学生、职场新人和新手宝妈宝爸的角度展开短视频内容，让短视频的视角更加贴近粉丝群体。

“性别分布”的右方显示的是“地域分布”部分的内容。在“地域分布”部分中，显示的是该账号中各地域的粉丝占比情况。可以选择“省份”或“城市”，查看各省份或各城市的用户占比情况。如图 8-24 所示为某抖音号的粉丝地域分布情况。

名称	占比
广东	14.84%
江苏	7.35%
浙江	6.59%
四川	6.28%
山东	5.99%
河南	5.03%
湖南	4.34%
重庆	4.16%
安徽	4.11%
福建	3.93%

名称	占比
重庆市	4.14%
北京市	3.44%
上海市	3.35%
广州市	3.33%
成都市	2.92%
深圳市	2.17%
东莞市	1.82%
佛山市	1.56%
杭州市	1.56%
青岛市	1.53%

图 8-24　某抖音号粉丝的地域分布情况

对于实体店来说，到店中下单的顾客还是以同城人群为主，所以对于这部分人来说，通过短视频账号吸引同城的用户到店铺中消费就显得尤为关键了。基于这一点，可以通过粉丝的“地域分布”情况，查看账号的同城粉丝占比情况。如果短视频账号的同城粉丝的占比比较低，那么就需要通过发布同城视频、增加进店消费优惠等方式获得更多的同城粉丝。

“地域分布”的下方显示的是“商品购买需求分布”部分的内容。“商品购买需求分布”板块中，会显示粉丝购买需求占比较高的三类产品和粉丝对于产品价格偏好的相关数据。如如图 8-25 所示为某抖音号粉丝的商品购买需求分布情况。

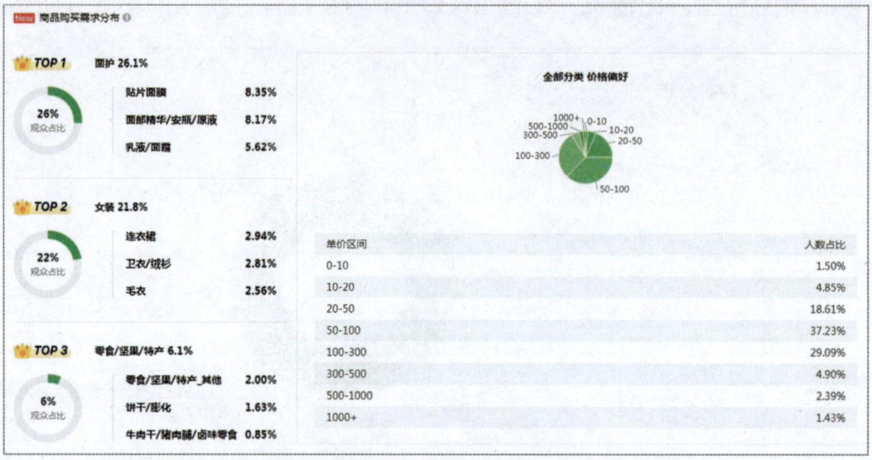

图 8-25　某抖音号粉丝的商品购买需求分布情况

从图 8-26 中看出，该抖音号粉丝对于“面护（面部护理）”“女装”和“零食 / 坚果 / 特产”的购买需求相对较大。同时，该抖音号粉丝购买的产品的价格多在 20～300 元之间。对此，便可以多销售价格在 20～300 元之间的面护（面部护理）”“女装”和“零食 / 坚果 / 特产”类产品，以此提高粉丝的购买欲望。

“商品购买需求分布”的下方显示的是“视频标签喜好分布”部分的内容。“视频标签喜好分布”部分中，会展示粉丝比较感兴趣的 10 个视频标签，并显示这些视频标签的粉丝感兴趣占比情况。如图 8-26 所示为某抖音号粉丝的视频标签喜好分布情况，很显然该账号的粉丝对“影视娱乐”类内容是比较感兴趣的。

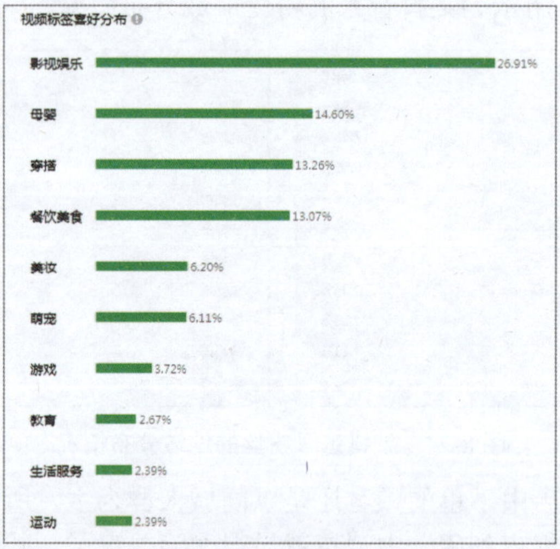

图 8-26　某抖音号粉丝的视频标签喜好分布情况

“商品购买需求分布”的右方显示的是“粉丝活跃时间分布”部分的内容。“粉丝活跃时间分布”部分中，可以“按天”或者“按周”查看抖音号粉丝的活跃时间分布情况。如图 8-27 所示为某抖音号粉丝的活跃时间分布情况。

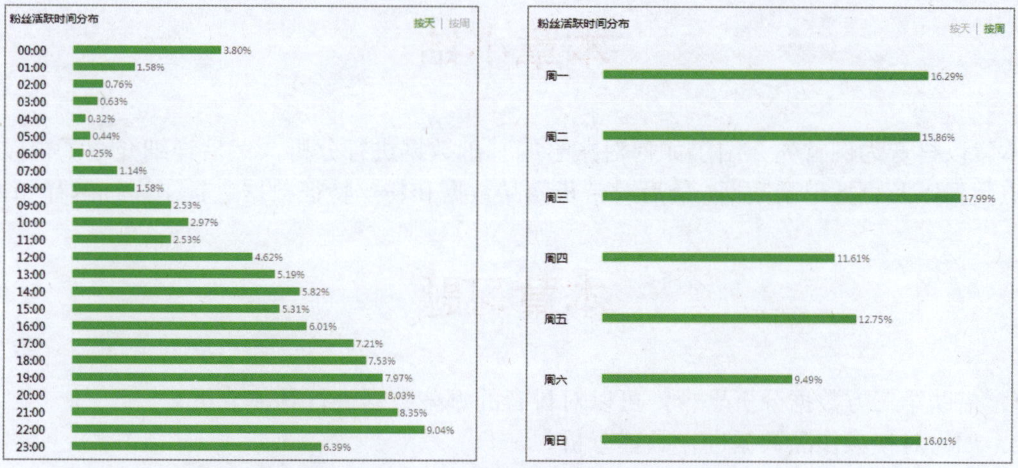

图 8-27　某抖音号粉丝的活跃时间分布情况

从图 8-28 中不难看出，该抖音号粉丝每天 17：00～22：00、周日至周三相对比较活跃。由此，可以选择在周日至周三的 17：00～22：00 发布视频或进行直播，让更多粉丝看到视频或直播。

8.5.2　粉丝重合度 TOP 10

“粉丝重合度 TOP10”板块，会列出与当前抖音号粉丝重合度较高的 10 个账号，并显示这些账号的粉丝数，以及与当前抖音号粉丝的重合度。如图 8-28 所示为某抖音号的“粉丝重合度 TOP10”页面。

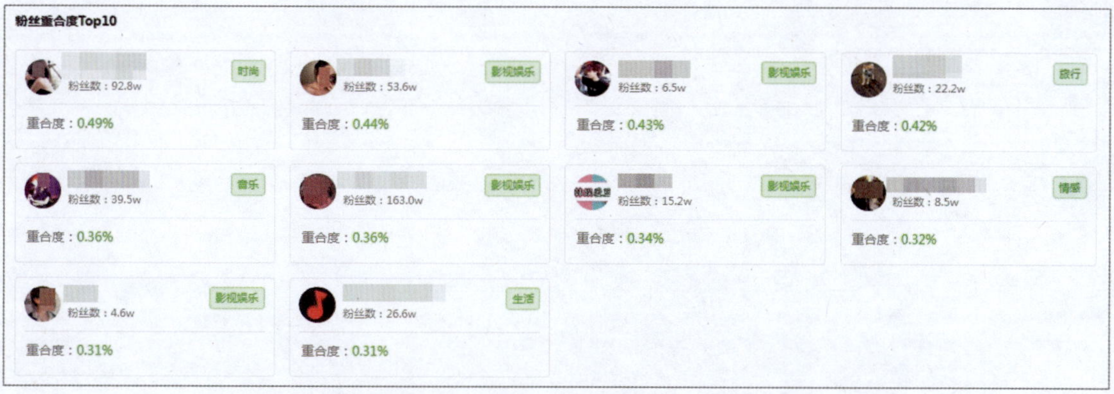

图 8-28　某抖音号的“粉丝重合度 TOP 10”页面

虽然每个账号的定位不同，获得的粉丝也不尽相同，但是能找到与自己运营的账号粉丝重合度比较高的其他账号。从一定意义上来说，这些账号就是主要竞争对手运营的。可以通过对这些账号的分析，了解其成功的运营经验，并将这些经验为自己所用，从而更好地提高自己运营的账号对粉丝的吸引力。

本章小结

本章以抖音为例首先介绍了如何对账号的基础数据进行分析，然后详细介绍了视频作品的重点数据以及直播记录数据，最后对带货商品数据和粉丝特征数据进行了详细解释和说明。

本章习题

1. 借助第三方数据分析平台，可以对抖音的哪些数据进行具体分析？
2. 如何对视频作品数据进行具体分析？

第 9 章　快手数据分析

本章导读

移动互联网的发展，让新媒体应运而生。这种新型的媒体形式，催生了新的营销模式，加大了传统媒体的转型，同时也让各大行业纷纷利用新媒体平台提升自身的行业竞争力。本章主要对新媒体的实质与概念进行分析，让读者更深刻地了解新媒体的相关内容。

本章重点

- 账号数据分析
- 运营数据分析
- 粉丝画像分析
- 视频列表分析
- 直播数据分析

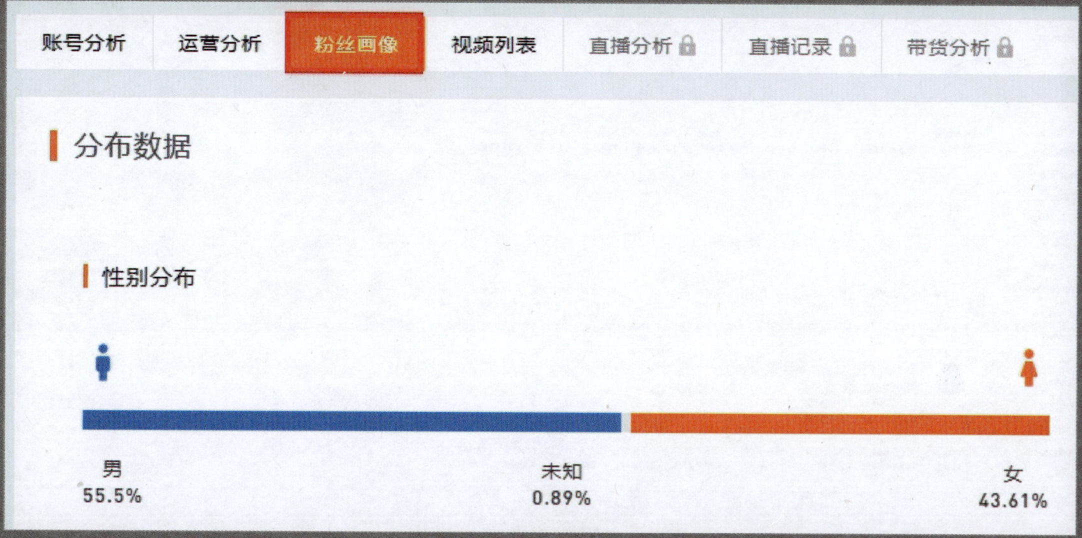

9.1　账号数据分析

虽然快手的“创作者服务平台”，可以直接查看账号的相关数据，但是该平台展示的数据却是比较有限的。对此，可以结合第三方平台，更全面地对账号的相关数据进行分析。下面以魔方数据平台为例讲解快手数据分析的方法。

注册魔方数据平台的账号，并登录该平台。在该平台的“快手号搜索”界面中，❶输入快手号；❷单击“搜索”按钮，如图 9-1 所示。

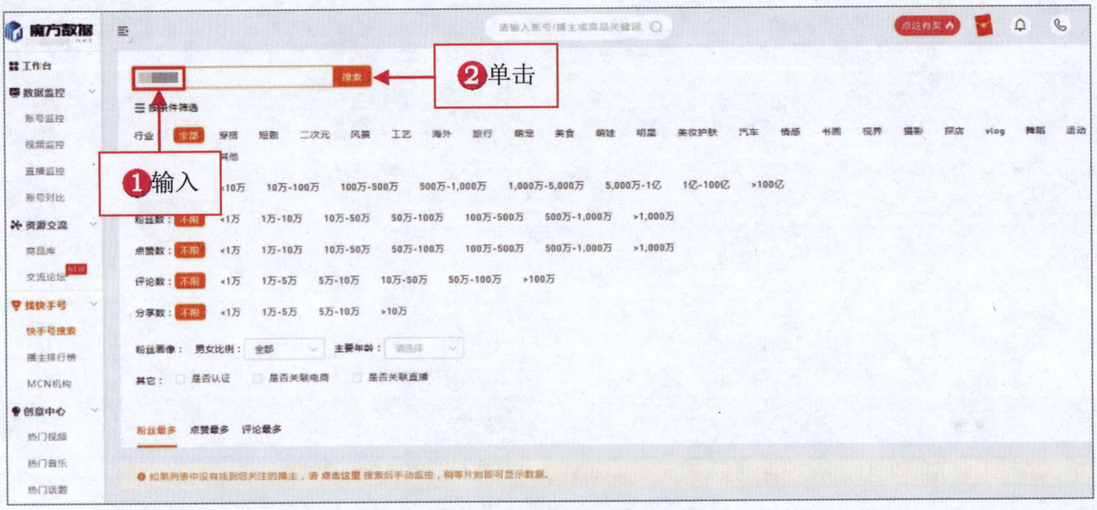

图 9-1　单击“搜索”按钮

操作完成后，界面出现搜索结果，如图 9-2 所示。只需单击对应快手号后方的“查看详情”按钮，即可查看该账号的相关数据。

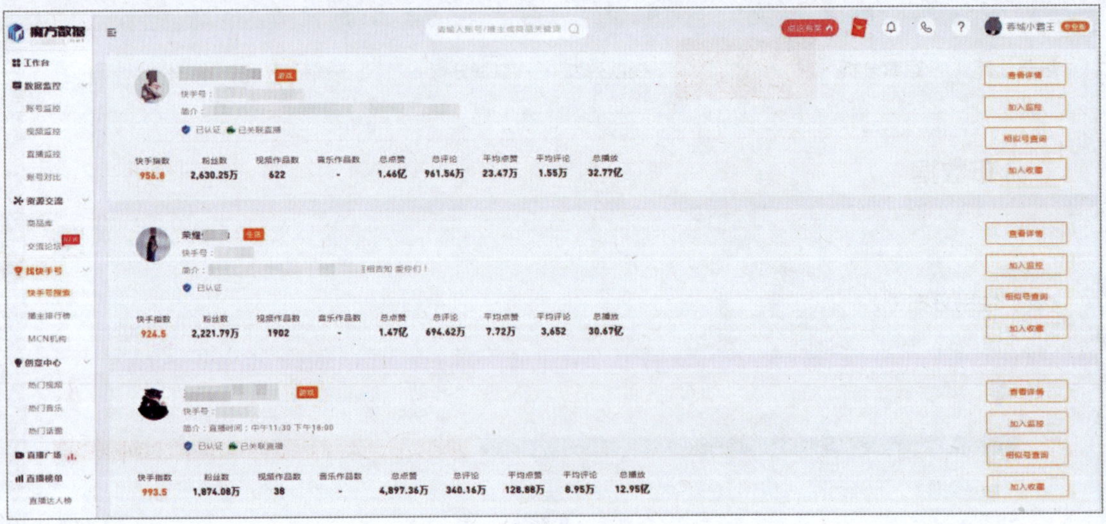

图 9-2　界面出现搜索结果

在魔方数据平台的“账号分析”界面，可以查看和分析账号的数据总量、“统计表现”“近期表现”和“数据趋势”。

9.1.1　账号数据概况

在“账号分析”界面的上方位置，可以查看账号的“平台排名”“魔方指数”“粉丝总数”“作品数”“播放总数”“点赞总数”和“评论总数”等账号的数据概况。

某快手号的数据概况，如图 9-3 所示。该账号“平台排名”为第 1，“魔方指数”为 1 060.40，粉丝总数为 5 117.14 万，“作品数”为 4 433 个，“播放总数”为 344.25 亿次，“点赞总数”为 30.57 亿次，“评论总数”为 3 173.07 万次。从这些数据不难看出，该账号的运营状况良好，各项数据都比较可观。

图 9-3　某快手号的数据概况

9.1.2　统计表现分析

数据概况的下方是“统计表现”板块。在“统计表现”板块中，可以查看账号的“播放数据”（包括：“集均播放数”“互动比”和“最佳播放数”）“点赞数据”（包括：“集均点赞数”“赞播比”和“最佳点赞数”）和“评论数据”（包括：“集均评论数”“评播比”和“最佳评论数”）。

如图 9-4 所示为某快手号的“统计表现”。该账号的“集均播放数”为 805.45 万次，“互动比”为 8.97%，“最佳播放数”为 1.15 亿次，“集均点赞数”为 71.54 万次，“赞播比”为 8.88%，“最佳点赞数”为 940.45 万次，“集均评论数”为 7 424 次，“评播比”为 0.09%，“最佳评论数”为 61.12 万次。从这些数据不难看出，该账号发布的内容获得的播放量、点赞量和评论量都比较高，但“互动比”“赞播比”和“评播比”还有待提高。

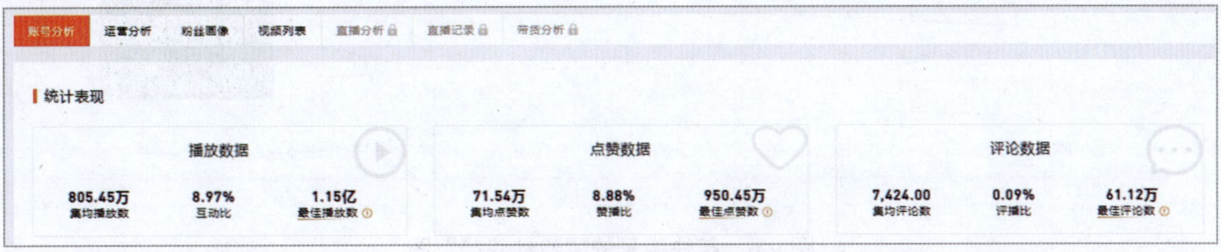

图 9-4　某快手号的“统计表现”

9.1.3　近期表现分析

“统计表现”的下方是“近期表现”板块。在“近期表现”板块中，可以查看账号近“7 天”“30 天”或“90 天”的“新增作品（数）”“新增粉丝（量）”“新增播放（量）”“新增点赞（量）”“新增评论（量）”，以及“最近 10 个作品（数据）的表现”。

如图 9-5 所示为某快手号的“近期表现”。该账号“近 7 天”的“新增作品（数）”为 7

个，“新增粉丝（量）”为 23.98 万，“新增播放（量）”为 1.01 亿次，“新增点赞（量）”为 449.88 万次，“新增评论（量）”为 13.28 万次。另外，该账号 2021 年 1 月 16 日发布的视频，获得了 11 306 286 次播放，538 565 次点赞和 14 962 次评论。

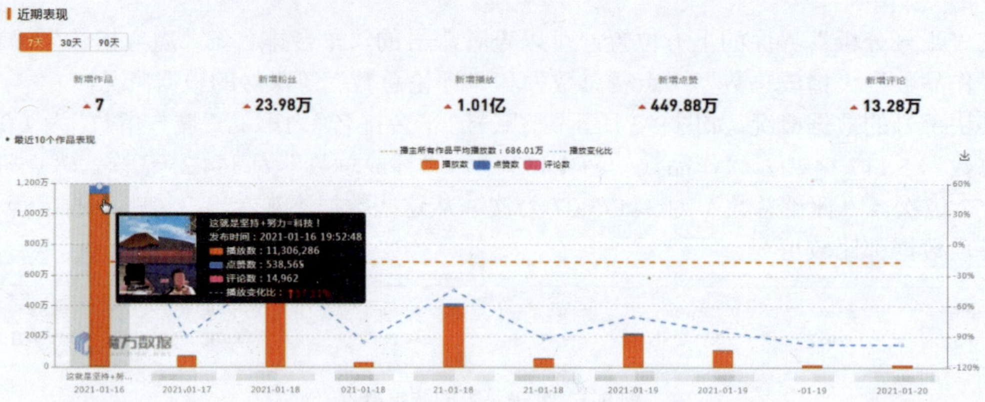

图 9-5　某快手号的“近期表现”

9.1.4　数据趋势分析

“近期表现”的下方是“数据趋势”板块。在“数据趋势”板块中，可以查看账号的“粉丝趋势”“播放数据（趋势）”“点赞趋势”和“评论趋势”图。

在“粉丝趋势”图中，可以查看账号近“7 天”“30 天”或“90 天”的粉丝“总量”和“增量”变化情况。如图 9-6 所示为某快手号的“粉丝趋势”图。

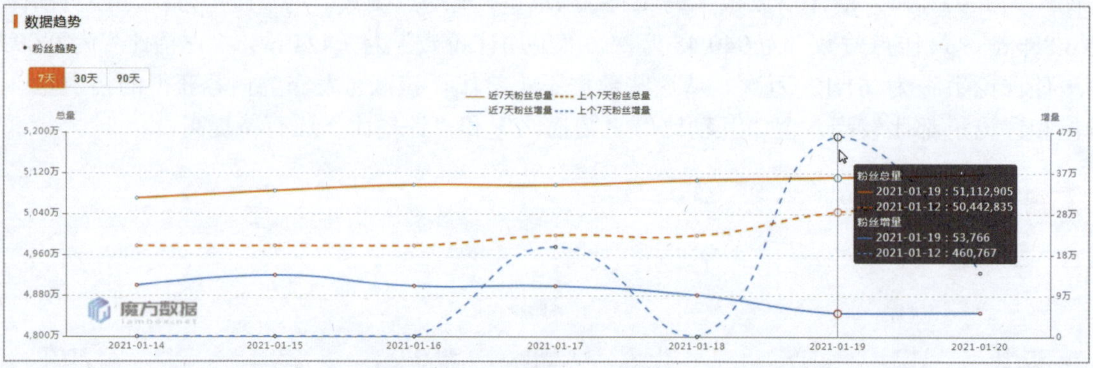

图 9-6　某快手号的“粉丝趋势”图

该账号 2021 年 1 月 19 日的粉丝总量为 51 112 905，粉丝增量为 53 766；该账号 2021 年 1 月 12 日的粉丝总量为 50 442 835，粉丝增量为 460 767。

在“播放数据（趋势）”图中，可以查看账号近“7 天”“30 天”或“90 天”的播放“总量”和“增量”变化情况。

如图 9-7 所示为某快手号的“播放数据（趋势）”图。该账号 2021 年 1 月 17 日的播放总量为 33 906 091 620 次，播放增量为 106 430 102 次；该账号 2021 年 1 月 10 日的播放总量为 33 300 990 067 次，播放增量为 340 966 169 次。

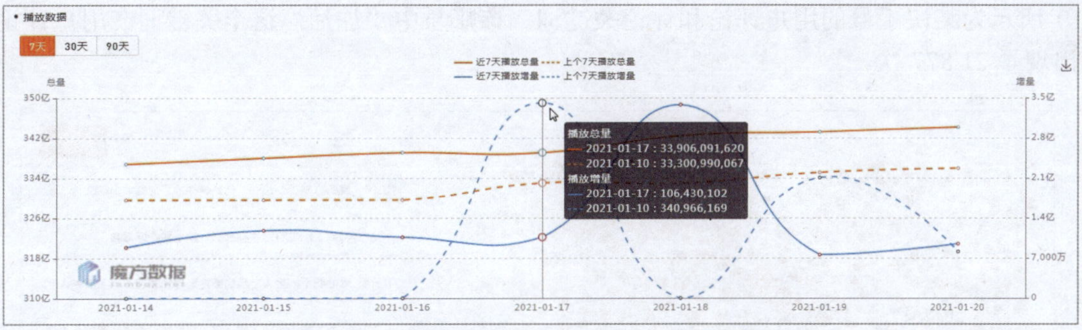

图 9-7　某快手号的“播放数据（趋势）”图

在“点赞趋势”图中，可以查看账号近“7 天”“30 天”或“90 天”的点赞“总量”和“增量”变化情况。如图 9-8 所示为某快手号的“点赞趋势”图。该账号 2021 年 1 月 18 日的点赞总量为 3 043 396 635 次，点赞增量为 28 047 437 次；该账号 2021 年 1 月 11 日的点赞总量为 2 969 739 070 次，点赞增量为 0 次。

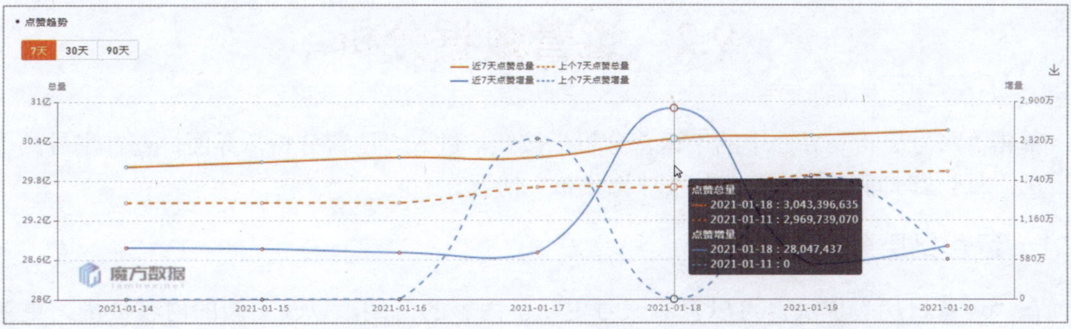

图 9-8　某快手号的“点赞趋势”图

在“评论趋势”图中，可以查看账号近“7 天”“30 天”或“90 天”的评论“总量”和“增量”变化情况。如图 9-9 所示为某快手号的“评论趋势”图。该账号 2021 年 1 月 17 日的评论总量为 31 335 684 次，评论增量为 184 103 次；该账号 2021 年 1 月 10 日的评论总量为 30 654 547 次，评论增量为 484 300 次。

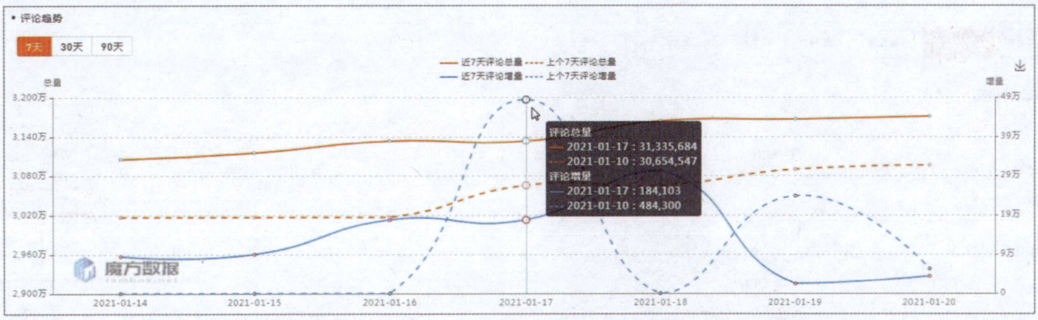

图 9-9　某快手号的“评论趋势”图

在“评论趋势”图的下方，还可以查看用户给出的评论和评论关键词的出现次数。如图

9-10 所示为某快手号的用户评论和评论关键词。该账号中“加油”这个关键词在用户评论中就出现了 21 877 次。

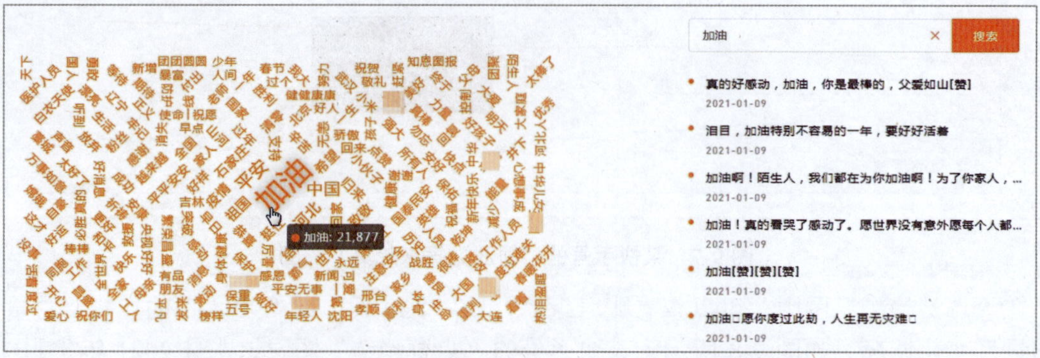

图 9-10　某快手号的用户评论和评论关键词

9.2　运营数据分析

单击“账号分析”界面中的“运营分析”按钮，进入“运营分析”界面，查看账号的“运营日历”“运营时间分布”和“视频时长分布”情况。

9.2.1　运营日历分析

在“运营日历”板块，可以查看账号更新了内容的日期，以及更新的内容数量。更新了内容的日期会带有浅橙色的背景，并且当一天内更新了两条及以上内容时，日期的右上方还会显示该日期的更新内容数量。

如图 9-11 所示为某快手号 2021 年的“运营日历”。可以单击“运营日历”板块中，年份后方的 ˇ 图标。操作完成后，ˇ 图标会变成 ˆ 图标，并且还会出现一个显示年份的下拉列表框。只需单击下拉列表框中的年份，即可查看该年的“运营日历”。例如，选择下拉列表框中的“2020”选项，即可查看该账号 2020 年的“运营日历”，如图 9-12 所示。

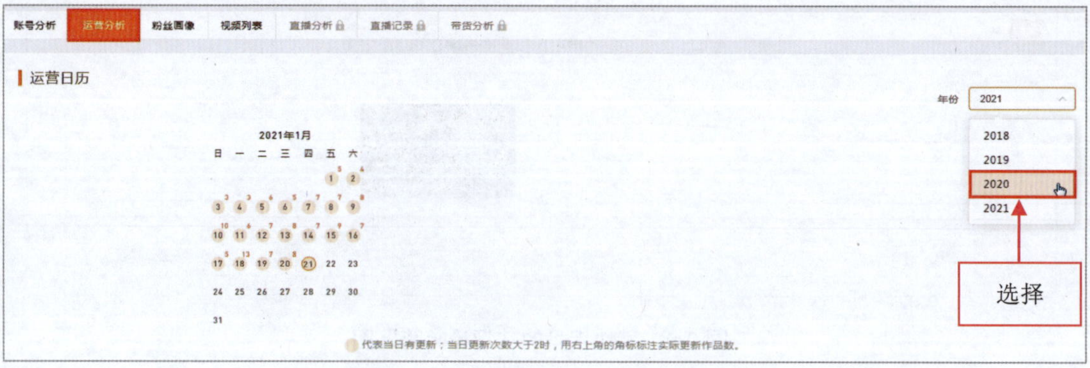

图 9-11　某快手号 2021 年的“运营日历”

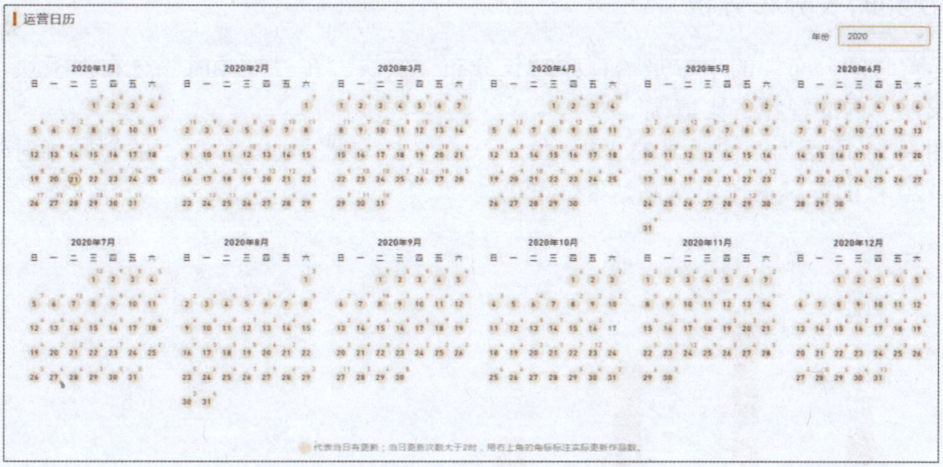

图 9-12　某快手号 2020 年的“运营日历”

9.2.2　运营时间分布分析

“运营日历”的下方是“运营时间分布”板块。在“运营时间分布”板块中，可以查看账号的“运营时间分布-时刻”和“运营时间分布-星期”图。

在“运营时间分布-时刻”图中，可以查看账号运营时间的时刻分布。如图 9-13 所示为某快手号的“运营时间分布-时刻”图。该账号上午 9 点到晚上 20 点的运营时间占比相对较高。

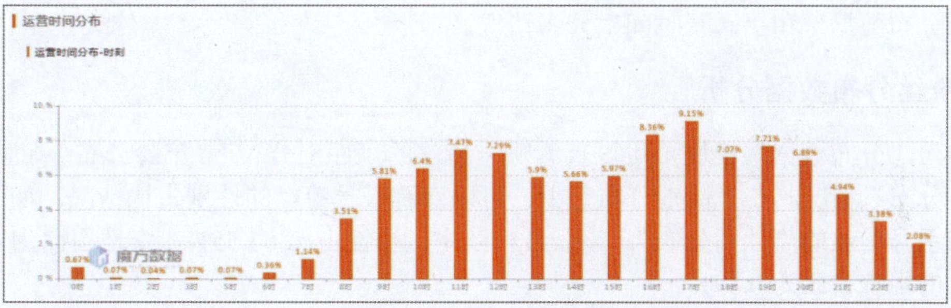

图 9-13　某快手号的“运营时间分布-时刻”图

在“运营时间分布-星期”图中，可以查看账号运营时间的星期分布。如图 9-14 所示为某快手号的“运营时间分布-星期”图。该账号星期天到星期六的运营时间分布占比都超过了 12%，其中星期二的运营时间分布占比更是达到了 16.06%。

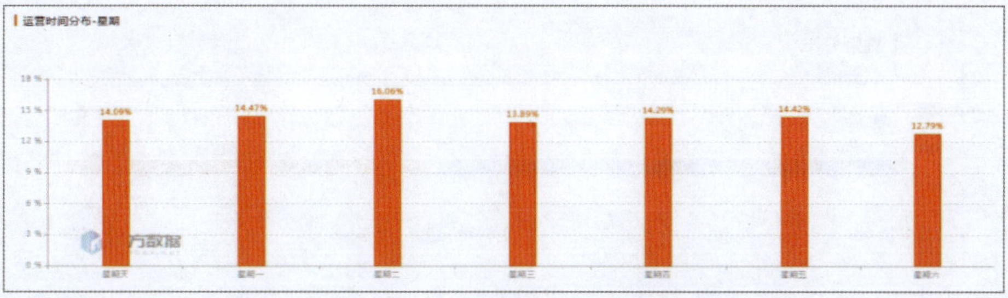

图 9-14　某快手号的“运营时间分布-星期”图

9.2.3 视频时长分布分析

“运营时间分布”的下方是“视频时长分布”板块。在“视频时长分布”板块，可以查看各时长范围内的视频占比情况。

如图 9-15 所示为某快手号的“视频时长分布”。该账号 40 秒以下的视频相对较高。其中，10～20 秒的视频占比更是高达 33.36%。

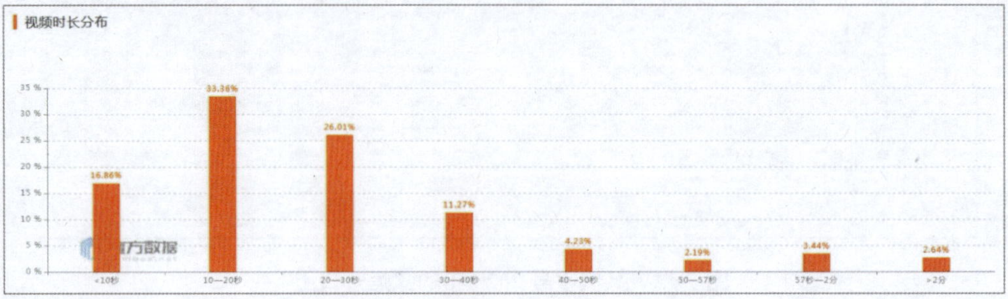

图 9-15　某快手号的“视频时长分布”

9.3 粉丝画像分析

可以单击“运营分析”界面中的“粉丝画像”按钮，进入“粉丝画像”界面，查看账号粉丝的“分布数据”和“活跃时间”分布情况。

9.3.1 粉丝分布数据分析

在粉丝“分布数据”板块，可以查看账号粉丝的“性别分布”“年龄分布”“地域分布”和“星座分布”情况。在“性别分布”中，可以查看账号粉丝的性别占比情况。如图 9-16 所示为某快手号粉丝的“性别分布”。该账号粉丝中，男性占比 55.55%，女性占比为 43.61%，性别未知的用户占比为 0.89%。

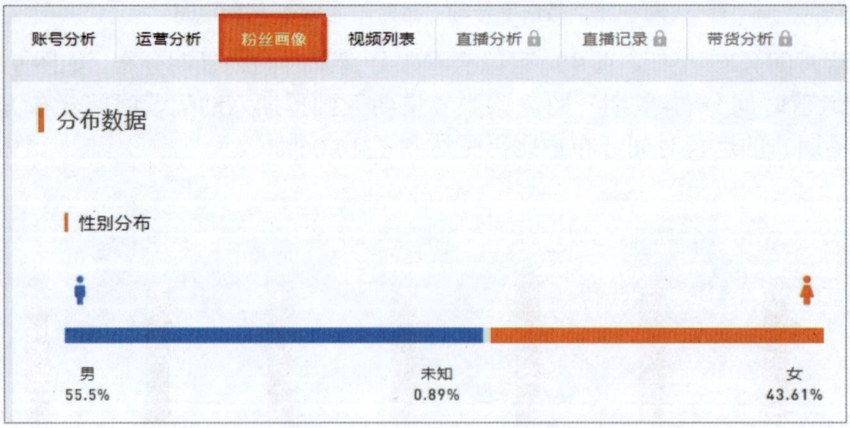

图 9-16　某快手号粉丝的“性别分布”

“性别分布”的右方是“年龄分布”板块。在“年龄分布”板块中，可以查看账号各年龄段粉丝的占比情况。如图 9-17 所示为某快手号粉丝的“年龄分布”。该账号粉丝中，18 岁以上的粉丝占比相对较高，其中，18～24 岁的粉丝占比更是达到了 25.97%。

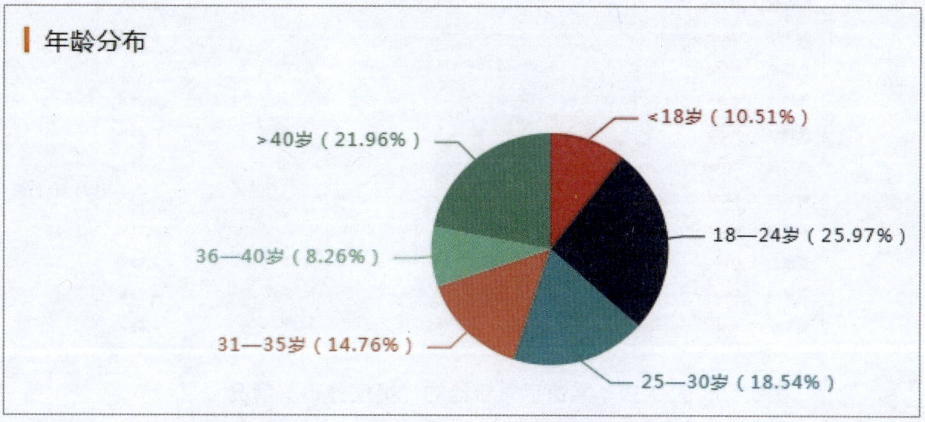

图 9-17　某快手号粉丝的“年龄分布”

“性别分布”的下方是“地域分布”板块。在“地域分布”板块中，可以查看账号的“省份”和“城市”占比情况。如图 9-18 所示为某快手号粉丝的“城市”占比情况。该账号分布在唐山市、临沂市、石家庄市、沧州市、保定市、长春市、哈尔滨市、沈阳市、西安市和邯郸市的粉丝占比相对较高。其中，该账号分布在唐山市的粉丝账号更是高达 2.58%。

地域分布　　省份　城市

排名	城市	占比
1	唐山市	2.58%
2	临沂市	2.37%
3	石家庄市	2.08%
4	沧州市	2.01%
5	保定市	1.61%
6	长春市	1.36%
7	哈尔滨市	1.29%
8	沈阳市	1.26%
9	西安市	1.08%
10	邯郸市	1.03%

图 9-18　某快手号粉丝的“城市”占比情况

“地域分布”的右方是“星座分布”板块。在“星座分布”板块，可以查看账号粉丝的星座分布情况。如图 9-19 所示为某快手号粉丝的“星座分布”情况。该账号粉丝中，星座未知的粉丝占比比较高，其占比达到了 26.55%。而在星座已知的粉丝中，摩羯座粉丝的占比相对较高，该星座粉丝的占比达到了 9.45%。

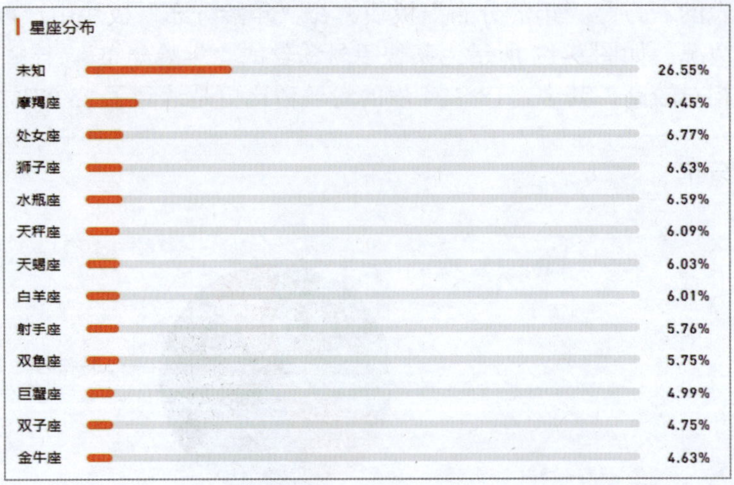

图 9-19　某快手号粉丝的“星座分布”情况

9.3.2　粉丝活跃时间分析

在“活跃时间”板块中，可以查看账号的“粉丝活跃时间-时刻”和“粉丝活跃时间-星期”图。在“粉丝活跃时间-时刻”图中，可以查看账号粉丝的活跃时刻分布。如图 9-20 所示为某快手号的“粉丝活跃时间-时刻”图。该账号上午 9 点到晚上 23 点的活跃粉丝占比相对较高。

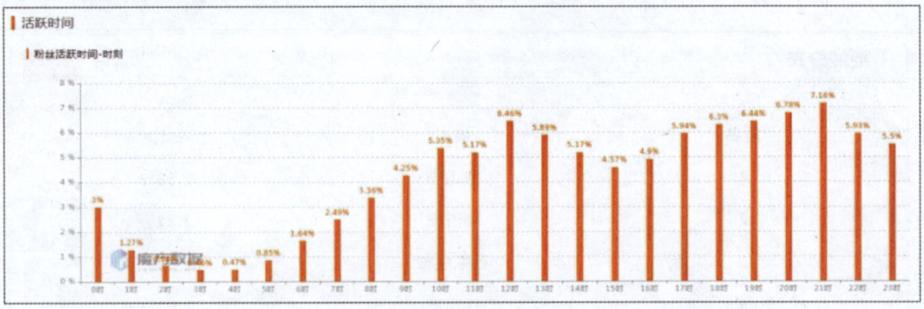

图 9-20　某快手号的“粉丝活跃时间-时刻”

在“粉丝活跃时间-星期”图中，可以查看账号粉丝的活跃时刻分布。如图 9-21 所示为某快手号的“粉丝活跃时间-星期”图。该账号星期天到星期六的活跃粉丝占比都超过了 12%，其中星期二的运营时间分布占比更是达到了 17.11%。

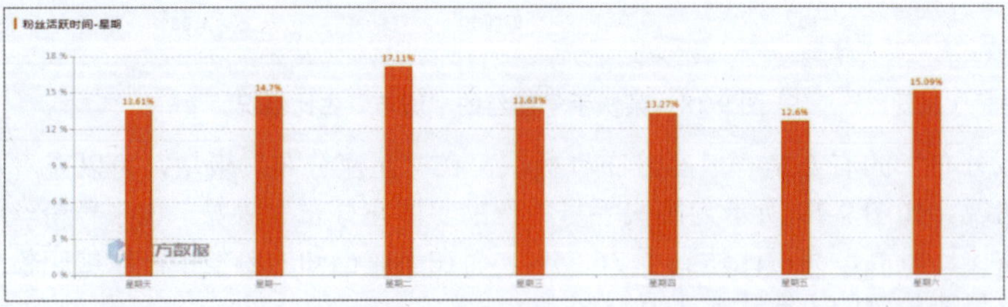

图 9-21　某快手号的“粉丝活跃时间-星期”图

9.4　视频列表分析

单击“粉丝画像”界面中的“视频列表”按钮，进入“视频列表”界面，查看账号的视频整体数据和视频数据详情。

9.4.1　视频整体数据分析

进入“视频列表”界面，即可查看账号已发布视频的“播放数”“点赞数”和“评论数”。如图 9-22 所示为某快手号的“视频列表”界面。该账号近期发布的视频的播放数都超过了 50 万次，点赞量都超过了 4 万次，评论数都超过了 2 000 次。由这些数据不难判断，该账号近期发布的视频都是比较受用户欢迎的。

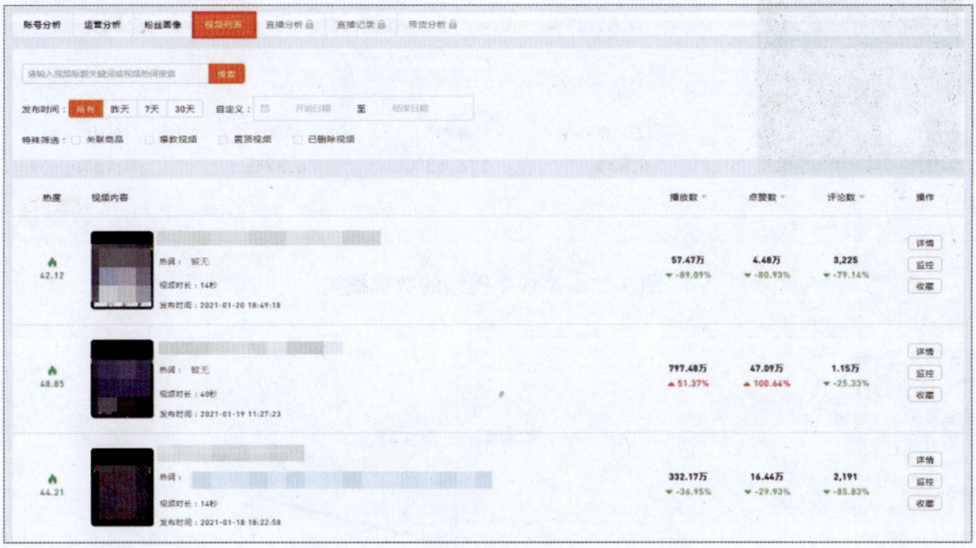

图 9-22　某快手号的“视频列表”界面

9.4.2　视频数据详情分析

单击“视频列表”界面中对应视频后方的“详情”按钮，查看视频的数据详情。在视频的数据详情界面，可以查看视频的数据概览、“视频分析”和“互动分析”情况。

在视频数据概览板块中，可以查看单条快手视频的“播放数”“点赞数”“评论数”“播放变化比”“点赞变化比”“评论变化比”“互动比”“播放比”“赞播比”和“评播比”等数据。

如图 9-23 所示为某快手视频的数据概览。该视频的“播放数”为 797.48 万次，“点赞数”为 47.09 万次，“评论数”为 1.15 万次，“播放变化比”为 51.37%，“点赞变化比”为 100.64%，“评论变化比”为-25.33%，“互动比”为 6.53%，“播放比”为 116.63%，“赞播比”为 6.37%，“评播比”为 0.16%。虽然该视频的播放、点赞和评论数都超过了 1 万次，但是“点赞变化比”为负数，“评播比”的数值比较小。因此，在以后的账号运营过程中，还得想办法重点提高视频的评论量。

视频数据概览的下方默认展示的是“视频分析”板块。在“视频分析”板块，可以查看单条快手视频的“播放趋势”“点赞趋势”和“评论趋势”图。

在视频的“播放趋势”图中，可以查看单条快手视频的播放总量和播放增量变化情况。如图 9-24 所示为某快手视频的“播放趋势”图。该视频截至 2021 年 1 月 21 日 4 点 39 分的播放总量为 7 974 801，2021 年 1 月 20 日 10 点 59 分至 1 月 21 日 4 点 39 分期间，该视频的播放量增加了 2 758 904 次。

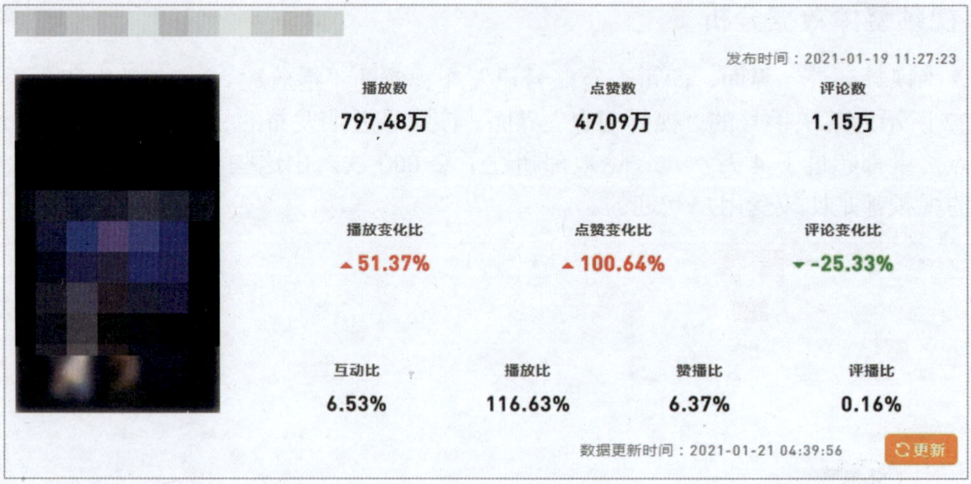

图 9-23　某快手视频的数据概览

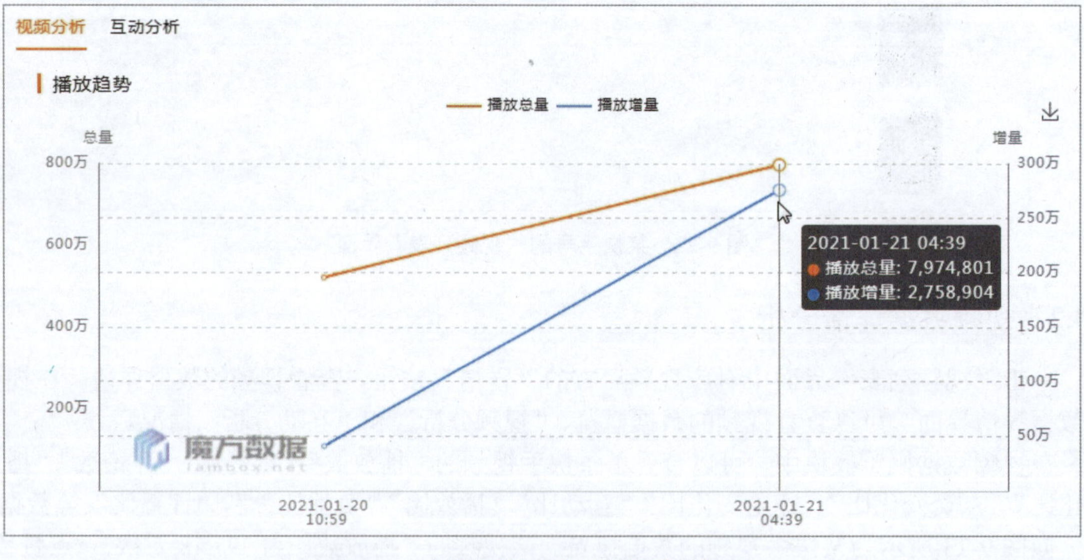

图 9-24　某快手视频的“播放趋势”图

“播放趋势”图的下方是“点赞趋势”图。在“点赞趋势”图中，可以查看单条快手视频的点赞总量和点赞增量变化情况。

如图 9-25 所示为某快手视频的“点赞趋势”图。该视频截至 2021 年 1 月 21 日 4 点 39 分的点赞总量为 470 872 次，2021 年 1 月 20 日 10 点 59 分至 1 月 21 日 4 点 39 分期间，该视频的点赞量增加了 138 443 次。

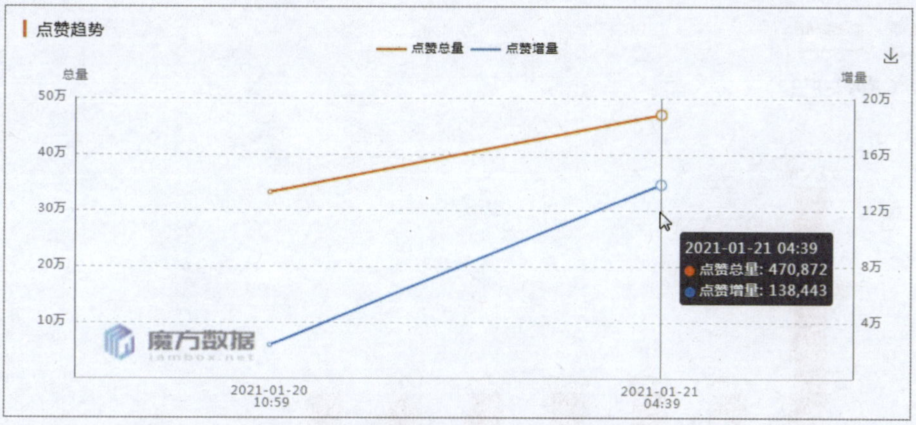

图 9-25　某快手视频的“点赞趋势”图

“点赞趋势”图的下方是“评论趋势”图。在“评论趋势”图中，可以查看单条快手视频的评论总量和评论增量变化情况。

如图 9-26 所示为某快手视频的“评论趋势”图。该视频截至 2021 年 1 月 21 日 4 点 39 分的评论总量为 11 543 次，2021 年 1 月 20 日 10 点 59 分至 1 月 21 日 4 点 39 分期间，该视频的评论量增加了 3 202 次。

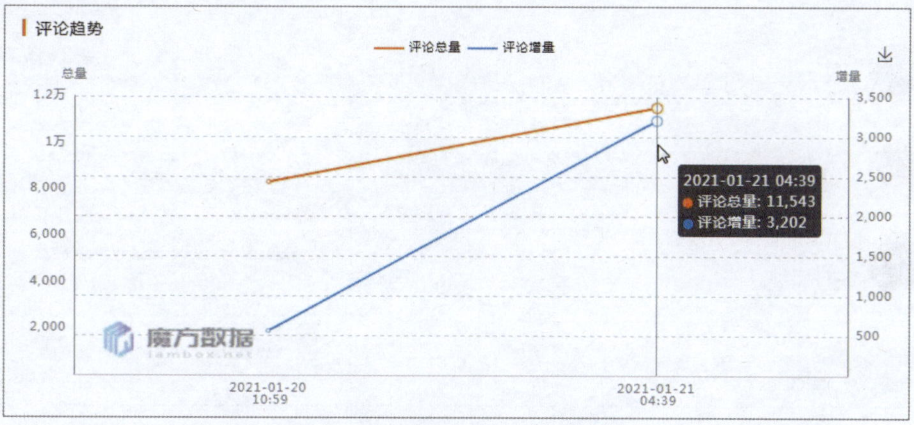

图 9-26　某快手视频的“评论趋势”图

单击“视频分析”板块中的“互动分析”按钮，即可进入“互动分析”界面，查看单条快手视频的“评论热词 Top10”和“全部评论”的相关信息。

在“评论热词 Top10”部分中，可以查看用户评论中 10 个热词的占比情况。图 9-27 所示为某快手视频的“评论热词 Top10”。该视频的用户评论热词包括：“改回来”“回复”“实在”“画质”“建议”“王者”“一局”“下载”“改掉”和“推到”。其中，“改回来”一词在该视频用户评论中出现的概率更是达到了 13.56%。

“评论热词 Top10”的下方是“全部评论”。“全部评论”部分中，会根据点赞量依次呈现用户评论。如图 9-28 所示为某快手视频的“全部评论”。该视频的用户评论量达到了 2 129 条，而部分用户评论的点赞量更是超过了 1 000 次。

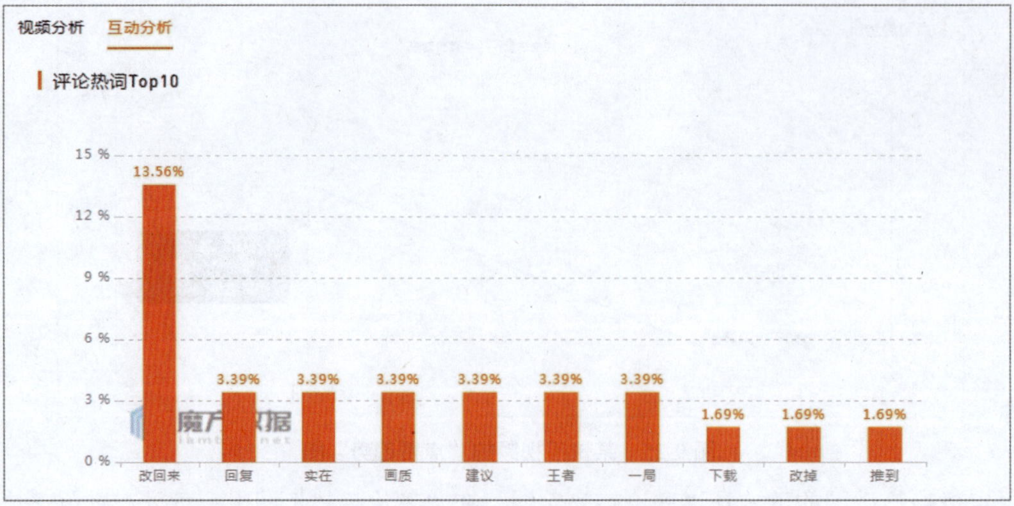

图 9-27　某快手视频的“评论热词 Top10”

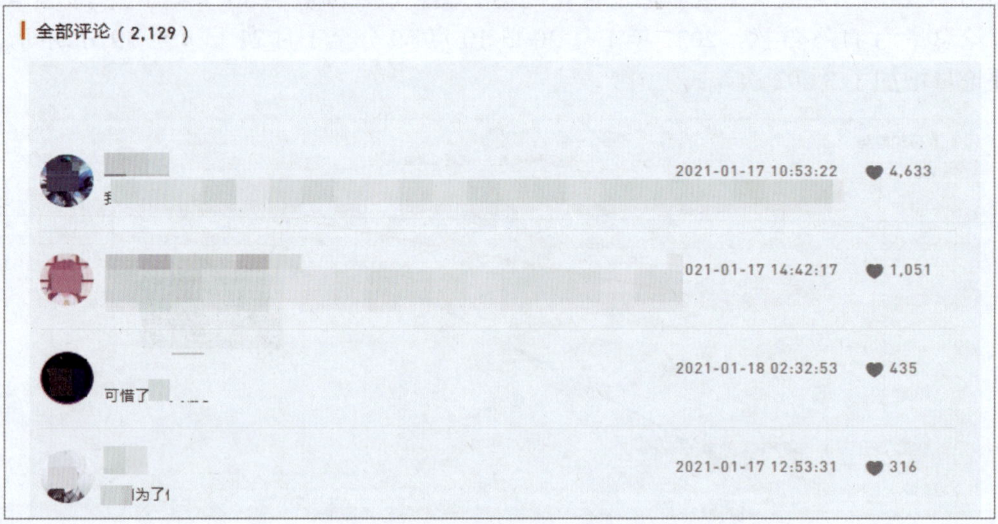

图 9-28　某快手视频的“全部评论”

9.5　直播数据分析

部分第三方平台，可能需要支付一部分费用，开通会员之后，才能查看快手直播数据。对此，如果需要节约运营成本，可以借助快手平台的“创作者服务平台”，查看和分析快手的直播数据。

进入快手平台的官网，单击官网首页的“创作者服务→创作者服务平台”按钮，如图 9-29 所示。操作完成后，即可进入快手平台的“创作者服务平台”的“我的首页”界面，如图 9-30 所示。

图 9-29　单击“创作者服务平台”按钮

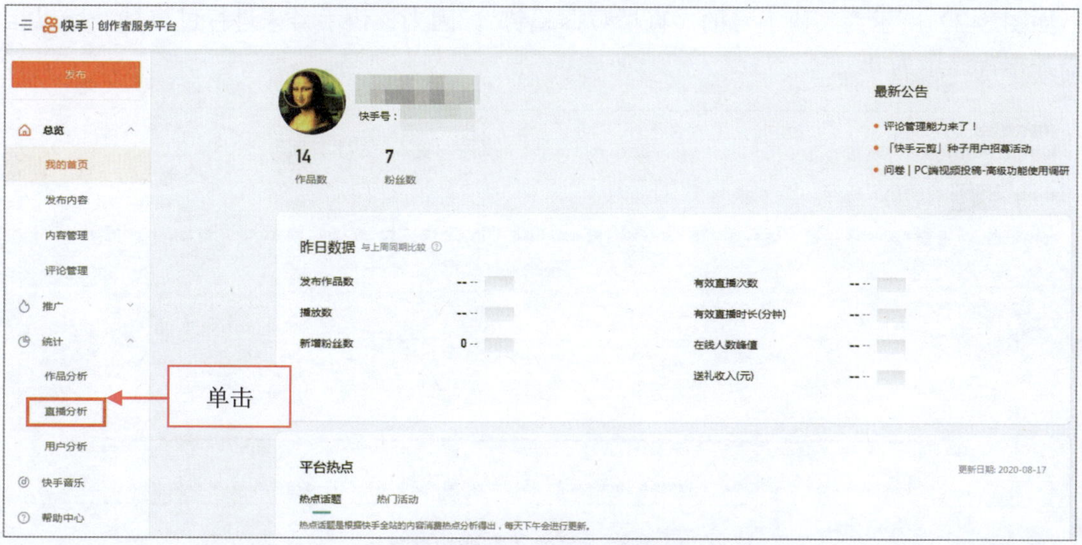

图 9-30　“创作者服务平台”的“我的首页”界面

进入快手平台的“创作者服务平台”，单击左侧菜单栏中的“直播分析”按钮，即可进入“直播分析”界面，查看快手号的直播数据。在“直播分析”界面，可以查看快手号的“近 7 日直播数据”“直播数据趋势”和“直播数据明细”。

9.5.1　近 7 日直播数据分析

进入“直播分析”界面，首先看到的就是“近 7 日直播数据”板块。可以在该界面中查看“有效直播次数”“有效直播时长（分钟）”“在线人数峰值”和“送礼收入（元）”等数据。

如图 9-31 所示为某快手号的“近 7 日直播数据”。不难看出，该账号的“有效直播次数”“有效直播时长（分钟）”“在线人数峰值”和“送礼收入（元”）皆为 0。因为该账号未进行过直播，所以数据是正常的。

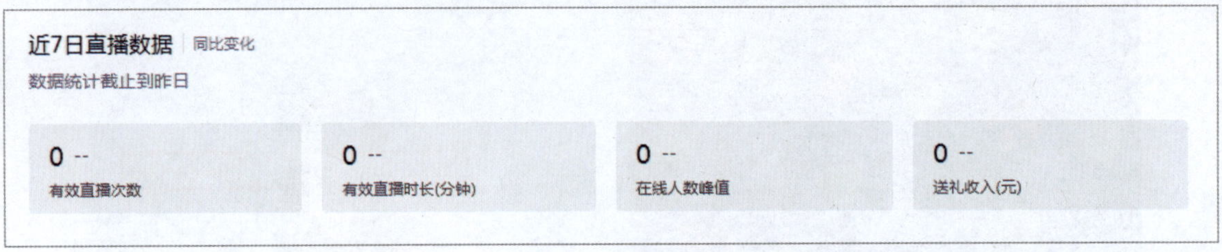

图 9-31　某快手号的“近 7 日直播数据”

9.5.2　直播数据趋势分析

“近 7 日直播数据”的下方是“直播数据趋势”板块。在“直播数据趋势”板块中，可以选择查看快手号“近 7 天”“近 1 个月”或“近 3 个月”的“有效直播时长”“有效直播次数”“直播观众数”“在线人数峰值”“点赞人数”“评论人数”“分享人数”“送礼人数”和“送礼收入（元）”等数据。

如图 9-32 所示为某快手号的“直播数据趋势”。因为该快手号未进行过直播，所以相关直播数据皆显示为 0。

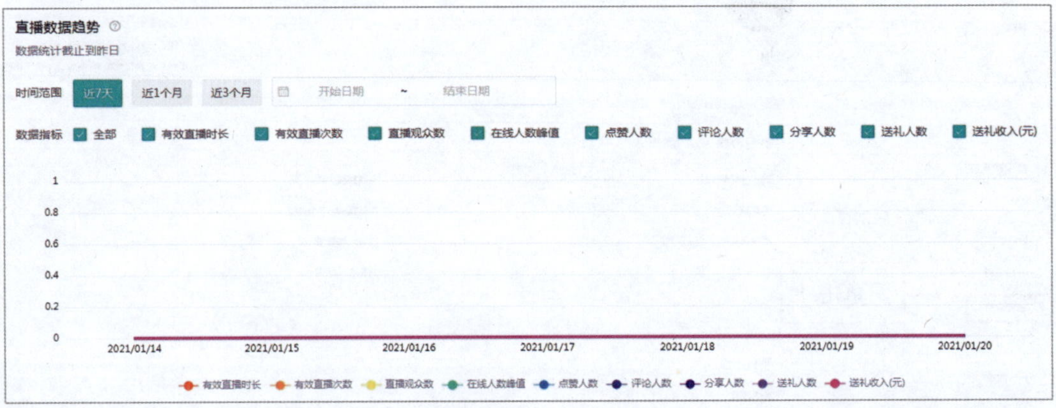

图 9-32　某快手号的“直播数据趋势”

特别说明的是，如果要准确地把握快手号的“直播数据趋势”板块，还需了解相关数据的概念。例如，“有效直播”是指当天内单场时长≧30 分钟的直播；“送礼收入（元）”是指除幸运草、穿云箭红包未领取完的退款的延迟结算金额之外，其他直播间送礼收入的总和。

9.5.3　直播数据明细分析

“直播数据趋势”的下方是“直播数据明细”板块。在“直播数据明细”板块，可以选择查看快手号“近 7 天”“近 1 个月”或“近 3 个月”直播的“直播信息”“开播时间”“直播时长（分钟）”“直播观众数”“在线人数峰值”“点赞人数”“评论人数”和“分享人数”等数据。

需要说明的是，如果在选择的时间范围内，没有进行过直播，那么该页面中将会显示“暂无数据”。如图 9-33 所示为某快手号的“直播数据明细”。

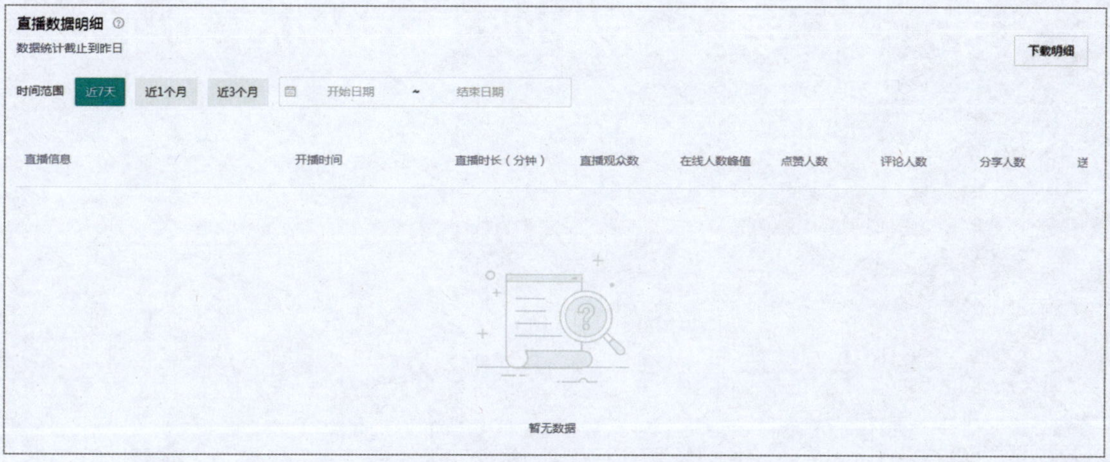

图 9-33　某快手号的“直播数据明细”

本章小结

本章以魔方数据平台为例，介绍了快手数据分析的方法，其中包括账号数据分析、运营数据分析、粉丝画像分析、视频列表分析和直播数据分析，以帮助读者更好地进行数据统计。

本章习题

1．如何对快手的粉丝画像数据进行分析？
2．如何对快手的视频列表进行分析？

第 10 章　视频号数据分析

本章导读

视频号是微信 2020 年 1 月推出的一个重要板块。因为背靠微信，所以视频号刚上线便受到了许多新媒体运营者的关注。那么，如何通过数据分析，更好地进行视频号的运营呢？本章主要解答这个问题。

本章重点

- ➢ 账号概况分析
- ➢ 作品数据分析

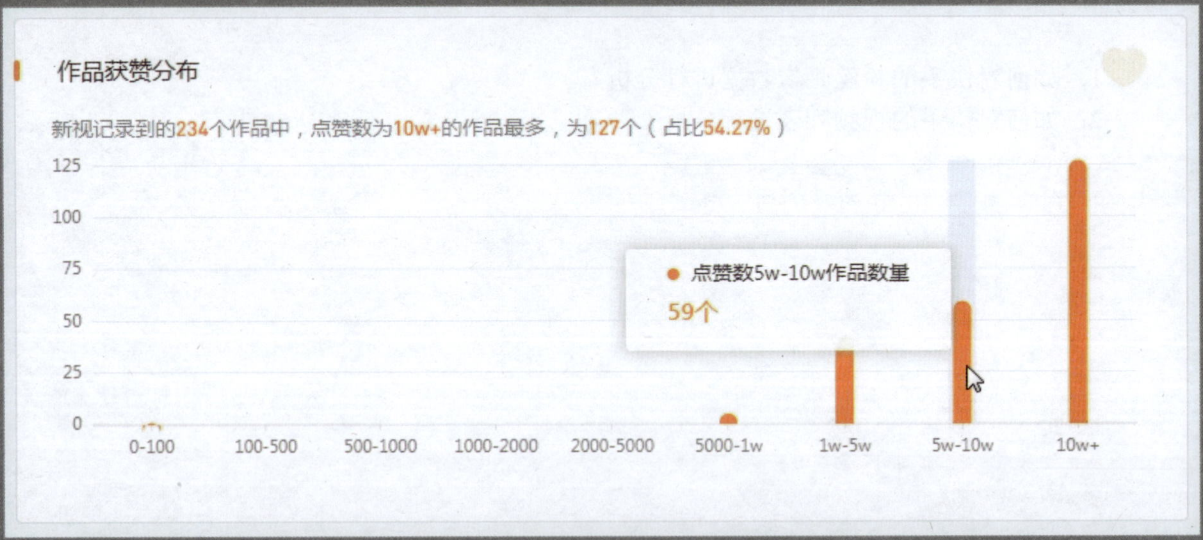

10.1　账号概况分析

为了更好地进行微信视频号的数据分析，应学会借助第三方平台查看和分析相关数据。下面以新视平台为例讲述微信视频号的数据分析方法。进入微信视频号数据分析界面，查看和分析数据的具体步骤如下。

Step 01 进入新榜平台“首页”界面，单击界面上方菜单栏中的“视频号”按钮，如图 10-1 所示。

图 10-1　单击“视频号”按钮

Step 02 操作完成后，即可进入“新视”平台。在该平台“首页”界面的搜索栏中，❶输入视频号名称；❷单击 按钮，如图 10-2 所示。

图 10-2　单击 按钮

Step 03 进入搜索结果界面，单击界面中对应账号所在的区域，如图 10-3 所示。

Step 04 操作完成后，即可进入对应账号的数据分析界面，查看和分析该账号的相关数据。

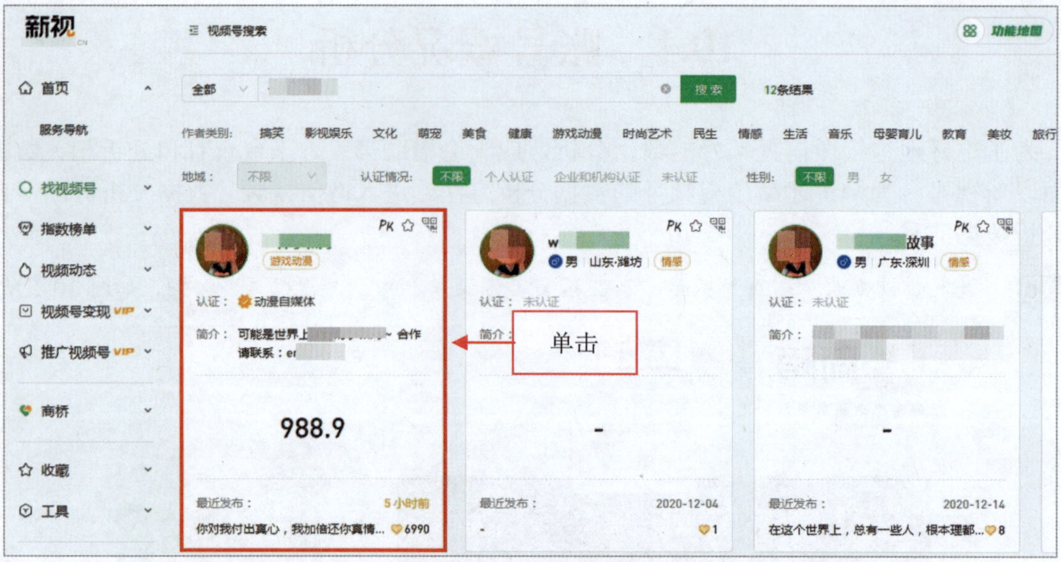

图 10-3　单击对应账号所在的区域

10.1.1　日新榜指数分析

进入微信视频号数据分析界面之后，可以在账号介绍信息的下方，查看该账号的“日新榜指数”。在“日新榜指数”板块中，可以查看某一日的“日新榜指数”“发布作品数”“总点赞数”“平均点赞（数）”和“最高点赞（数）”，以及“近 7 天日榜走势”情况。

如图 10-4 所示为某微信视频号的“日新榜指数”板块，该账号 2020 年 1 月 14 日的“日新榜指数”为 901.4，这一天发布了两个作品，总共获得了 3.82 万次点赞，作品的“平均点赞”为 19 095 次，作品的“最高点赞”为 19 154 次。

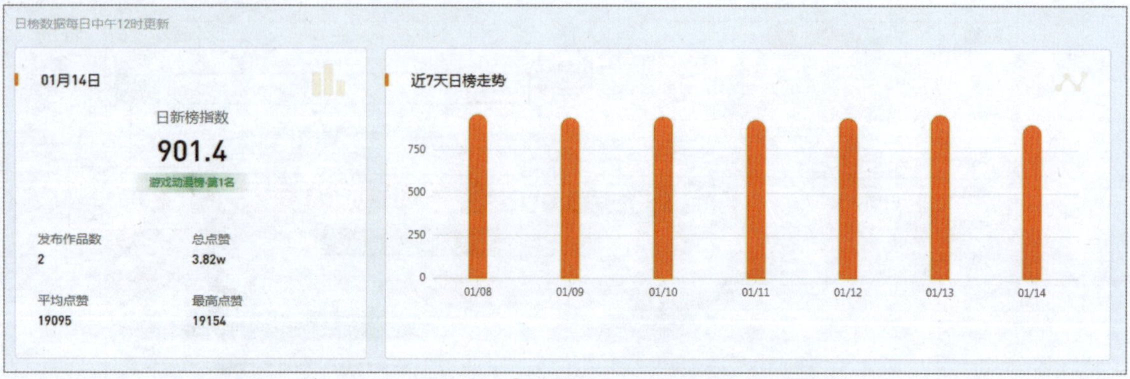

图 10-4　某微信视频号 2020 年 1 月 1s4 日的“日新榜指数”情况

将鼠标停留在右侧的“近 7 天日榜走势”中，查看具体日期的“日新榜指数”情况。如图 10-5 所示为某新媒体账号 2020 年 1 月 13 日的“日新榜指数”情况。这一天的“日新榜指数”为 956.9；同时，这一天发布了两个作品，总共获得了 6.8 万次点赞，作品的“平均点赞”为 34 006 次，作品的“最高点赞”为 63 687 次。

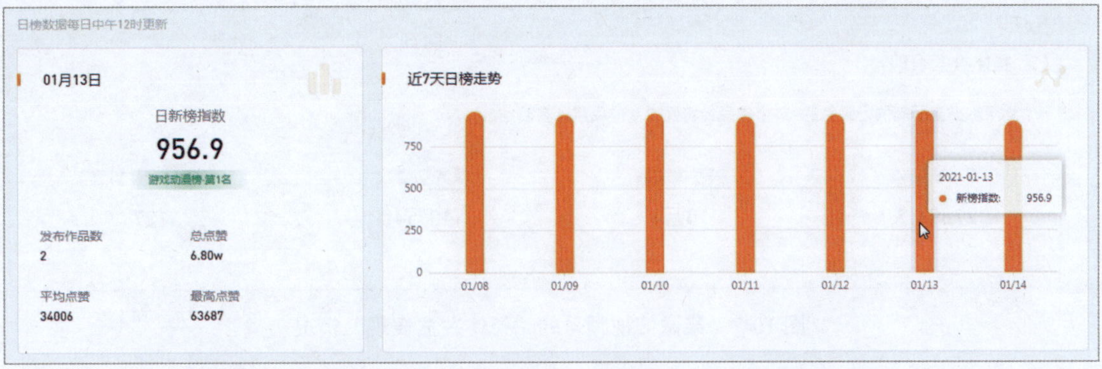

图 10-5　某微信视频号 2020 年 1 月 13 日的“日新榜指数”情况

10.1.2　历史表现分析

“日新榜指数”的下方是“历史表现”板块。在该板块中，可以查看账号的收录时间、收录后的活跃发布天数和历史最高日新榜指数及该指数发生的日期。

如图 10-6 所示为某微信视频号的“历史表现情况”。该账号收录日期为 2020 年 11 月 1 日，截至目前截图时已收录 76 天。该账号收录之后，每天都在进行活跃发布。该账号的“历史最高日新榜指数”则为 983.9，该指数发生在 2021 年 1 月 3 日。

图 10-6　某微信视频号的“历史表现”情况

10.2　作品数据分析

对微信视频号的数据进行分析，查看和分析账号的“（作品）整体数据表现”“作品列表”“作品特征”“挂链概况”和“作品获赞分布”的相关数据。

10.2.1　整体数据表现

“历史表现”的右下方是“整体数据表现”板块。在“整体数据表现”板块中，可以查看数据的样本数（数据计算的作品总数）、“作品累计获赞”“平均获赞数”“获赞中位数”“最高获赞数”和“获赞 10 万+（作品的）篇数”。

图 10-7 所示为某微信视频号的“整体数据表现”情况。该板块中的数据是由 234 个作品计算得出的，这些作品的“累计获赞”为 1 822.77 万次，“平均获赞数”为 77 896.3 次，“获赞中位数”超过了 10 万次，“最高获赞数”超过了 10 万次，“获赞 10 万+（作品的）篇数”为 127 篇。

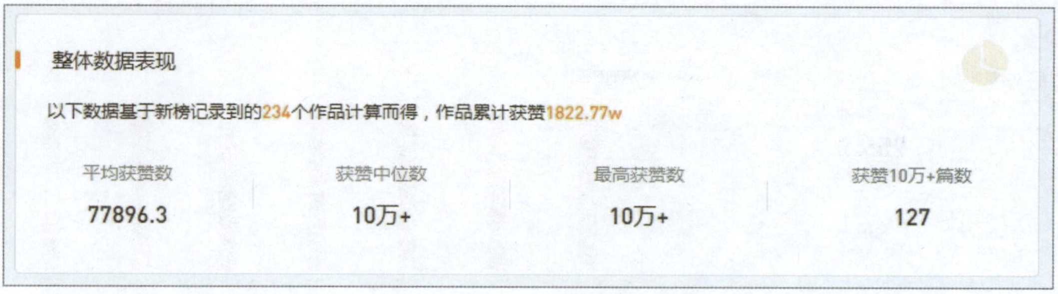

图 10-7　某微信视频号的“整体数据表现”情况

10.2.2　查看作品列表

“整体数据表现”的左下方是“作品列表”板块。在“作品列表”板块，可以查看微信视频号已发布的“热门”视频，或“近期”发布的视频，并且还可在列表中看到视频的点赞数。

如图 10-8 所示为某微信视频号的“热门”视频列表。该列表中排名靠前的视频的点赞量都超过了 10 万次。也就是说，列表中的这些视频的质量比较高，并且视频内容也得到了许多用户的认同。

图 10-8　某微信视频号的“热门”视频列表

单击“作品列表”中对应视频所在的区域，进入视频数据分析界面，查看“视频详情”和“点赞趋势”。

如图 10-9 所示为某微信视频号视频的“视频详情”界面。在该界面中，不仅可以查看视频内容，还可以查看视频的“TOP5 评论热词出现占比”情况。该视频的评论热词主要有“朋友”“信任”“两地”“为啥”和“人间蒸发”。其中，“朋友”一词的评论热词占比为 15%，“信任”一词的评论热词占比为 10%，其他三个词汇的评论热词占比为 5%。

图 10-9　某微信视频号视频的“视频详情”界面

10.2.3　作品特征分析

“作品列表”的下方是“作品特征”板块。在该版块中，可以查看已发布微信视频号视频“最常使用的话题”和“内容词语”的相关信息。

如图 10-10 所示为某微信视频号的“作品特征”情况。该账号作品中“最常使用的话题”包括“音乐”“情感”“改编歌曲”“点关注看更多”和“一首歌一个故事”。该账号已发布内容中经常出现的词汇包括“心语”“情感”“驿站”和“阳光”等。

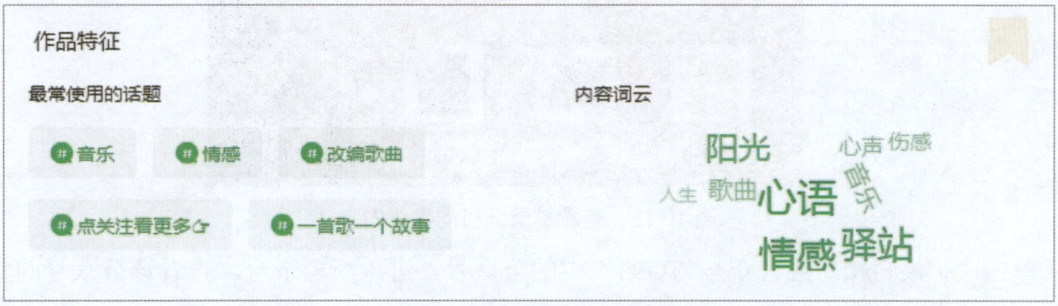

图 10-10　某微信视频号视频的“作品特征”情况

10.2.4　挂链概况分析

“作品特征”的下方是“挂链概况”板块。在“挂链概况”板块，可以查看微信视频号的“挂链作品数”“挂链作品占比”“挂链关联的公众号数”“挂链作品获赞中位数”“扩展链接列表 TOP3”及其链接的使用次数、“扩展链接对应公众号 TOP3”及其公众号的挂链篇数。如图 10-11 所示为某微信视频号的“挂链概况”。

该微信视频号的“挂链作品数”为 75 个，“挂链作品占比”为 32.05%，“挂链关联的公众号数”为 6 个，“挂链作品获赞中位数”为 97 506 次。另外，某个扩展链接在该微信视频号中使用了 8 次，某个微信功能公众号中有 56 篇推文的链接被放置在该微信视频号中。

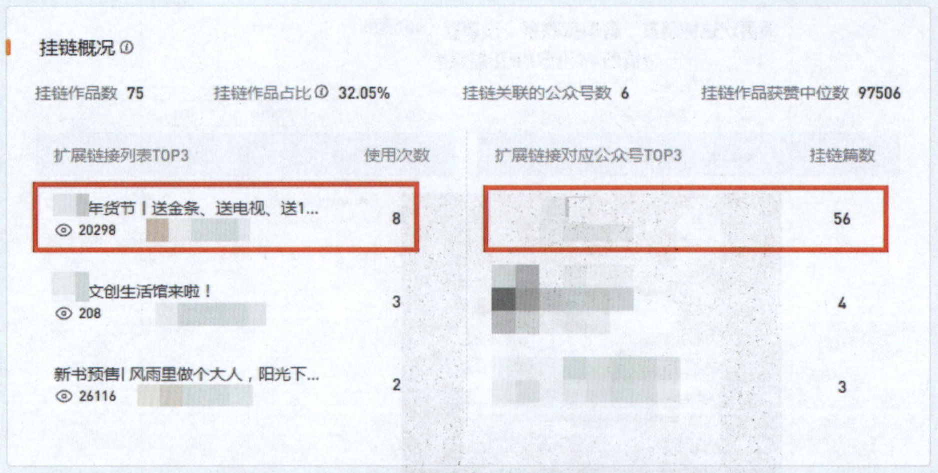

图 10-11　某微信视频号的“挂链概况”

单击“挂链概况”板块中的扩展链接，查看该扩展链接的具体内容，如图 10-12 所示。

图 10-12　查看扩展链接的具体内容

单击“扩展链接对应公众号 TOP3”中的公众号，进入新榜平台，查看该公众号的数据分析，如图 10-13 所示。

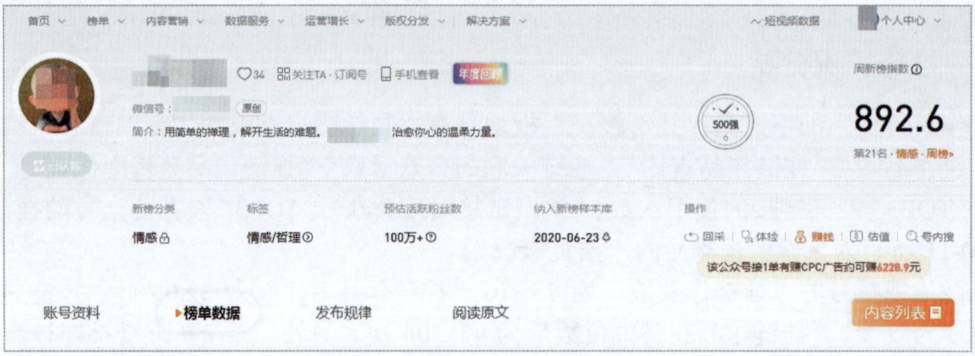

图 10-13　查看公众号的数据分析

10.2.5　作品获赞分布

“挂链概况”的下方是“作品获赞分布”板块。在“作品获赞分布”板块中，可以查看微信视频号数据的样本数（数据计算的作品总数）、作品点赞数分布范围“最多”的作品个数和占比情况，以及作品在各点赞范围内的分布个数。

如图 10-14 所示为某微信视频号的“作品获赞分布”情况。该微信视频号中点赞数超过 10 万次的作品为 127 个，在所有记录的作品中占比 54.27%。另外，可以将鼠标停留在点赞分布图中，查看某个点赞范围内的作品数量。可以看出，该微信视频号中有 59 个作品的点赞数在 5 万到 10 万次之间。

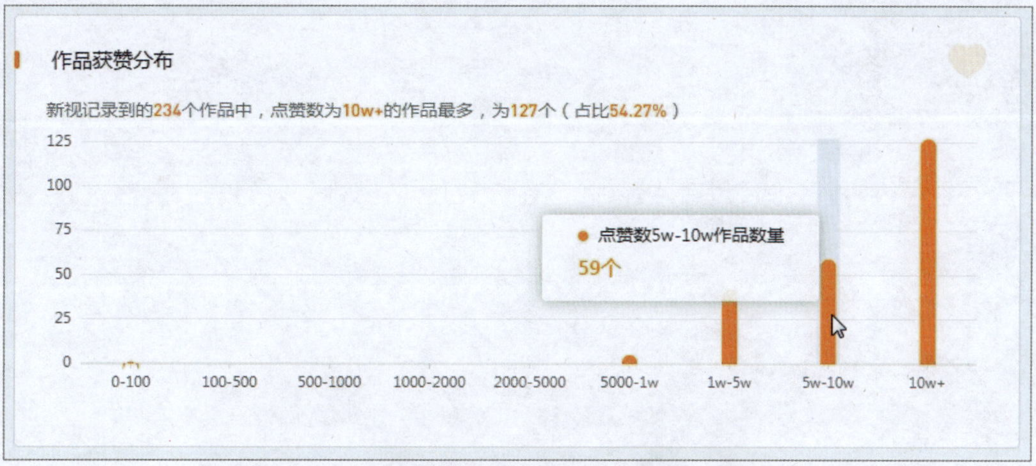

图 10-14　某微信视频号的“作品获赞分布”情况

本章小结

本章对微信视频号的数据分析进行了详细介绍，主要包括账号概况分析和作品数据分析。查看和分析账号的作品数据又具体表现为“整体数据表现”“作品列表”“作品特征”“挂链概况”和“作品获赞分布”五大板块。

本章习题

1. 如何对微信视频号的账号概况进行分析？
2. 在“作品列表”板块中，可以查看哪些数据？

第 11 章　西瓜视频数据分析

本章导读

随着西瓜视频总裁提出的“中视频”概念，以及西瓜视频平台对视频创作者的大力扶持，许多人开始入驻西瓜视频平台。但是，许多人入驻西瓜视频之后，却不知道如何进行数据分析。其实，西瓜视频平台的后台提供了系统的数据，只需进入后台查看和分析数据即可。

本章重点

➢ 内容管理数据分析
➢ 账号内容数据分析
➢ 账号粉丝数据分析
➢ 账号收益数据分析

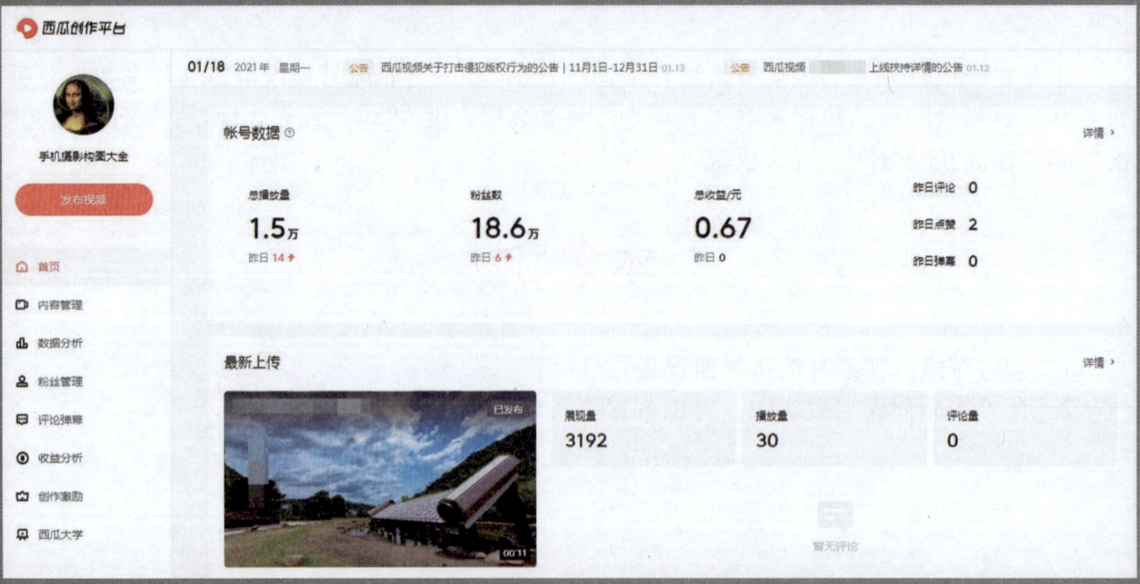

11.1 内容管理数据分析

西瓜视频的“创作平台”，专门设置了一些数据分析板块。可以进入该平台直接查看和分析账号的相关数据，进入西瓜视频平台的“首页”界面，❶单击界面右上方的账号头像；在弹出的下拉列表框中，❷选择“创作平台”选项，如图 11-1 所示。

图 11-1 选择“创作平台”选项

进入西瓜视频“创作平台”的“首页”界面。在该界面中，可以查看账号的总体数据、昨日数据和“最新上传”内容的相关数据，如图 11-2 所示

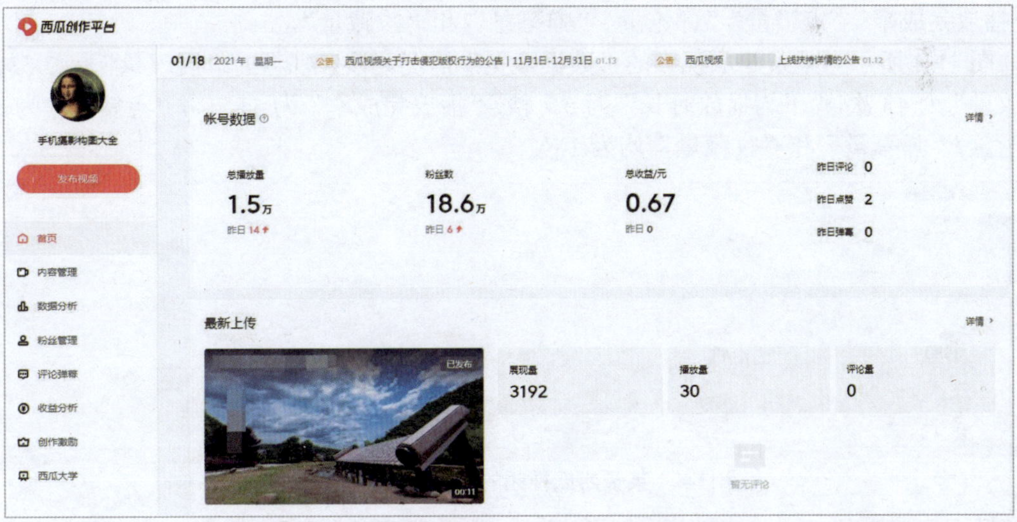

图 11-2 西瓜视频“创作平台”的“首页”界面

在“首页”界面有一个菜单栏，可以通过单击菜单栏中的按钮，查看账号的相关数据。例如，单击菜单栏中的“内容管理”按钮，便可查看每个已发布视频和小视频的相关数据。

11.1.1 单条视频数据分析

单击菜单栏中的“内容管理”按钮，会自动进入“视频”界面。在该界面，可以查看每个已发布视频的“展现（量）”“播放（量）”“点赞（量）”“评论（量）”“弹幕（量）和“收藏（量）”。如图 11-3 所示为某西瓜视频账号“内容管理”的“视频”界面。

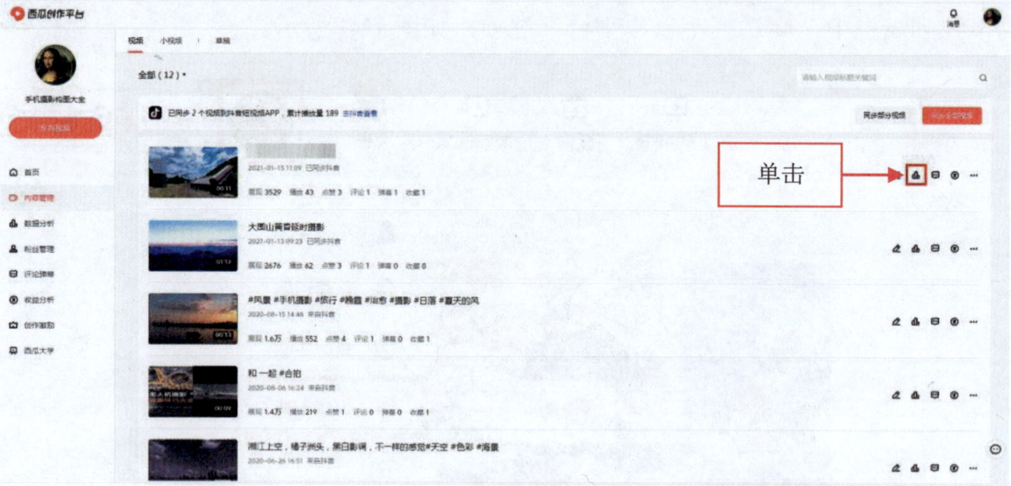

图 11-3　某西瓜视频账号“内容管理”的“视频”界面

可以单击对应视频后方的图标，进入“数据分析”界面，查看该视频的相关数据。在“数据分析”界面，可以查看单条视频的“概览”“流量分析”和“观众分析”。

在“概览”界面，可以查看单条视频的“数据概览”“数据趋势”“播放完成率明细”和“弹幕分析”。在“数据概览”板块，可以查看单条视频的“展现量”“播放量”“平均播放时长”“播放完成率”“点赞量”“评论量”“弹幕量”和“收藏量”。

如图 11-4 所示为某条西瓜视频的“数据概览”情况。该条视频的“展现量”为 3 530 次，“播放量”为 43 次，“平均播放时长”为 6.7 秒，“播放完成率”为 51.7%，“点赞量”为 3 次，“评论量”“弹幕量”和“收藏量”均为 1 次。

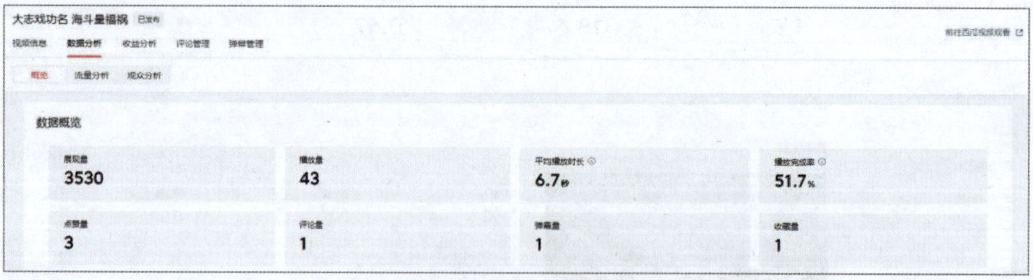

图 11-4　某条西瓜视频的“数据概览”情况

“数据概览”的下方是“数据趋势”板块。在“数据趋势”板块，可以查看单条视频的“展现（量）”“播放（量）”“平均播放时长”“播放完成率”“点赞（量）”“评论（量）”“弹幕（量）”和“收藏（量）”的变化趋势。如图 11-5 所示为某条西瓜视频的“展现（量）”变化趋势。

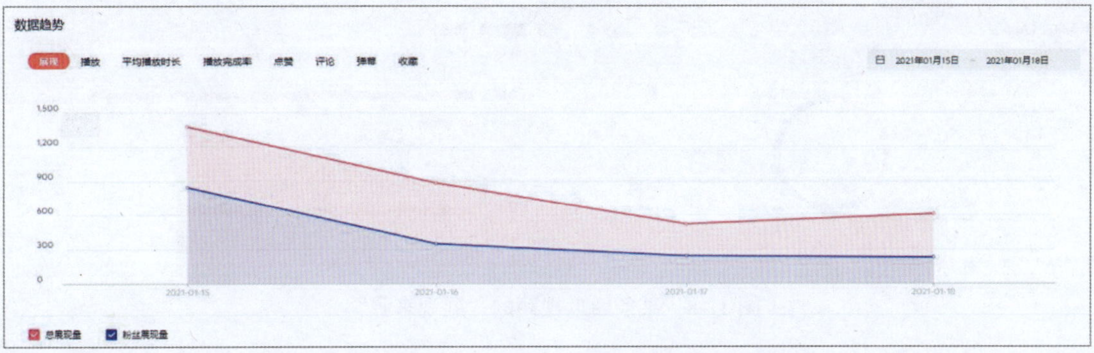

图 11-5　某条西瓜视频的“展现（量）”变化趋势

“数据趋势”的下方是“播放完成率明细”板块。在“播放完成率明细”板块，可以查看单条视频每一秒对应的播放完成率。如图 11-6 所示为某条西瓜视频的“播放完成率明细”。

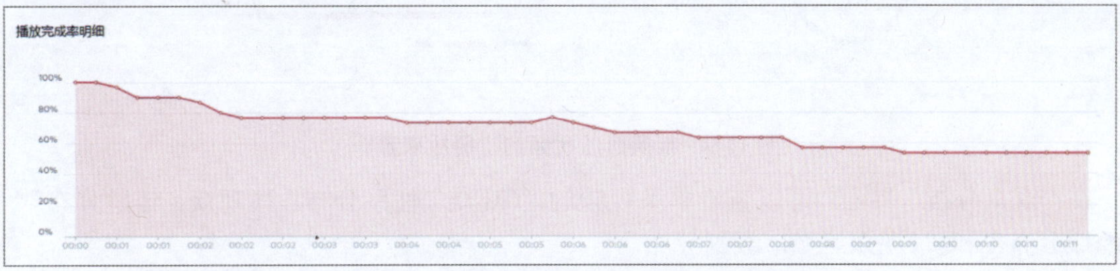

图 11-6　某条西瓜视频的“播放完成率明细”

“播放完成率明细”的下方是“弹幕分析”板块。在“弹幕分析”板块，可以查看单条视频每一秒收到的对应弹幕数。如图 11-7 所示为某条西瓜视频的“弹幕分析”。

图 11-7　某条西瓜视频的“弹幕分析”

在“流量分析”界面，可以查看单条视频的“展现来源”和“播放来源”。在“展现来源”板块，可以查看各 APP 和各位置的流量来源占比。如图 11-8 所示为某条西瓜视频的“展现来源”。从这条视频的 APP 流量来源来看，来自今日头条 APP 的流量占比为 50.42%，来自西瓜视频 APP 的流量占比为 40.72%，来自今日头条极速版 APP 的流量占比为 8.86%。而从这条视频的位置流量来源来看，来自“推荐页”的流量较多，其占比高达 47.1%。

如图 11-9 所示为某条西瓜视频的“播放来源”。从这条视频的 APP 播放来源来看，来自今日头条 APP 的播放量占比为 42.1%，来自西瓜视频 APP 的播放量占比为 44.74%，来自今日头条极速版 APP 的播放量占比为 13.16%。而从这条视频的位置播放来源来看，来自“推荐页”的播放量较多，其占比高达 52.6%。

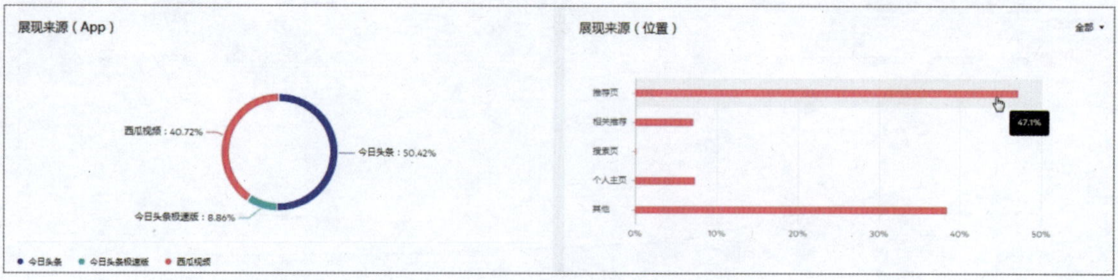

图 11-8　某条西瓜视频的“展现来源”

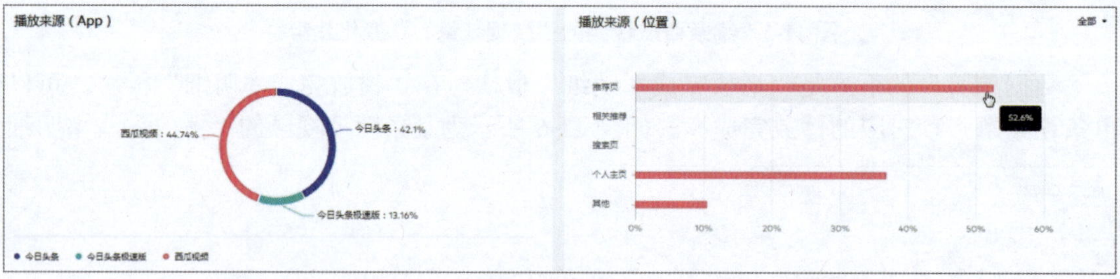

图 11-9　某条西瓜视频的“播放来源”

在“观众分析”界面，可以查看单条视频的“（观众）性别分布”“（观众）年龄分布”“观众地域分布”和“（观众）城市级别分布”。

在“（观众）性别分布”板块，可以查看单条视频的观众性别比例。如图 11-10 所示为某条西瓜视频的“（观众）性别分布”。该条视频的观众中，男性占比为 71.79%，女性占比为 28.21%。

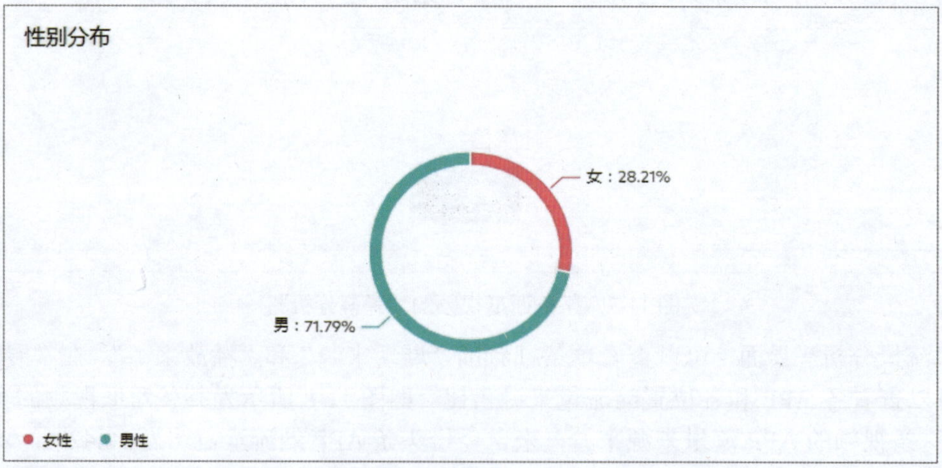

图 11-10　某条西瓜视频的“（观众）性别分布”

“（观众）性别分布”的下方是“（观众）年龄分布”板块。在“（观众）年龄分布”板块，可以查看单条西瓜视频的观众年龄占比情况。如图 11-11 所示为某条西瓜视频的“（观众）年龄分布”。该条西瓜视频的观众中，年龄大于 50 岁的观众比较多，其占比高达 46.2%。

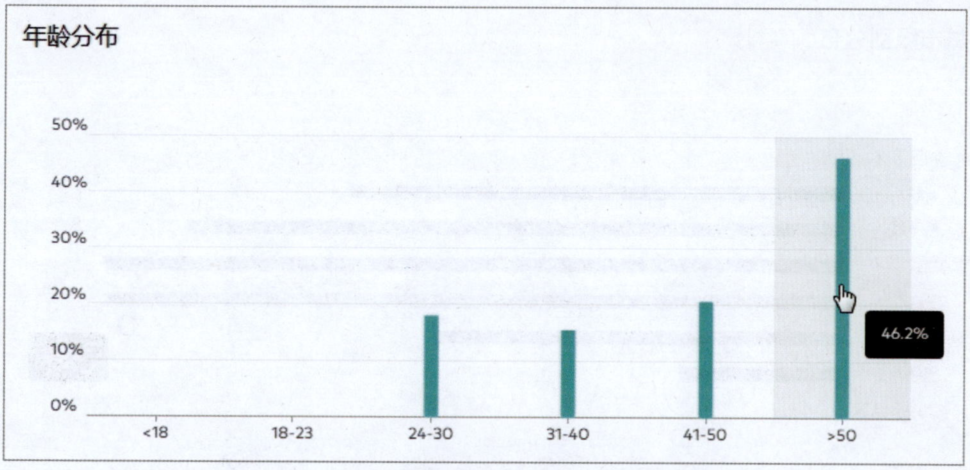

图 11-11　某条西瓜视频的“（观众）年龄分布”

“（观众）年龄分布”的下方是“观众地域分布”板块。在“观众地域分布”板块，可以查看单条西瓜视频的观众分布图和省级行政区观众占比情况。如图 11-12 所示为某条西瓜视频的省级行政区观众占比情况。该条西瓜视频的观众中，湖南省、广东省、河北省、北京市、黑龙江省、辽宁省、山东省、新疆省、贵州省和甘肃省这十个省级行政区的观众占比较高，其中，湖南省的观众占比更是高达 20.5%。

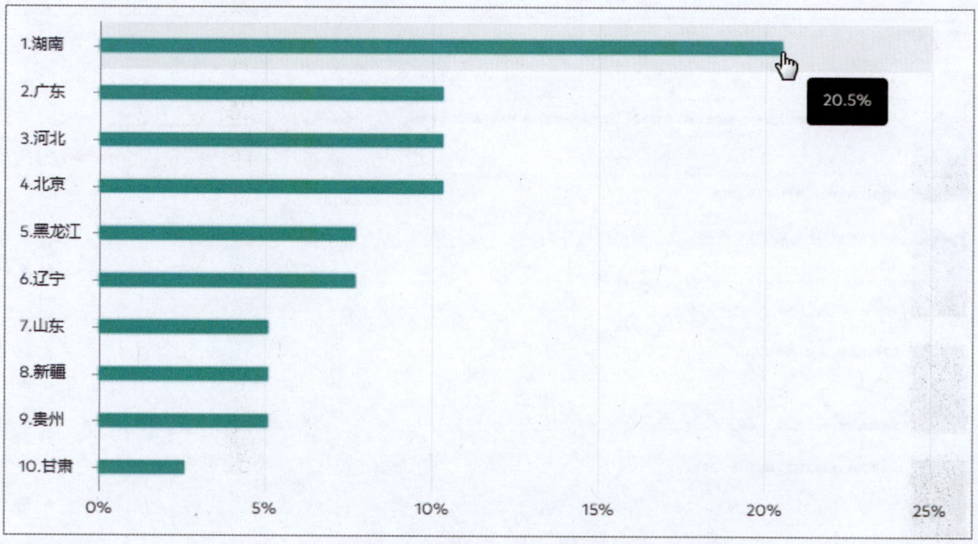

图 11-12　某条西瓜视频的省级行政区观众占比情况

“观众地域分布”的下方是“（观众）城市地级分布”板块。在“（观众）城市地级分布”板块，可以查看单条西瓜视频的各线城市观众占比情况。如图 11-13 所示为某条西瓜视频的“（观众）城市地级分布”。该条西瓜视频的观众中，二线和三线城市的观众占比较高，其中，三线城市观众的占比更是高达 23.1%。

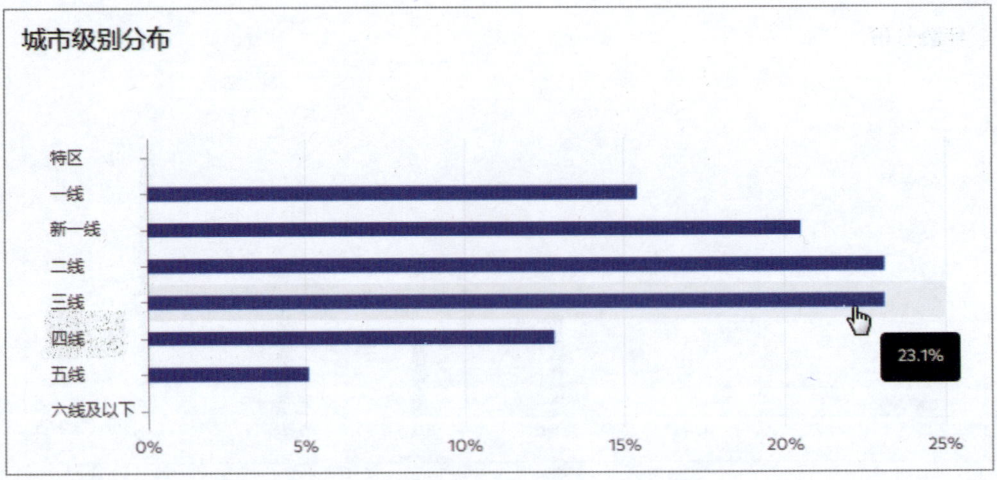

图 11-13　某条西瓜视频的“（观众）城市地级分布”

11.1.2　单条小视频数据分析

在“视频”界面，单击“小视频”按钮，便可进入“小视频”界面，查看已发布小视频的“展现（量）”“播放（量）”“点赞（量）”“评论（量）”和“收藏（量）”。如图 11-14 所示为某西瓜视频账号“内容管理”的“小视频”界面。

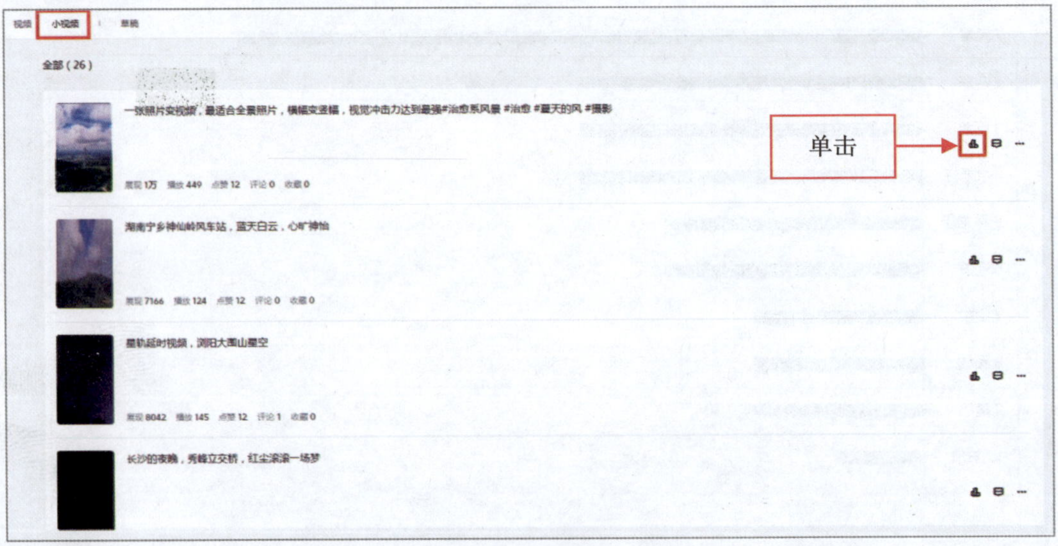

图 11-14　某西瓜视频账号“内容管理”的“小视频”界面

可以单击对应小视频后方的图标，进入“数据分析”界面，查看该小视频的相关数据。在“数据分析”界面，可以查看小视频的“概览”“流量分析”和“观众分析”。其中，在“概览”界面中，可以查看小视频的“数据概览”“数据趋势”和“弹幕分析”。

如图 11-15 所示为某条西瓜小视频的“数据概览”情况。该条小视频的“展现量”为 1 万次，“播放量”为 452 次，“平均播放时长”为 11.8 秒，“播放完成率”为 0%，“点赞量”为 13 次，“评论量”和“收藏量”均为 1 次。

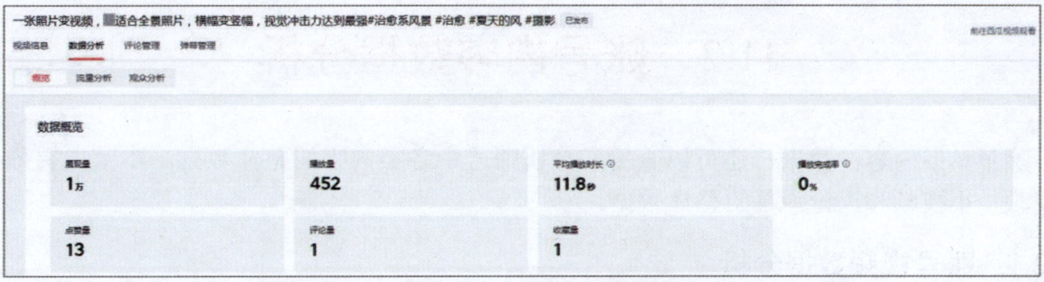

图 11-15　某条西瓜小视频的“数据概览”情况

在“流量分析”界面，可以查看单条小视频的“展现来源”和“播放来源”。在“展现来源”板块中，可以查看各 APP 和各位置的流量来源占比。

如图 11-16 所示为某条西瓜小视频的“展现来源”。从这条视频的 APP 流量来源来看，来自今日头条 APP 的流量占比为 50.41%，来自西瓜视频 APP 的流量占比为 48.76%，来自今日头条极速版 APP 的流量占比为 0.83%。而从这条视频的位置流量来源来看，来自“个人主页”的流量较多，其占比高达 43%。

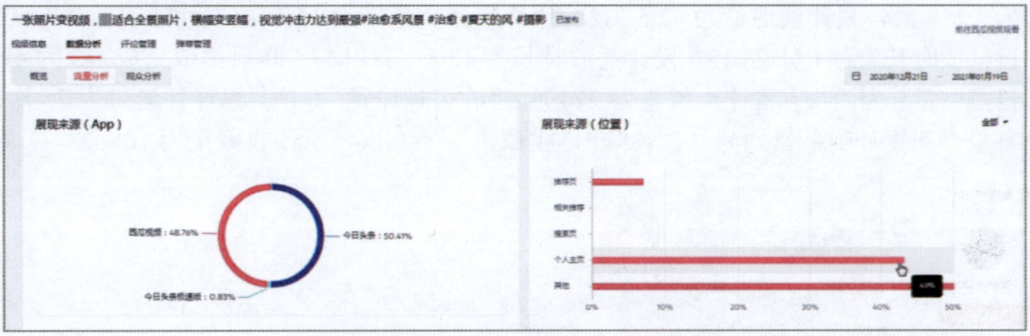

图 11-16　某条西瓜小视频的“展现来源”

在“观众分析”界面，可以查看单条小视频的“（观众）性别分布”“（观众）年龄分布”“观众地域分布”和“（观众）城市级别分布”。如图 11-17 所示为某条西瓜小视频的“（观众）性别分布”和“（观众）年龄分布”。从观众的性别分布来看，男性占比为 75%，女性占比为 25%；从观众的年龄分布来看，41～50 岁的观众比较多，其占比高达 50%。

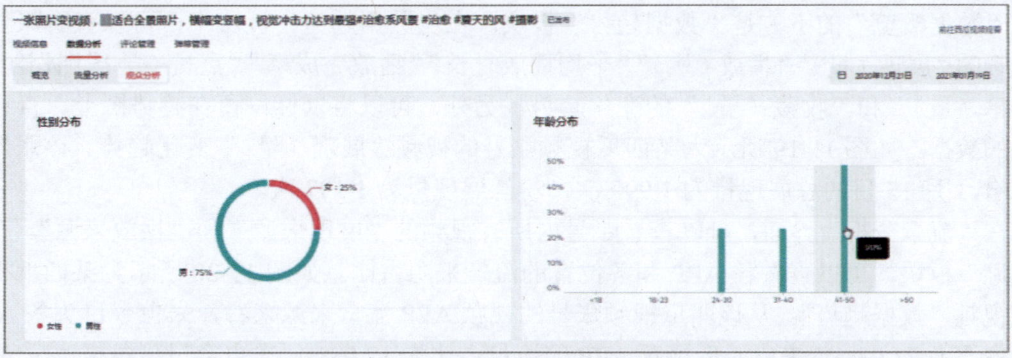

图 11-17　条西瓜小视频的“（观众）性别分布”和“（观众）年龄分布”

11.2 账号内容数据分析

除了单条内容的数据，还可以查看和分析账号中各类内容的整体数据。本节主要分析账号视频、小视频和评论弹幕的整体数据。

11.2.1 账号视频数据分析

单击左侧菜单栏中的“数据分析”按钮，便可进入账号“视频”数据分析界面。在该界面，可以查看账号内所有视频的“概览”“流量分析”和“观众分析”。

在“概览”界面，可以查看账号内所有视频的“数据概览”和“数据趋势”。在“数据概览”板块，可以查看账号内所有视频的“昨日展现量”“昨日播放量”“昨日播放时长”“昨日播放完成率”“昨日点赞量”“昨日评论量”“昨日弹幕量”和“昨日收藏量”，以及部分数据的累计量。

如图 11-18 所示为某西瓜视频账号的视频“数据概览”情况。该账号视频的“昨日展现量”为 1 127 次，累计展现量为 43.5 万次；“昨日播放量”为 14 次，累计播放量为 6 509 次；“昨日播放时长”为 1 分 23 秒，累计播放时长为 12.8（小）时；“昨日播放完成率”为 49.7%；“昨日点赞量”为两次，累计点赞量为 274 次；“昨日评论量”0 次，累计评论量为 25 次；“昨日弹幕量”和累计弹幕量均为 0 次；“昨日收藏量”为 0 次，累计收藏量为 106 次。

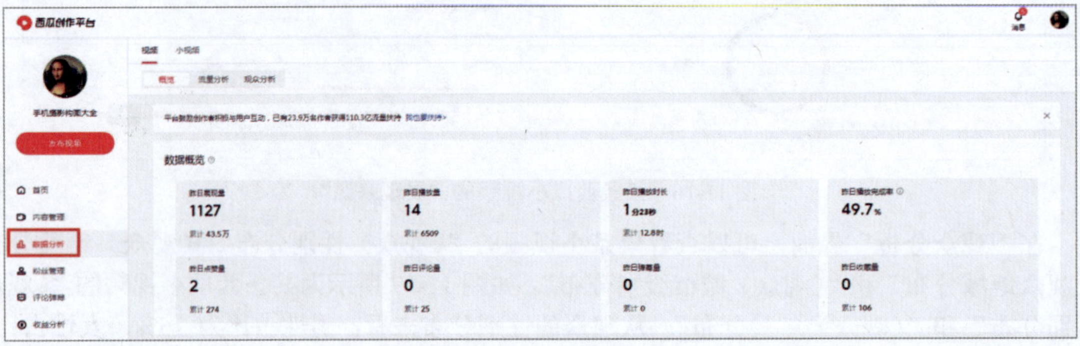

图 11-18　某西瓜视频账号的视频“数据概览”情况

“数据概览”的下方是“数据趋势”板块。在“数据趋势”板块中，可以查看账号内所有视频的“展现（量）”“播放（量）”“平均播放时长”“播放完成率”“点赞（量）”“评论（量）”“弹幕（量）”和“收藏（量）”的变化趋势。另外，可以将鼠标停留在趋势图上，查看具体日期的数据。如图 11-19 所示为某西瓜视频账号的视频“展现（量）”变化趋势。该账号视频 2021 年 1 月 15 日的总展现量为 1 999 次，粉丝展现量为 1 197 次。

在“流量分析”界面，可以查看账号内所有视频的“展现来源”和“播放来源”。在“展现来源”板块，可以查看各 APP 和各位置的流量来源占比。如图 11-20 所示为某西瓜视频账号的视频“数据趋势”。从该西瓜视频账号的视频 APP 流量来源来看，来自今日头条 APP 的流量占比为 73.98%；来自西瓜视频 APP 的流量占比为 17.08%；来自今日头条极速版 APP 的流量占比为 8.94%。从该西瓜视频账号的视频位置流量来源来看，来自“个人主页”的流量较多，其占比高达 70%。

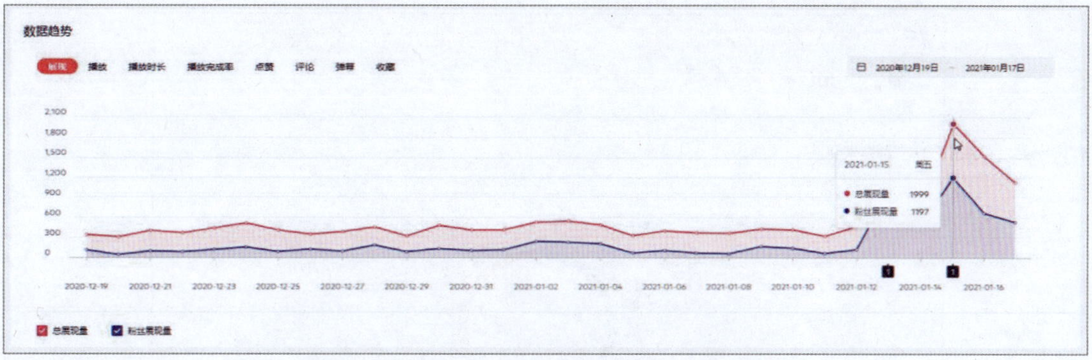

图 11-19　某西瓜视频账号的视频“数据趋势”

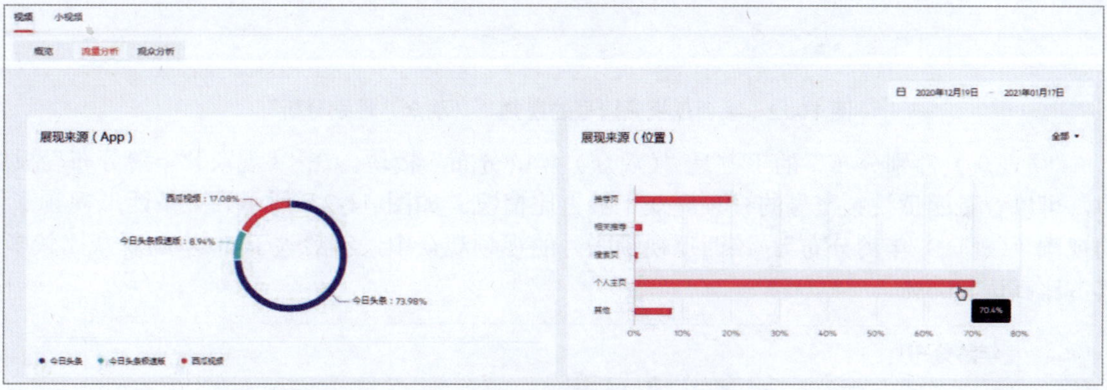

图 11-20　某西瓜视频账号的视频“展现来源”

如图 11-21 所示为某西瓜视频账号的视频“播放来源”。从该西瓜视频账号的视频 APP 播放来源来看，来自今日头条 APP 的播放量占比为 52.49%，来自西瓜视频 APP 的播放量占比为 45.25%，来自今日头条极速版 APP 的播放量占比为 2.26%。而从该西瓜视频账号的视频位置播放来源来看，来自“个人主页”的播放量较多，其占比高达 52.9%。

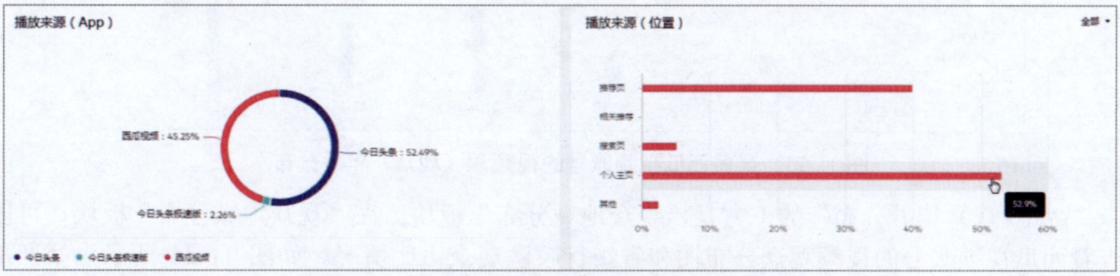

图 11-21　某西瓜视频账号的视频“播放来源”

在“观众分析”界面，可以查看账号内所有视频的“（观众）性别分布”“（观众）年龄分布”“观众地域分布”和“（观众）城市级别分布”。

在“（观众）性别分布”板块，可以查看账号内所有视频的观众性别比例。如图 11-22 所示为某西瓜视频账号的视频“（观众）性别分布”。该西瓜视频账号的视频观众中，男性占比为 64.73%，女性占比为 35.27%。

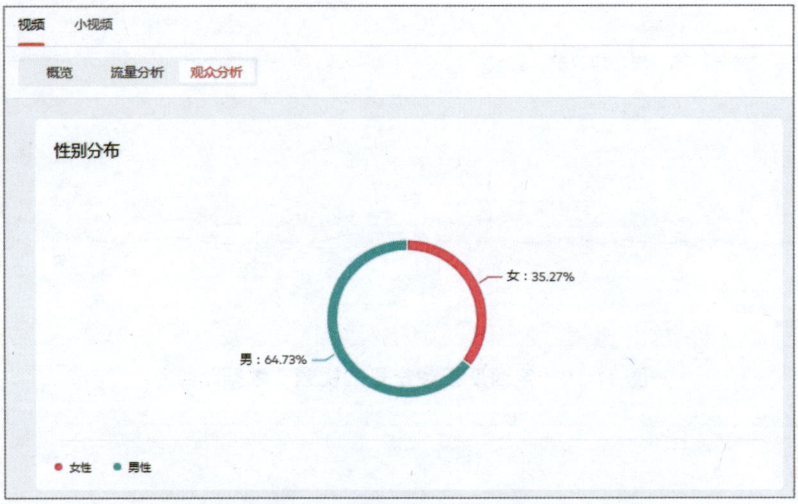

图 11-22　某西瓜视频账号的视频“（观众）性别分析”

“（观众）性别分布”的下方是“（观众）年龄分布”板块。在“（观众）年龄分布”板块中，可以查看西瓜视频账号的视频观众年龄占比情况。如图 11-23 所示为某条西瓜视频账号的视频“（观众）年龄分布”。该西瓜视频账号的视频观众中，年龄大于 50 岁的观众比较多，其占比高达 54.5%。

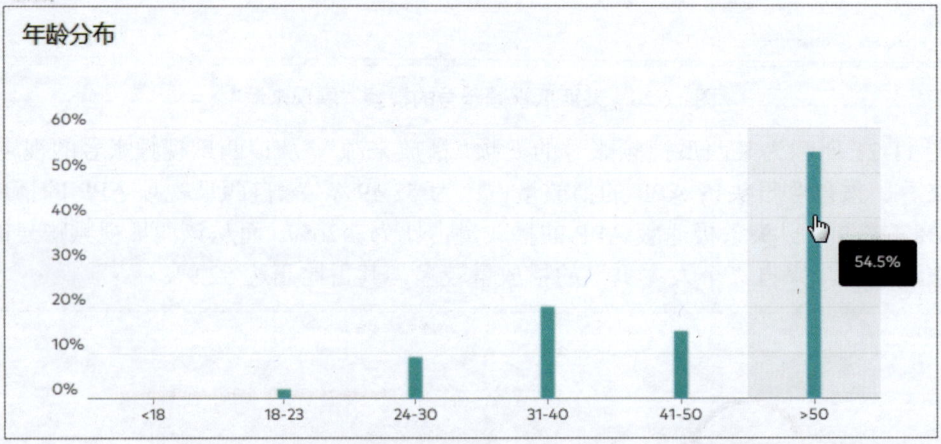

图 11-23　某条西瓜视频账号的视频“（观众）年龄分布”

“（观众）年龄分布”的下方是“观众地域分布”板块。在“观众地域分布”板块，可以查看西瓜视频账号的视频观众分布图和省级行政区观众占比情况。如图 11-24 所示为某西瓜视频账号的视频省级行政区观众占比情况。该西瓜视频账号的视频观众中，上海市、广东省、北京市、湖南省、湖北省、辽宁省、重庆市、浙江省、安徽省和山东省这十个省级行政区的观众占比较高，其中，上海市的观众占比更是达到了 9.4%。

“观众地域分布”的下方是“（观众）城市地级分布”板块。在“（观众）城市地级分布”板块，可以查看西瓜视频账号的视频观众各线城市占比情况。如图 11-25 所示为某西瓜视频账号的视频“（观众）城市地级分布”。该西瓜视频账号的视频观众中，新一线城市的观众占比较高，其占比高达 27.7%。

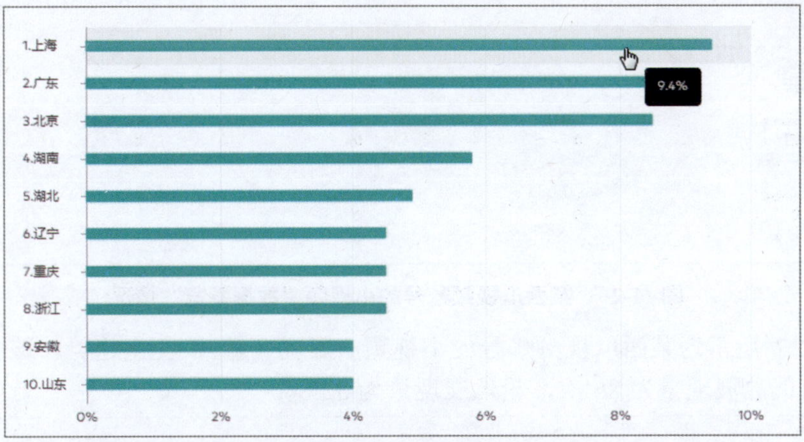

图 11-24　某西瓜视频账号的视频省级行政区观众占比情况

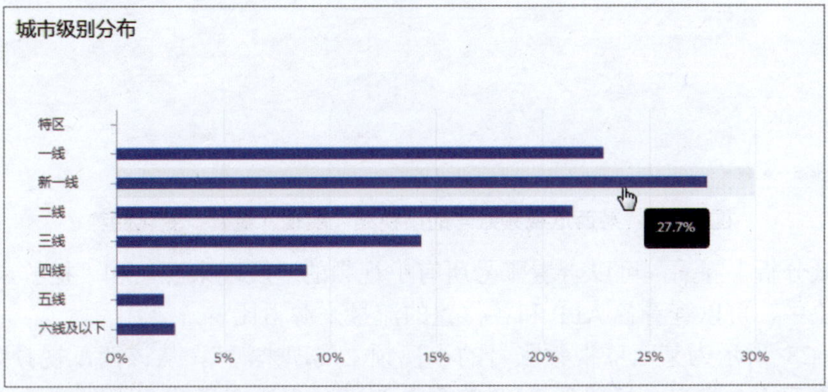

图 11-25　某西瓜视频账号的视频“（观众）城市地级分布”

11.2.2　账号小视频数据分析

单击“视频”界面中的“小视频”按钮，进入“小视频”界面。在该界面，可以查看账号内所有小视频的“概览”“流量分析”和“观众分析”。在“概览”界面，可以查看账号内所有小视频的“数据概览”和“数据趋势”。在“数据概览”板块，可以查看账号内所有视频的“昨日展现量”“昨日播放量”“昨日播放时长”“昨日播放完成率”“昨日点赞量”“昨日评论量”和“昨日收藏量”，以及部分数据的累计量。

如图 11-26 所示为某西瓜视频账号的小视频“数据概览”情况。该账号小视频的“昨日展现量”为 57 次，累计展现量为 16.3 万次；“昨日播放量”为 0 次，累计播放量为 8 776 次；“昨日播放时长”为 0 秒，累计播放时长为 170.7（小）时；“昨日播放完成率”为 0%；“昨日点赞量”为 0 次，累计点赞量为 105 次；“昨日评论量”0 次，累计评论量为 13 次；“昨日收藏量”为 0 次，累计收藏量为 893 次。

“数据概览”的下方是“数据趋势”板块。在“数据趋势”板块，可以查看账号内所有小视频的“展现（量）”“播放（量）”“平均播放时长”“播放完成率”“点赞（量）”“评论（量）”“弹幕（量）”和“收藏（量）”的变化趋势。另外，将鼠标停留在趋势图上，查看具体日期的数据。

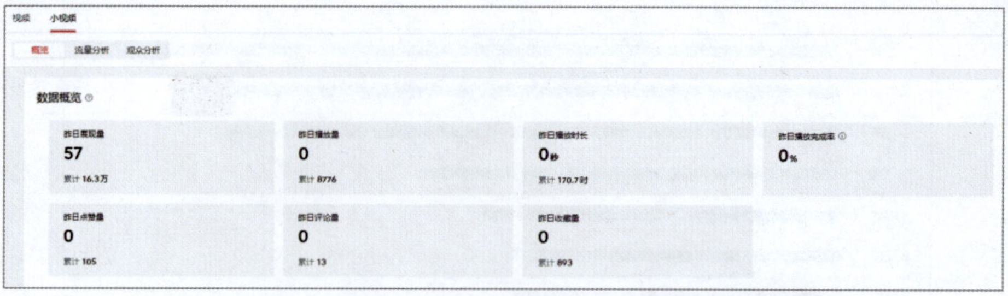

图 11-26　某西瓜视频账号的小视频“数据概览”情况

如图 11-27 所示为某西瓜视频账号的小视频“展现（量）”变化趋势。该账号视频 2021 年 12 月 28 日的总展现量为 86 次，粉丝展现量为 32 次。

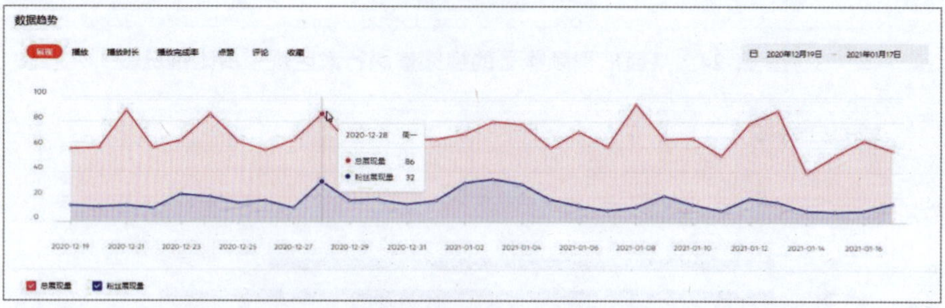

图 11-27　某西瓜视频账号的小视频“展现（量）”变化趋势

在“流量分析”界面，可以查看账号所有小视频的“展现来源”和“播放来源”。在“展现来源”板块中，可以查看各 APP 和各位置的流量来源占比。

如图 11-28 所示为某西瓜视频账号的小视频“展现来源”。从该西瓜视频账号的小视频 APP 流量来源来看，来自今日头条 APP 的流量占比为 66.63%；来自西瓜视频 APP 的流量占比为 26.44%；来自今日头条极速版 APP 的流量占比为 6.93%。从该西瓜视频账号的小视频位置流量来源来看，来自“个人主页”的流量较多，其占比高达 93.6%。

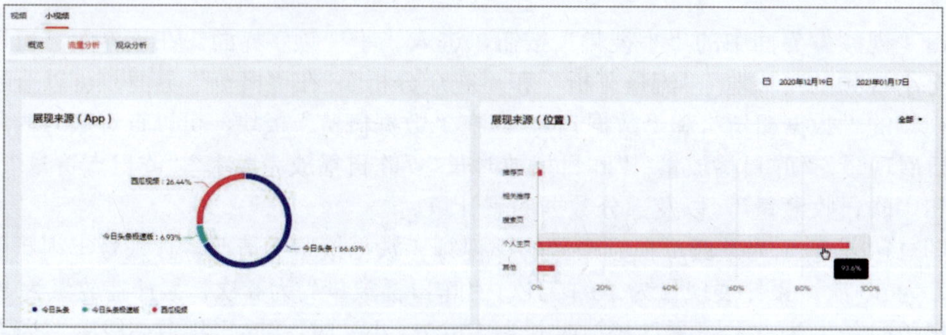

图 11-28　某西瓜视频账号的小视频“展现来源”

在“观众分析”界面，可以查看西瓜视频账号的小视频“（观众）性别分布”“（观众）年龄分布”“观众地域分布”和“（观众）城市级别分布”。

如图 11-29 所示为某西瓜视频账号的小视频“（观众）性别分布”和“（观众）年龄分布”。从观众的性别分布来看，男性占比为 90%，女性占比为 10%；从观众的年龄分布来看，41～50 岁的观众比较多，其占比高达 60%。

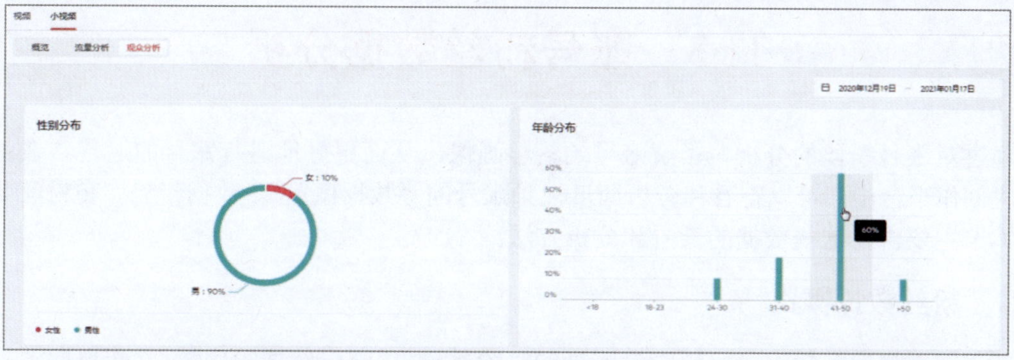

图 11-29　某西瓜视频账号的小视频“（观众）性别分布”和“（观众）年龄分布”

11.2.3　账号评论弹幕分析

单击左侧菜单栏中的“评论弹幕”按钮，进入“评论”界面，查看用户对账号已发布内容的评论。可以按照“最新发布”“回复最多”和“点赞最多”查看用户的评论。

如图 11-30 所示为某西瓜视频账号的“评论”界面。该“评论”界面就是按照“最新发布”对用户评论进行呈现的。

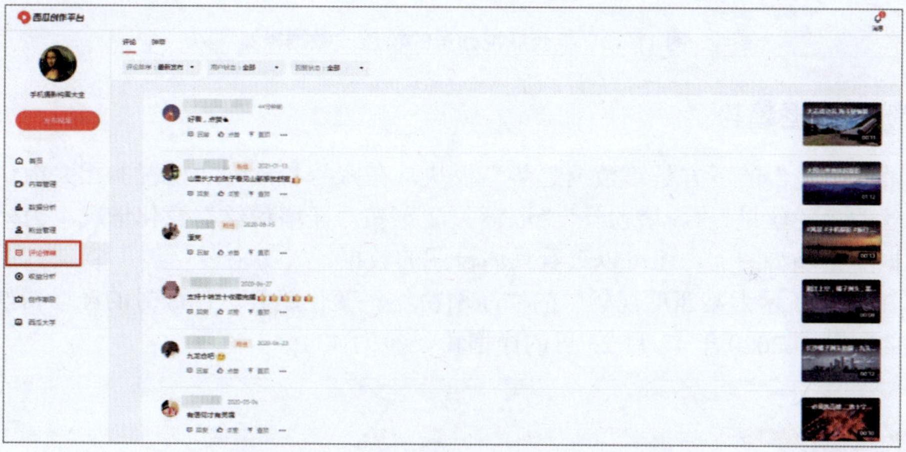

图 11-30　某西瓜视频账号的“评论”界面

单击“评论”界面中的“详情”按钮，进入“弹幕”界面，查看用户在账号已发布内容中发送的弹幕，以及弹幕的发送位置。如图 11-31 所示为某西瓜视频账号的“弹幕”界面。

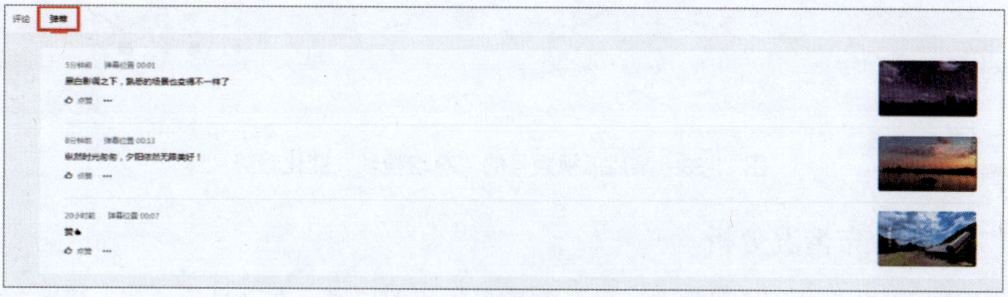

图 11-31　某西瓜视频账号的“弹幕”界面

11.3 账号粉丝数据分析

通过对账号粉丝的分析，了解账号的粉丝画像，从而更好地进行账号的运营。在西瓜视频的“创作平台中，可以查看和分析西瓜视频账号的“数据概览”“数据趋势”和粉丝分布情况。本节主要讲述这些数据的查看和分析方法。

11.3.1 粉丝数据概览

在“数据概览”板块，可以查看账号的“粉丝量”“昨日新增粉丝量”“昨日取消关注”和“昨日净增粉丝。

如图 11-32 所示为某西瓜视频号的粉丝“数据概览”。该账号的“粉丝量”为 186 970，“昨日新增粉丝量”为 27，“昨日取消关注”为 21，“昨日净增粉丝”为 6。

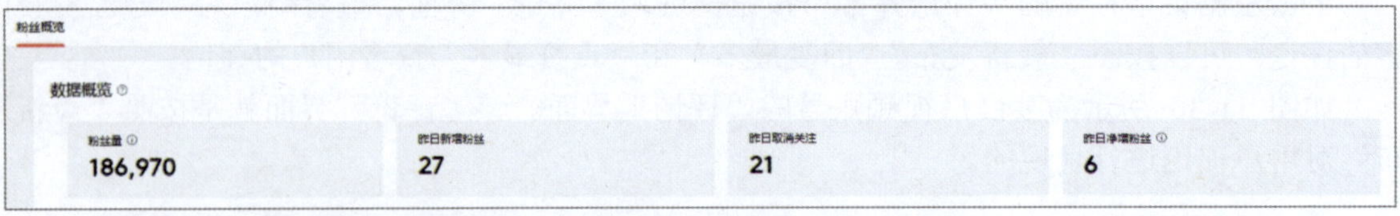

图 11-32 某西瓜视频号的粉丝“数据概览”

11.3.2 粉丝数据趋势

在“数据概览”的下方是“数据趋势”板块。在账号粉丝分布情况的相关板块，可以查看账号粉丝的“粉丝量”“新增粉丝”“取消关注”和“净增粉丝”变化情况。另外，将鼠标停留在数据变化趋势图上，还可以查看具体日期的数据。

如图 11-33 所示为某西瓜视频号的“净增粉丝”变化趋势。该账号的净增粉丝量变化是比较剧烈的，其中 2020 年 12 月 23 日的净增粉丝量为 43。

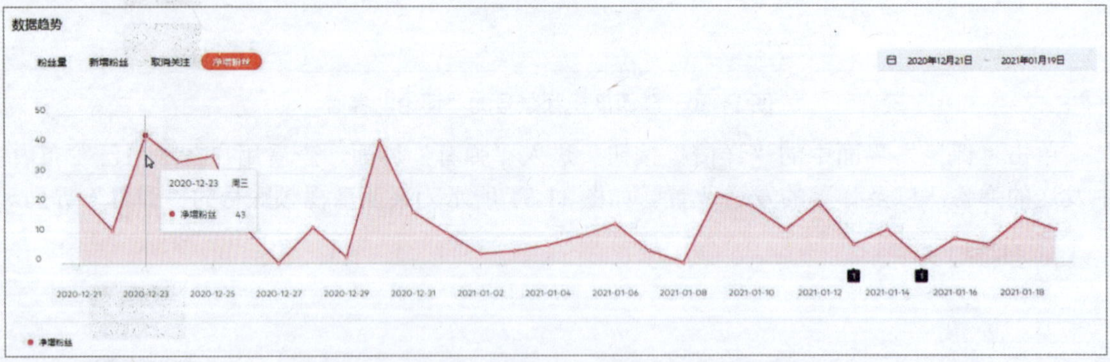

图 11-33 某西瓜视频号的“净增粉丝”变化趋势

11.3.3 粉丝分布情况分析

在“数据趋势”的下方是账号粉丝分布情况的相关板块。在账号粉丝分布情况的相关板块，可以查看账号粉丝的“（粉丝）性别分布”“（粉丝）年龄分布”“粉丝地域分布”和“（粉丝）城市级别分布”。

在“（粉丝）性别分布”板块，可以查看账号粉丝的性别比例。如图 11-34 所示为某西瓜视频账号的“（粉丝）性别分布”。该西瓜视频账号的粉丝中，男性占比为 72.71%，女性占比为 27.29%。“（粉丝）性别分布”的下方是“（粉丝）年龄分布”板块。在“（粉丝）年龄分布”板块中，可以查看西瓜视频账号的粉丝年龄占比情况。

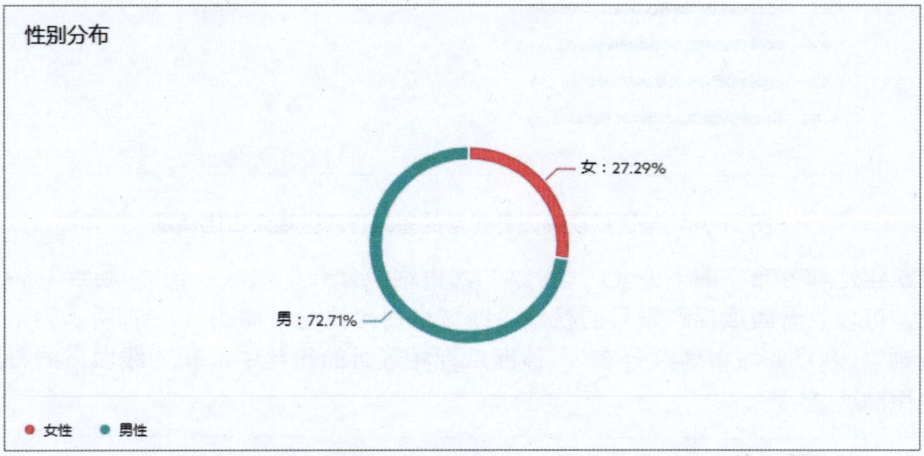

图 11-34　某西瓜视频账号的“（粉丝）性别分布”

如图 11-35 所示为某西瓜视频账号的“（粉丝）年龄分布”。该西瓜视频账号的粉丝中，年龄大于 50 岁的粉丝比较多，其占比为 30.9%。

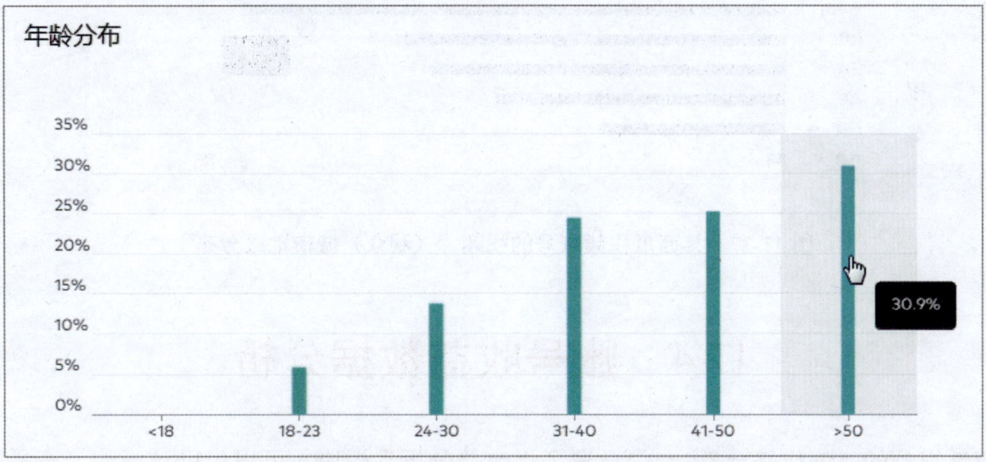

图 11-35　某西瓜视频账号的“（粉丝）年龄分布”

在“（观众）年龄分布”的下方是“粉丝地域分布”板块。在“粉丝地域分布”板块，可以查看西瓜视频账号的粉丝分布图和省级行政区粉丝占比情况。

如图 11-36 所示为某西瓜视频账号粉丝的省级行政区观众占比情况。该西瓜视频账号的粉丝中，广东市、北京市、江苏省、山东省、四川省、河南省、浙江省、湖北省、上海市和陕西省这十个省级行政区的粉丝占比较高，其中，广东省的粉丝占比更是达到了 11.8%。

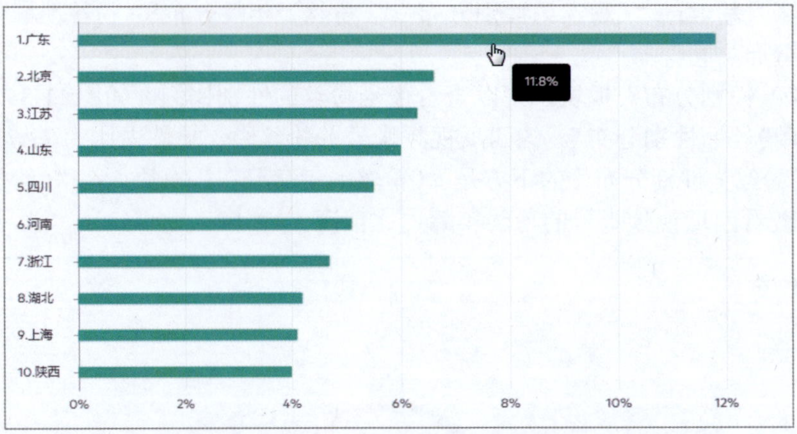

图 11-36　某西瓜视频账号粉丝的省级行政区观众占比情况

在“粉丝地域分布”的下方是“（粉丝）城市地级分布”板块。在“（粉丝）城市地级分布”板块，可以查看西瓜视频账号的粉丝各线城市占比情况。如图 11-37 所示为某西瓜视频账号的视频“（观众）城市地级分布”。该西瓜视频账号的粉丝中，新一线城市的粉丝占比较高，其占比高达 25.3%。

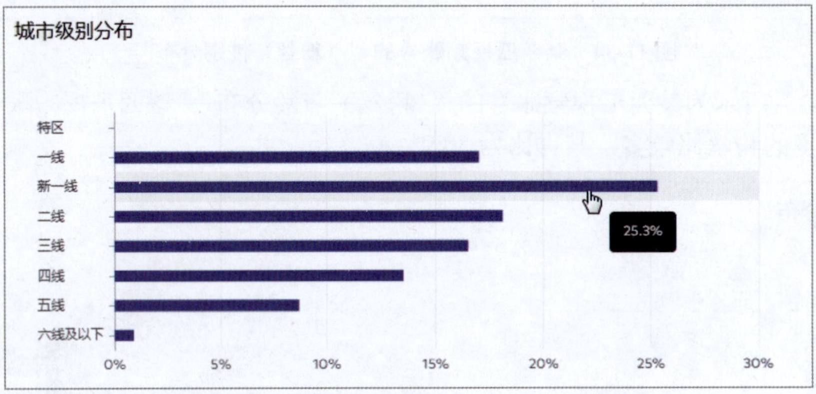

图 11-37　某西瓜视频账号的视频“（观众）城市地级分布”

11.4　账号收益数据分析

西瓜视频的“创作平台”，专门设置了“收益分析”板块。可以借助该板块，查看账号的相关收益。在“创作平台”的“收益分析”，可以查看账号的收益“数据概览”“趋势分析”“视频创作收益分析”和“视频收益明细”。

11.4.1　收益数据概览

在“数据概览”板块，可查看西瓜视频账号的“昨日创作收益”“累计创作收益”“基础收益”和“补贴收益”。

如图 11-38 所示为某西瓜视频账号的收益“数据概览”。该账号的“昨日创作收益”“基础收益”和“补贴收益”皆为 0 元，“累计创作收益”为 0.67 元。从这些数据可以看出，该账号获得的创作收益是比较低的。如果账号是刚运营不久，还比较好理解，毕竟很少有账号能快速获得许多创作收益。但如果账号已经运营了很久，那就要分析原因了，否则，账号获得的创作收益可能会比较有限。

图 11-38　某西瓜视频账号的收益“数据概览”

11.4.2　收益趋势分析

在“数据概览”的下方是“趋势分析”板块。在“趋势分析”板块，可以根据“天级”“周级”和“月级”查看西瓜视频账号的“创作收益”“基础收益”和“补贴收益”的变化情况。

图 11-39 所示为某西瓜视频账号的“天级”收益“趋势分析”。该账号从 2020 年 12 月 20 日至 2021 年 1 月 18 日的“创作收益”“基础收益”“补贴收益”皆为 0。对此，要了解账号没有获得收益的原因，并找到具体的解决方案，这样才能有效地提高西瓜视频的运营收益。

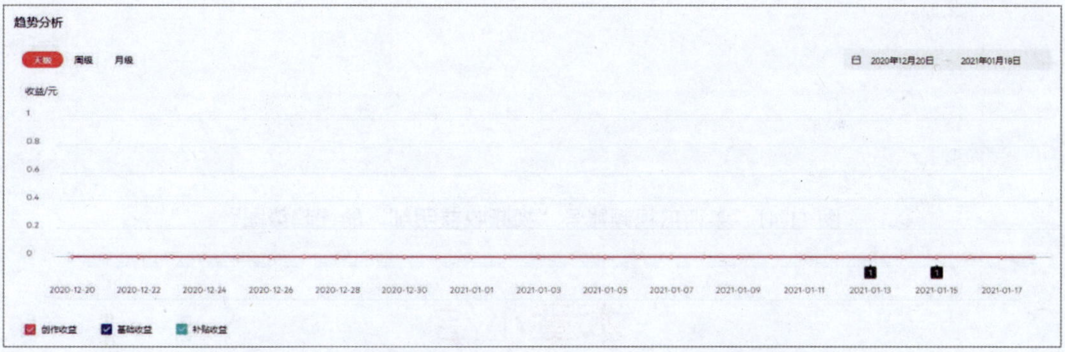

图 11-39　某西瓜视频账号的“天级”收益“趋势分析”

11.4.3　视频创作收益分析

在“趋势分析”的下方是“视频创作收益分析”板块。在“视频创作收益分析”板块，可以查看西瓜视频账号“基础收益”和“基础补贴收益”的“基础收益”“获利播放量”和“千次播放单价”变化情况。

如图 11-40 所示为某西瓜视频账号“基础收益”的“获利播放量”变化情况。该西瓜视频账号 2020 年 12 月 20 日至 2021 年 1 月 18 日期间，仅有两天有“获利播放量”，且“获利播放量”还比较少。因此，需要分析这种情况产生的原因，并找到提高“获利播放量”的方法，从而有效地提高西瓜视频账号的收益。

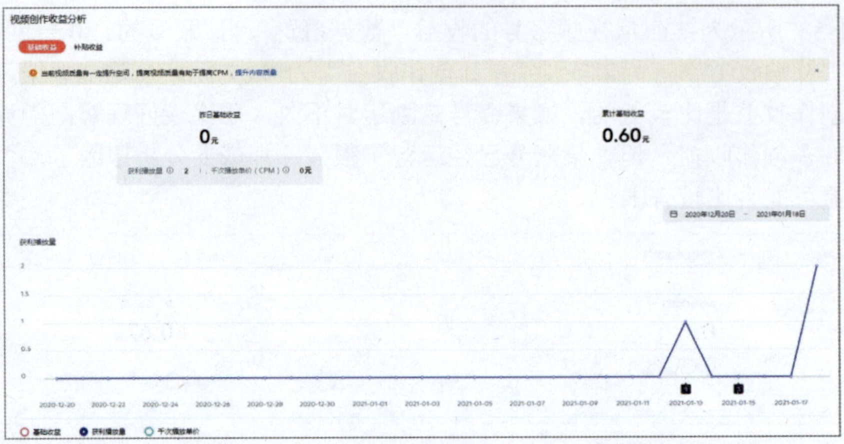

图 11-40　某西瓜视频账号“基础收益”的“获利播放量”变化情况

11.4.4　视频收益明细分析

在“视频创作收益分析”的下方是“视频收益明细”板块。在“视频收益明细”板块，可以查看西瓜视频账号的收益“趋势图”和数据列表。

如果账号没有获得收益，“趋势图”和“数据列表”中将不会出现相关数据。如图 11-41 所示为某西瓜视频账号“视频收益明细”的“趋势图”。

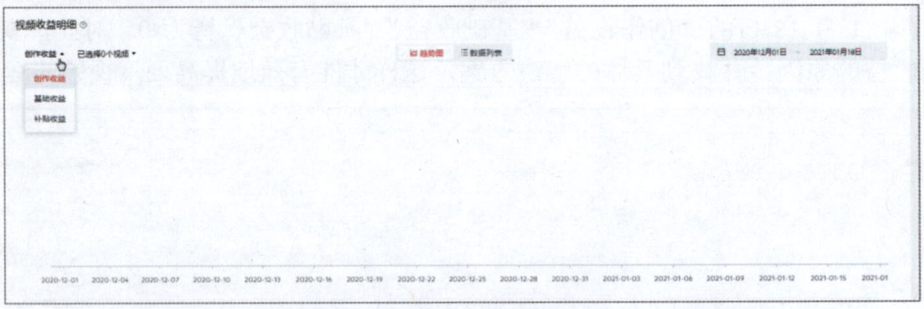

图 11-41　某西瓜视频账号“视频收益明细”的“趋势图”

本章小结

本章以西瓜视频为例，首先对单条视频的内容管理数据进行了分析说明，其次对各类内容的整体数据作了详细介绍，最后对账号粉丝数据和账号收益数据作了总结和归纳，以便读者有效地提高西瓜视频的收益。

本章习题

1. 在西瓜视频中，如何对单条视频数据进行分析？
2. 在西瓜视频中，如何对账号粉丝数据进行分析？

第 12 章　微博数据分析

本章导读

新浪微博是许多用户的必备平台之一，也正因为如此，该平台吸引了庞大的流量，许多新媒体人也将其作为重点运营的平台之一。那么，如何更好地运营新浪微博呢？可以通过对相关数据的分析，评估运营效果，并寻找更适合自身的运营策略。

本章重点

- 账号数据概览
- 粉丝数据分析
- 博文数据分析
- 互动数据分析
- 文章数据分析
- 视频数据分析

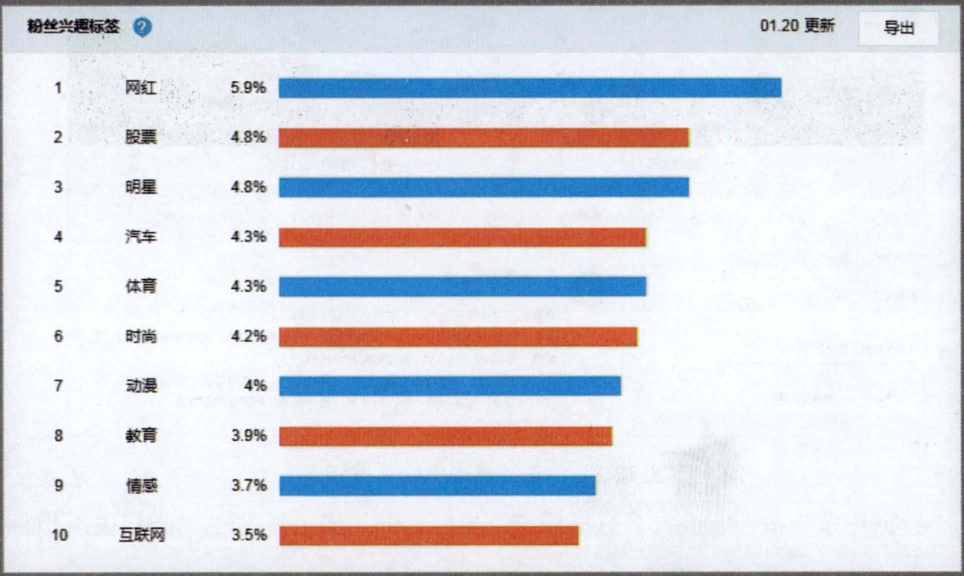

12.1 账号数据概览

通过微博平台的“管理中心”，查看和分析微博账号的相关数据。可以登录微博账号，单击“首页”界面右上方的账号头像和名称所在的位置，如图 12-1 所示。

图 12-1　单击账号头像和名称所在的位置

上述操作完成后，进入“我的主页”界面，单击界面中的“管理中心”按钮，如图 12-2 所示。操作完成后，便可以进入“管理中心”界面，单击界面菜单栏中的按钮，查看微博账号的相关数据。

图 12-2　单击“管理中心”按钮

单击“数据概览”按钮，进入“数据概览”界面，即可查看账号的“昨日关键指标”“粉丝变化”“博文”“我发布的内容”“视频”和“文章”的相关数据。本节主要对“数据概览”界面中的相关数据进行分析。

12.1.1　昨日关键指标分析

进入“数据概览”界面，在菜单栏下方可以看到账号的“昨日关键指标”。在“昨日关键指标”，可以查看账号的“净增粉丝数”“阅读数”“转评赞数”“发博数”“文章发布数”“文章阅读数”“视频发布数”和“视频播放量”，以及这些数据“较前日”“较上周”和“较上月”的变化情况。

如图 12-3 所示为某微博账号的“昨日关键指标”。该账号“昨日”的“净增粉丝数”“阅读数”“转评赞数”“发博数”“视频发布数”“视频播放量”都比较小，但是账号“昨日”的“阅读数”“转评赞数”和“视频播放量”却是前一日的数倍。由此判断，该账号平时的活跃度可能不是很高，或者说该账号应该刚注册不久。否则，基本不太可能出现数据基数不大，但增长快速的情况。

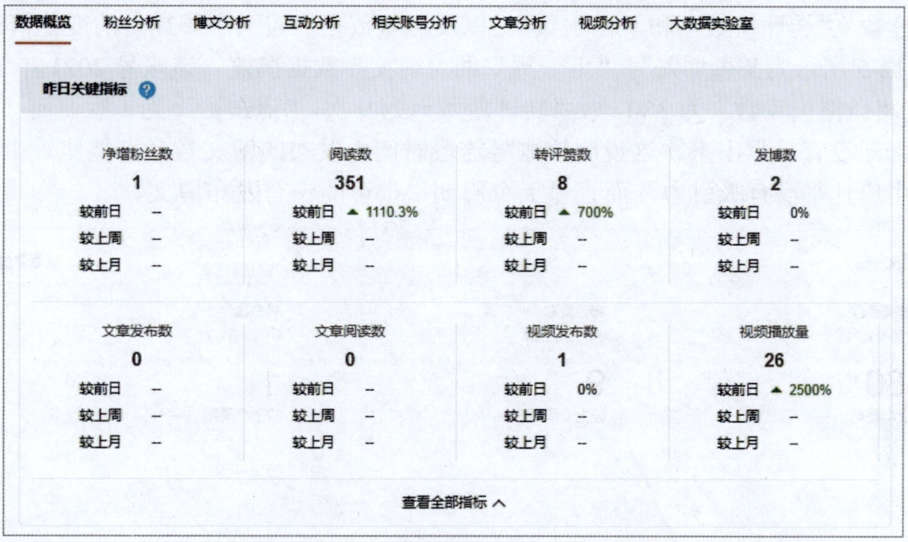

图 12-3　某微博账号的“昨日关键指标”

12.1.2　粉丝变化数据分析

在“昨日关键指标”的下方是“粉丝变化”板块。在“粉丝变化”板块，可以查看账号“近一周”的“净增粉丝数”“新增粉丝数”和“减少粉丝数”，以及这些数据“较上个周期”的变化情况。

如图 12-4 所示为某微博账号“近一周”的“粉丝变化”情况。该账号 2021 年 1 月 15 日至 21 日的“净增粉丝数”和“新增粉丝数”都为 1，“新增粉丝数”为 0。“较上个周期”的数据却没有显示出来。这就说明，该账号这段时间内发布的内容对用户几乎没有吸引力，而且“上个周期”没有出现粉丝的变化。

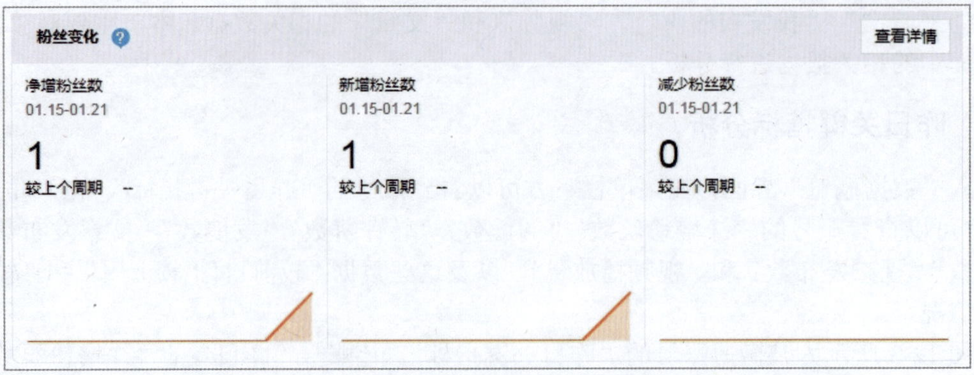

图 12-4　某微博账号“近一周”的“粉丝变化”情况

12.1.3　博文数据分析

在“粉丝变化”的下方是“博文”板块。在“博文”板块，可以查看账号“近一周”的“微博阅读数”“转评赞数”和“点击数”，以及这些数据“较上个周期”的变化情况。

如图 12-5 所示为某微博账号“近一周”的“博文”数据概览。该账号 2021 年 1 月 15 日至 21 日的“微博阅读数”为 380 次，“转评赞数”为 9 次，“点击数”为 1 次。而“较上个周期”的数据却没有显示出来。这说明该账号这段时间内发布的博文数量可能比较少，或者博文内容对用户几乎没有吸引力，而且“上个周期”很可能没有发布博文。

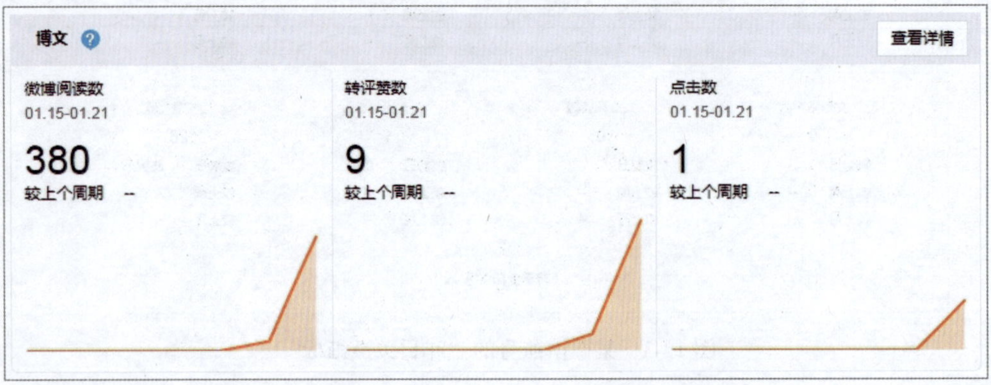

图 12-5　某微博账号“近一周”的“博文”数据概览

12.1.4　发布的内容数据分析

在“博文”的下方是“我发布的内容”板块。在“我发布的内容”板块，可以查看账号“近一周”的“发博数”“转评赞发出评论数”和“原创微博数”，以及这些数据“较上个周期”的变化情况。

如图 12-6 所示为某微博账号“近一周”的“博文”数据概览。该账号 2021 年 1 月 15 日至 21 日的“发博数”为 4 次，“转评赞发出评论数”为 3 次，“原创微博数”为 4 条。“较上个周期”的数据却没有显示出来。这说明该账号“近期”的活跃度不是很高，发布的内容也不是很多。

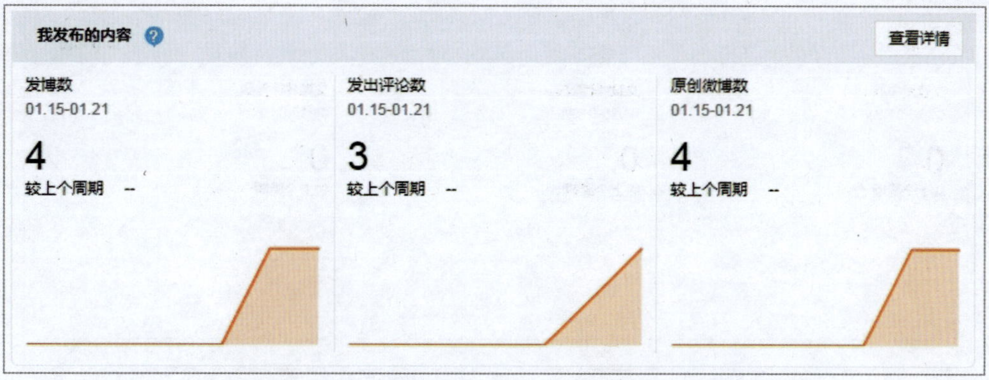

图 12-6　某微博账号“近一周”的“博文”数据概览

12.1.5　视频数据分析

在“我发布的内容”的下方是“视频”板块。在“视频”板块，可以查看账号“近一周”的“视频发布数”“(视频) 播放量”和“视频转评赞数”，以及这些数据“较上个周期”的变化情况。

如图 12-7 所示为某微博账号“近一周”的“视频”数据概览。该账号 2021 年 1 月 15 日至 21 日的“视频发布数”为 2 次，“(视频) 播放量”为 27 次，“视频转评赞数”为 3 次。“较上个周期”的数据却没有显示出来。这说明该账号“近期”发布的视频比较少，同时这些视频对用户的吸引力也不大。

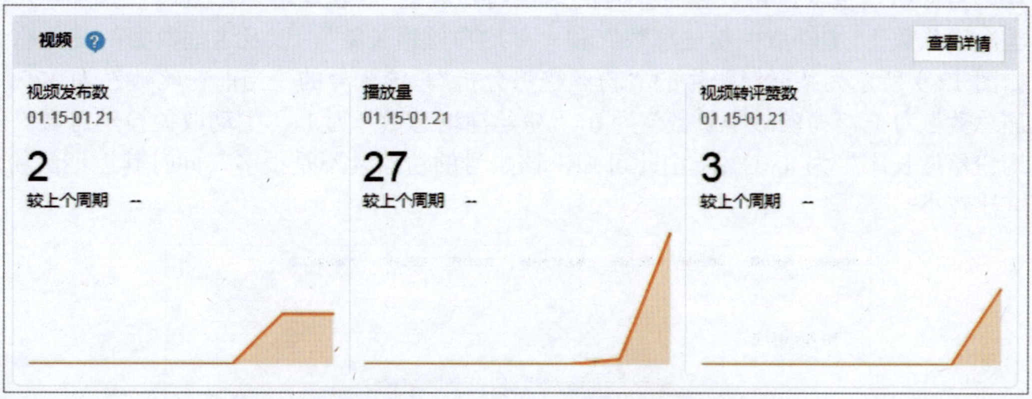

图 12-7　某微博账号“近一周”的“视频”数据概览

12.1.6　文章数据分析

在“视频”的下方是“文章数据”板块。在“文章数据”板块，可以查看账号“近一周”的“文章发布数”“(文章) 阅读数”和“文章转评赞数”，以及这些数据“较上个周期”的变化情况。如图 12-8 所示为某微博账号“近一周”的“文章”数据概览。该账号 2021 年 1 月 15 日至 21 日的“文章发布数”“(文章) 阅读数”和“文章转评赞数”皆为 0，而“较上个周期”的数据也没有显示出来。这说明该账号“近期”没有在微博中发布过文章。

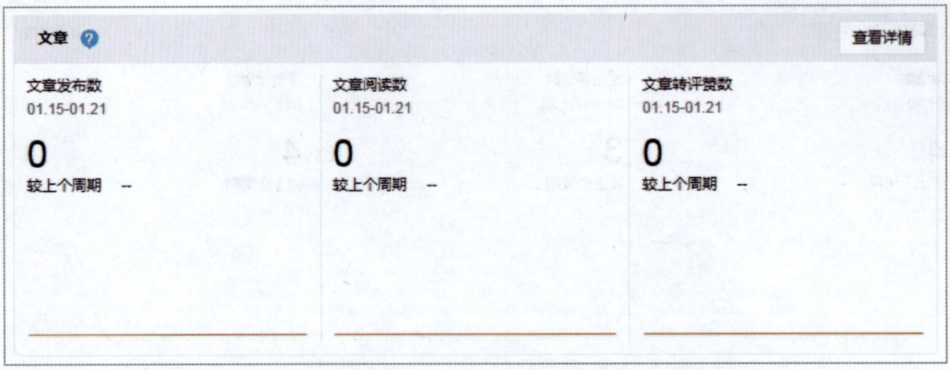

图 12-8 某微博账号“近一周”的“文章”数据概览

12.2 粉丝数据分析

单击“数据概览”界面菜单栏中的“粉丝分析”按钮，进入“粉丝分析”界面，查看账号的“粉丝趋势”“（粉丝）活跃分布”和“粉丝画像”。

12.2.1 粉丝趋势分析

在“粉丝分析”界面，可以查看账号的“粉丝趋势分析”和“近7日取关粉丝列表”。在“粉丝趋势分析”板块，可以查看账号的“当前粉丝数”“粉丝增加总数”“粉丝减少总数”“粉丝净增总数”“主动取关粉丝总数”和“平均粉丝增长率”，以及这些数据的变化趋势。

如图 12-9 所示为某微博账号的“粉丝趋势分析”。该账号的“当前粉丝数”为 379，“粉丝增加总数”为 1，“粉丝减少总数”为 0，“粉丝净增总数”为 1，“主动取关粉丝总数”为 0，“平均粉丝增长率”为 0.03%。由此可知，该账号的粉丝量不是很多，同时其近期的粉丝变化幅度比较小。

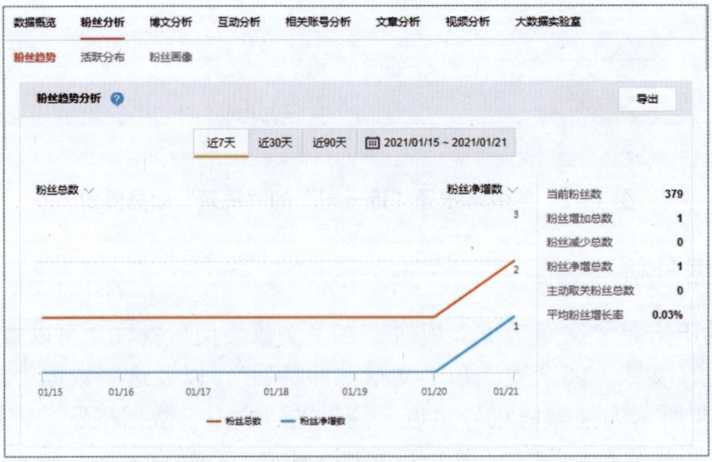

图 12-9 某微博账号的“粉丝趋势分析”

在“近 7 日取关粉丝列表”板块，可以查看“近 7 天”取消关注账号的用户。当然，如果“近 7 天”没有用户取消关注，该板块便不会出现取消关注账号的用户。如图 12-10 所示为某微博账号的“近 7 日取关粉丝列表”。该账号“近 7 天”没有用户取消关注。

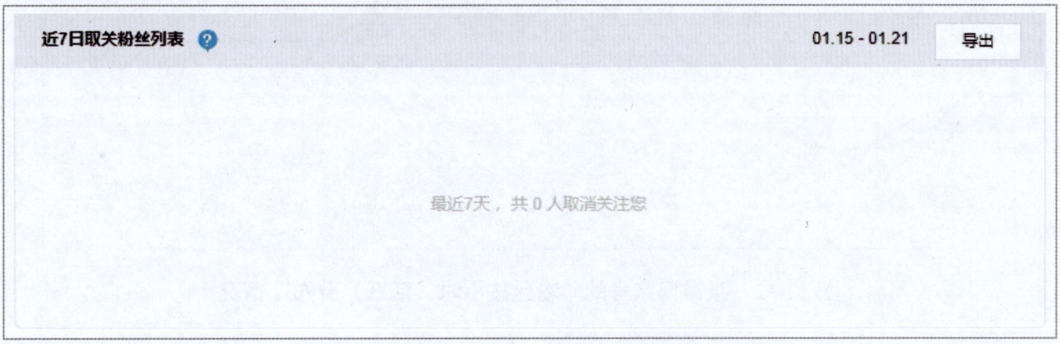

图 12-10　某微博账号的“近 7 日取关粉丝列表”

12.2.2　活跃粉丝分布

单击“粉丝趋势”界面中的“活跃分布”按钮，进入“活跃分布”界面，查看“近 7 日粉丝活跃分布”的相关数据。根据“粉丝按天分布”或“粉丝按小时分布”，查看粉丝的活跃分布情况。

如图 12-11 所示为某微博账号的“粉丝按天（活跃）分布”情况。该账号 2021 年 1 月 7 日至 13 日活跃的粉丝数差别不是很大，这 7 天的活跃粉丝数都在 20 至 30 人之间。

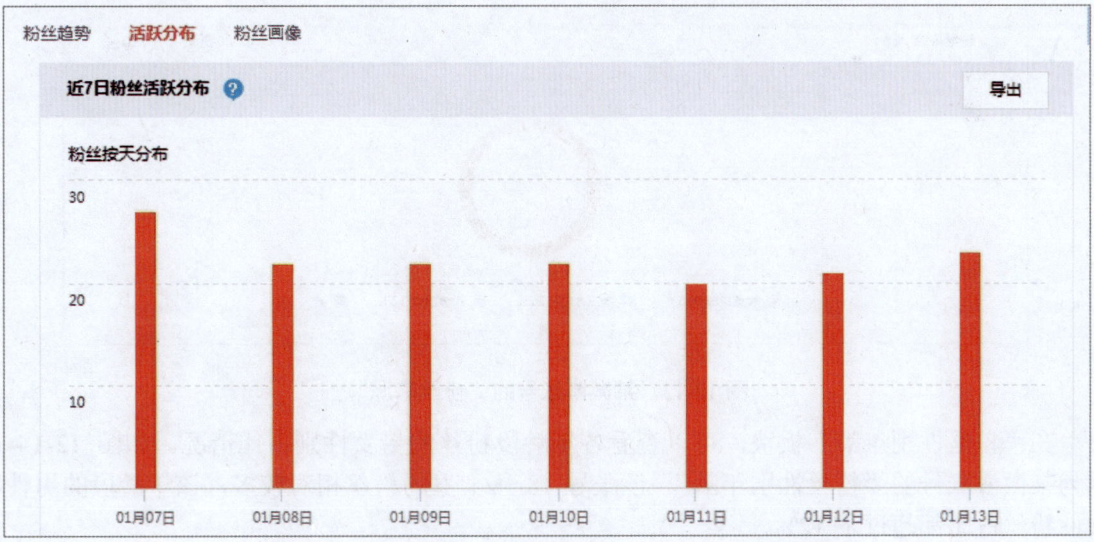

图 12-11　某微博账号的“粉丝按天（活跃）分布”情况

如图 12-12 所示为某微博账号的“粉丝按小时（活跃）分布”情况。该账号粉丝在 9 点至 15 点之间的活跃度相对较高。

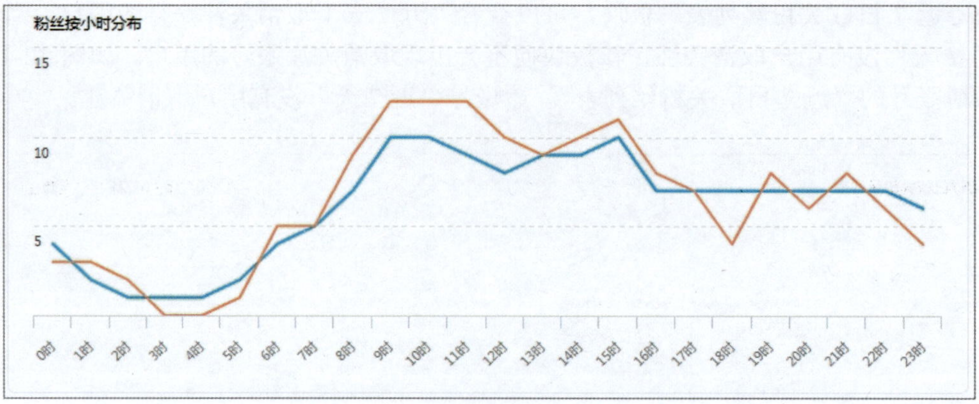

图 12-12　某微博账号的“粉丝按小时（活跃）分布”情况

12.2.3　粉丝画像分析

单击“活跃分布”界面中的“粉丝画像”按钮，进入“粉丝画像”界面，查看账号的“粉丝来源”“粉丝性别年龄”“粉丝地区分布”“关注我的人的粉丝量级”“粉丝兴趣标签”“粉丝类型”和“粉丝星座”。

在“粉丝来源”板块，可以查看粉丝的来源占比情况。如图 12-13 所示为某微博账号的“粉丝来源”。该账号的粉丝，绝大部分来自“微博推荐”，该部分的粉丝占比高达 99.5%。

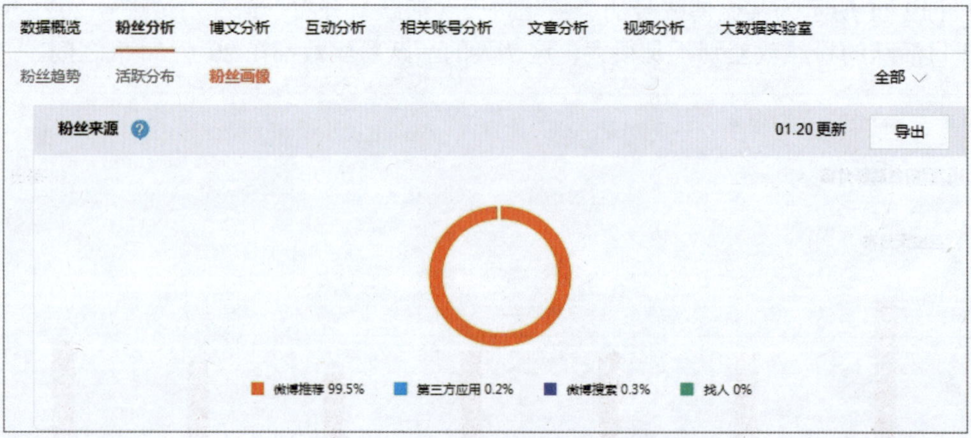

图 12-13　某微博账号的“粉丝来源”

在“粉丝性别年龄”板块，可以查看各年龄段粉丝的男女性别占比情况。如图 12-14 所示为某微博账号的“粉丝性别年龄”。该账号 18～24 岁的粉丝相对较多，该年龄段的男性和女性粉丝占比都超过了 12%。

“粉丝地区分布”板块中包含两个方面的信息，一是一张呈现各省份粉丝占比的地图；二是各地区粉丝占比排行表。如图 12-15 所示为某微博账号的各地区粉丝占比排行表。该账号来自北京市、上海市、广东省、河南省、湖北省、山东省、辽宁省、吉林省、浙江省和江苏省的粉丝比较多，其中北京市的粉丝的占比更是高达 18.9%。

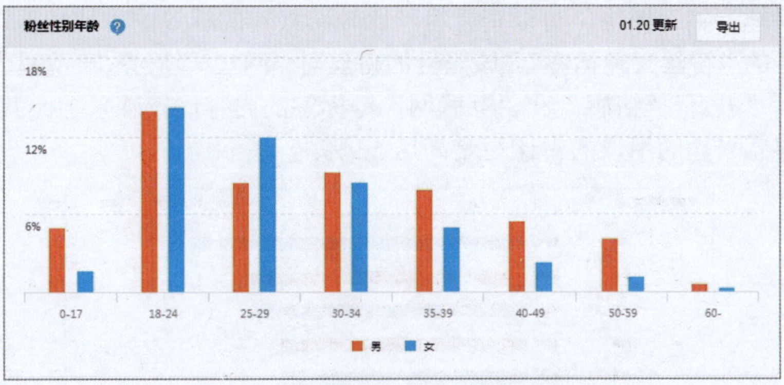

图 12-14　某微博账号的“粉丝性别年龄”

排序	地区	粉丝数占比
1	北京	18.9%
2	上海	12.8%
3	广东	12.8%
4	河南	4.8%
5	湖北	4%
6	山东	3.5%
7	辽宁	3.5%
8	吉林	3.2%
9	浙江	3.2%
10	江苏	2.7%

图 12-15　某微博账号的各地区粉丝占比排行表

在“关注我的粉人的粉丝量级”板块，可以查看粉丝的粉丝量级占比情况。如图 12-16 所示为某微博账号的“关注我的粉人的粉丝量级”。关注该账号的粉丝中，粉丝数少于 49 人的粉丝占比比较高。由此可知关注该账号的粉丝，运营的都是一些小号，或者是不太活跃的账号。

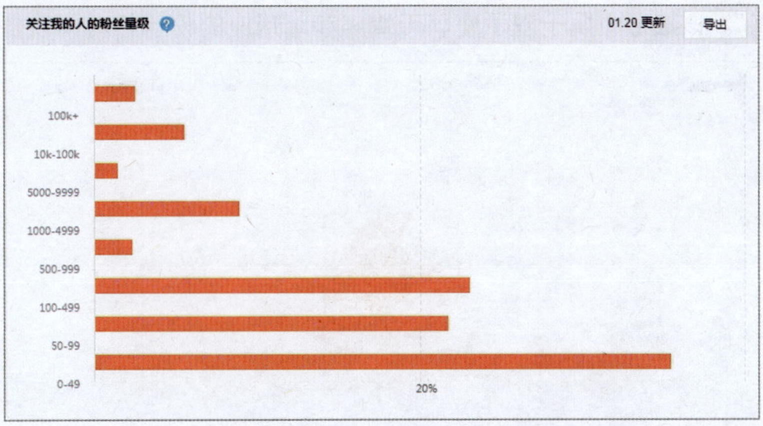

图 12-16　某微博账号的“关注我的粉人的粉丝量级”

在“粉丝兴趣标签”板块，可以查看粉丝比较感兴趣的标签的占比情况。如图 12-17 所示为某微博账号的“粉丝兴趣标签”。该账号的粉丝对“网红”“股票”“明星”“汽车”“体育”“时尚”“动漫”“教育”“情感”和“互联网”等标签的内容比较感兴趣。其中，对“网红”这个标签的内容感兴趣的用户的占比更是高达 5.9%。

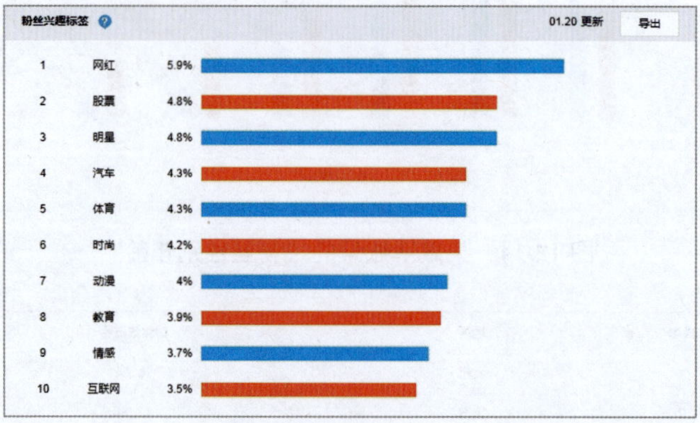

图 12-17　某微博账号的“粉丝兴趣标签”

在“粉丝类型”板块，可以查看账号各类粉丝的占比情况。如图 12-18 所示为某微博账号的“粉丝类型”。该账号粉丝中 91.9%为“普通用户”，8.1%为“认证用户”。

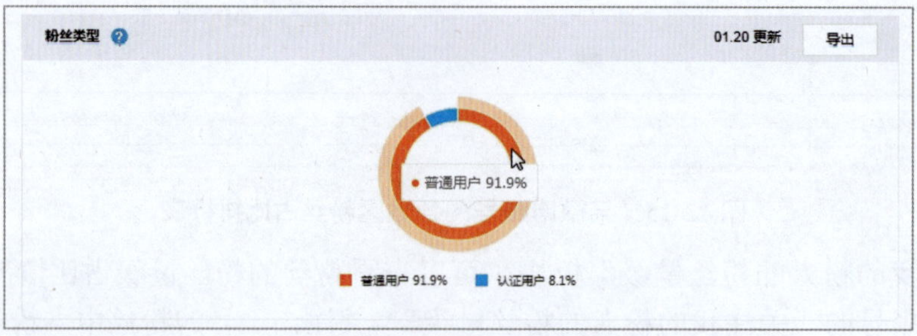

图 12-18　某微博账号的“粉丝类型”

在“粉丝星座”板块，可以查看账号粉丝的星座分布情况。如图 12-19 所示为某微博账号的“粉丝星座”。该账号中属于双子座、天蝎座和摩羯座的粉丝相对比较多。

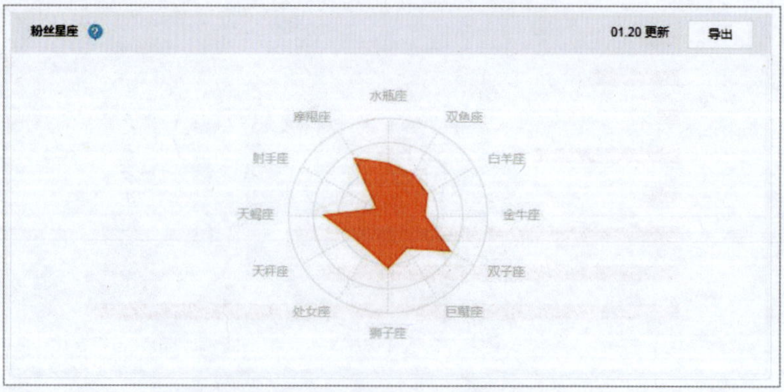

图 12-19　某微博账号的“粉丝星座”

12.3　博文数据分析

单击“粉丝分析”界面中的“博文分析”按钮，进入“博文分析”界面，查看账号的“微博阅读趋势”“微博转发、评论和赞分析”和“单条微博分析”的相关数据。

12.3.1　微博阅读趋势分析

在“微博阅读趋势”板块中，可以查看账号“近 7 天”“近 30 天”或“近 90 天”的“（微博）阅读总数”和“发博总数”。如图 12-20 所示为某微博账号的“微博阅读趋势”。该账号 2021 年 1 月 15 日至 21 日的“（微博）阅读总数”为 380 次，“发博总数”为 4 次。

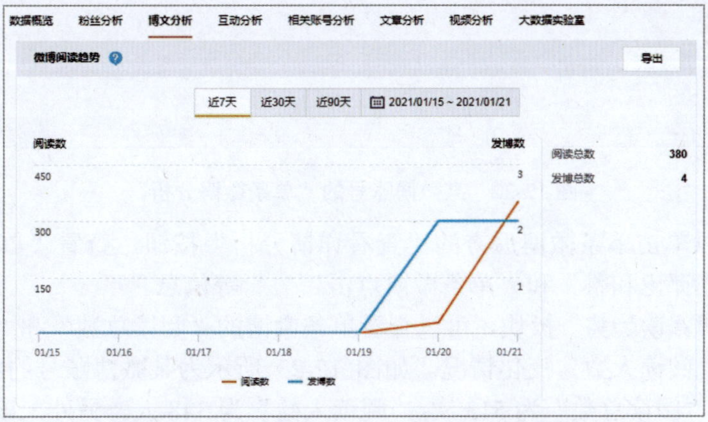

图 12-20　某微博账号的“微博阅读趋势”

12.3.2　微博转发、评论和赞分析

在“微博转发、评论和赞”板块，可以查看账号“近 7 天”“近 30 天”或“近 90 天”的“（微博）转评赞总数”“转发总数”“评论总数”和“赞总数”。

如图 12-21 所示为某微博账号的“微博转发、评论和赞”。该账号 2021 年 1 月 15 日至 21 日的“（微博）转评赞总数”为 9 次，“转发总数”为 0 次，“评论总数”为 3 次，“赞总数”为 6 次。

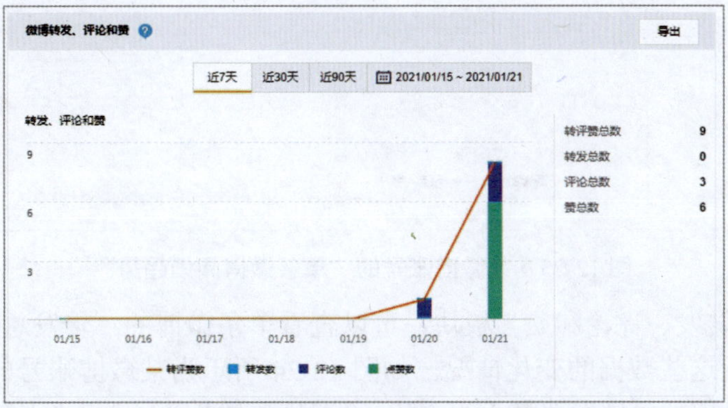

图 12-21　某微博账号的“微博转发、评论和赞”

12.3.3 单条微博数据分析

在“单条微博分析”板块中，可以查看单条微博的“阅读数”“转评赞数”和“点击数”等数据。如图 12-22 所示为某微博账号的“单条微博分析”。该账号的某条微博获得了 313 次阅读，3 次转评赞和 0 次点击。

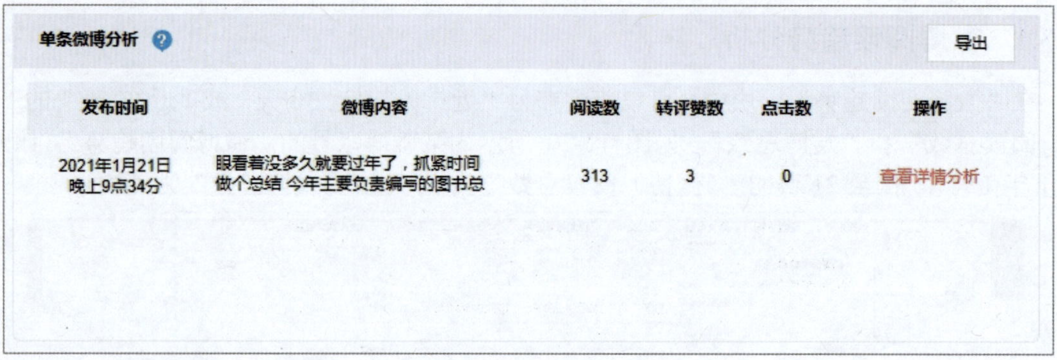

图 12-22　某微博账号的“单条微博分析”

另外，还可以单击单条微博后方的“查看详情分析”按钮，查看“单条微博阅读趋势”“单条微博转发、评论和赞”和“单条微博点击趋势”等信息。

在“单条微博阅读趋势”板块，可以查看单条微博的“阅读总数”和“阅读总人数”，以及“阅读数”和“阅读人数”变化情况。如图 12-23 所示为某微博账号的“单条微博阅读趋势”。该条微博的“阅读总数”为 513 次，“阅读人数”为 348 人。另外，该微博 2021 年 1 月 21 日的“阅读数”为 313 次，“阅读人数”为 196 人。

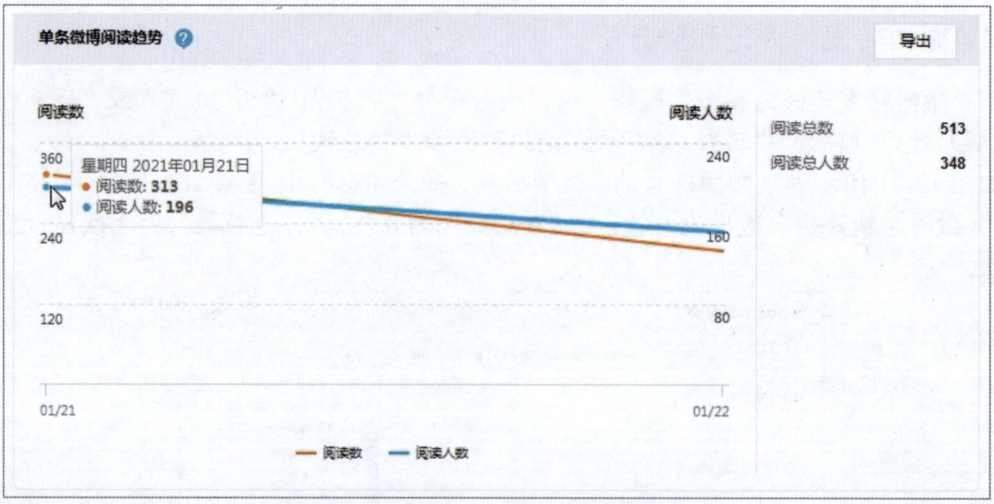

图 12-23　某微博账号的“单条微博阅读趋势”

在“单条微博转发、评论和赞”板块，可以查看单条微博的“转发总数”“评论总数”和“点赞总数”，以及这些数据的变化情况。如图 12-24 所示为某微博账号的“单条微博转发、评论和赞”。该条微博的“转发总数”为 0 次，“评论总数”为 1 次，“点赞总数”为两次，这些数据都产生于 2021 年 1 月 21 日。

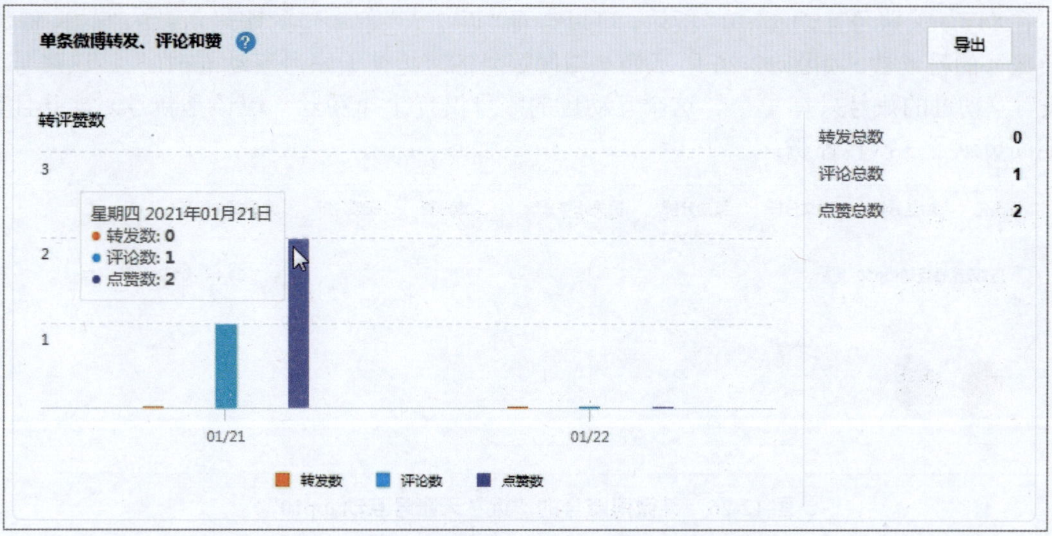

图 12-24　某微博账号的“单条微博转发、评论和赞”

在“单条微博单击趋势”板块，可以查看单条微博的“图片点击总数”“短链点击总数”，以及“点击数”“图片点击数”和“短链点击数”的变化情况。如图 12-24 所示为某微博账号的“单条微博单击趋势”。该条微博的相关点击数据皆为 0。

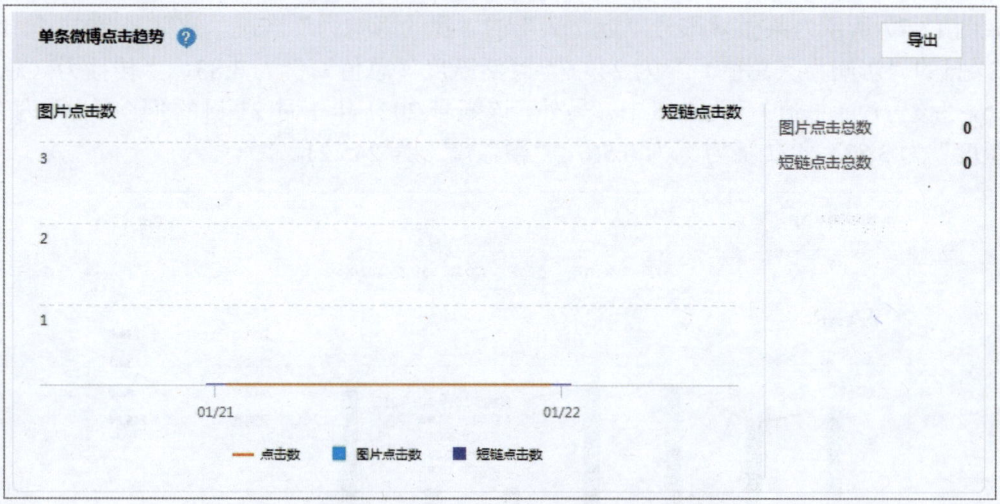

图 12-25　某微博账号的“单条微博单击趋势”

12.4　互动数据分析

单击“博文分析”界面中的“互动分析”按钮，进入“互动分析”界面，查看“近 7 天账号互动 top10”“我的影响力”和“账号发出的评论”的相关信息。

12.4.1 近 7 天账号互动分析

在“近 7 天账号互动 top10”板块，可以查看“近 7 天”互动过的账号贡献的“转评赞数”，以及账号的粉丝数。如图 12-26 所示为某微博账号的“近 7 天账号互动 top10”。该账号“近 7 天”互动过的账号只有 1 个。这个互动过的账号仅有 1 个粉丝（应该是新号），并且其在此期间贡献了 3 次转评赞。

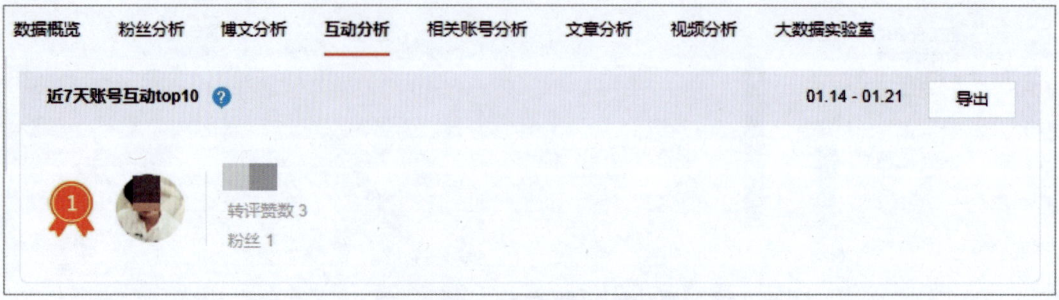

图 12-26 某微博账号的“近 7 天账号互动 top10”

12.4.2 账号影响力分析

在“我的影响力”板块，可以查看账号的“影响力（总值）”“活跃度（总值）”“传播力（总值）”和“覆盖度（总值）”，以及“影响力”“活跃度”“传播力”和“覆盖度”的变化情况。

如图 12-27 所示为某微博账号“近 7 天”的“我的影响力”情况。该账号 2021 年 1 月 15 日至 21 日的“影响力（总值）”为 249.6，“活跃度（总值）”为 3.83，“传播力（总值）”为 0.56，“覆盖度（总值）”为 245.21。另外，该账号 2021 年 1 月 21 日的“影响力”为 38.96，“活跃度”为 3.83，“传播力”为 0.56，“覆盖度”为 245.21。

图 12-27 某微博账号“近 7 天”的“我的影响力”情况

12.4.3　账号发出的评论分析

在“我发出的评论”板块，可以查看账号某段时间内“发出的总评论数”和“日均评论数”，以及“我发出的评论”的变化情况。

如图 12-28 所示为某微博账号“近 7 天”的“我发出的评论”情况。该账号 2021 年 1 月 16 日至 22 日“发出的总评论数”为 3 条，“日均评论数”为 0.4 条。另外，该账号 2021 年 1 月 21 日发出的评论为两条。

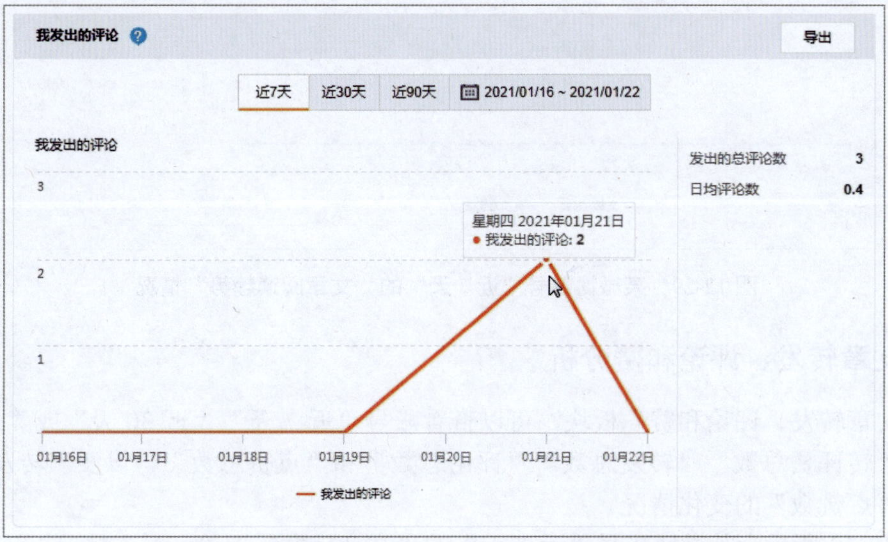

图 12-28　某微博账号“近 7 天”的“我发出的评论”情况

12.5　文章数据分析

单击“互动分析”界面中的“文章分析”按钮，进入“文章分析”界面。查看账号的“文章阅读趋势”“文章转发、评论和赞”和“单篇文章分析”的相关信息。本节主要介绍“文章分析”的具体方法。

12.5.1　文章阅读趋势分析

在“文章阅读趋势”板块，可以查看账号“近 7 天”“近 30 天”或“近 90 天”内的“文章发布总数”和“文章阅读总数”，以及“文章发布数”和“文章阅读数”的变化情况。

如图 12-29 所示为某微博账号“近 7 天”的“文章阅读趋势”情况。该账号 2021 年 1 月 16 日至 22 日“文章发布总数”为 0 篇，“文章阅读总数”为 0 次。这说明该微博账号在此期间未发布过文章，而用户在此期间内也未阅读过该账号发布的文章（这很可能是因为该账号很久没有发布过文章了，或者该账号发布的文章对用户没有吸引力）。

图 12-29　某微博账号“近 7 天”的“文章阅读趋势”情况

12.5.2　文章转发、评论和赞分析

在“文章转发、评论和赞”板块，可以查看账号“近 7 天”“近 30 天”或“近 90 天”内文章的“转评赞总数”“转发总数”“评论总数”和“点赞总数”，以及“转发数”“评论数”和“点赞数”的变化情况。

如图 12-30 所示为某微博账号“近 7 天”的“文章转发、评论和赞”情况。该账号 2021 年 1 月 15 日至 21 日文章转发、评论和赞的相关数据皆为 0。这很可能是因为该账号在此期间没发布过文章。

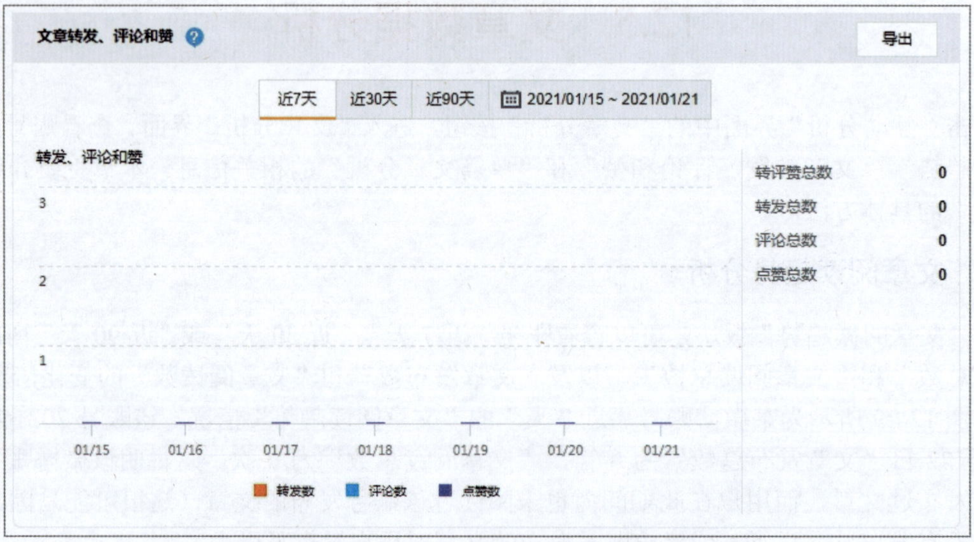

图 12-30　某微博账号“近 7 天”的“文章转发、评论和赞”情况

12.5.3 单篇文章数据分析

在“单篇文章分享”板块，可以查看账号“近 7 天”“近 30 天”或“近 90 天”内发布的文章，及文章的相关数据。当然，如果在此期间未发布过文章，那么该板块中会显示“所选时间段内无数据”，如图 12-31 所示。

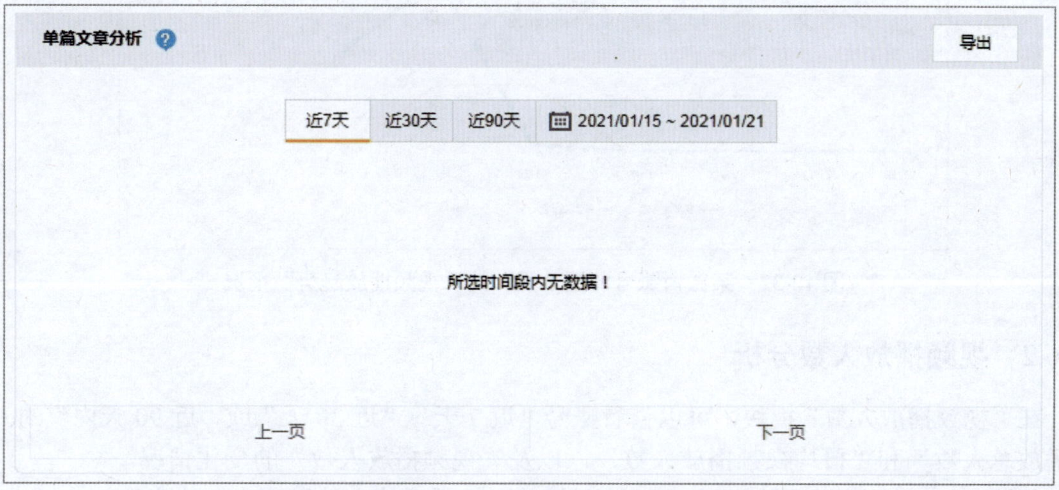

图 12-31 某微博账号“近 7 天”的“单篇文章分析”

以上显示的是没有发布文章的情况下界面中的相关信息。需要特别说明的是，如果在所选时间段内发布过文章，那么便可以查看该阶段文章的相关数据。另外，还可以针对某篇文章，查询该文章的数据详情。

12.6 视频数据分析

单击“文章分析”界面中的“视频分析”按钮，进入“视频分析”界面，查看“视频播放趋势”“视频播放人数”“视频转发、评论和赞”和“单条视频分析”的相关信息。

12.6.1 视频播放趋势分析

在“视频播放趋势”板块，可以查看账号“近 7 天”“近 30 天”或“近 90 天内”的“视频发布总数”和“视频播放总数”，以及“视频发布数”和“视频播放数”的变化情况。

如图 12-32 所示为某微博账号“近 7 天”的“视频播放趋势”情况。该账号 2021 年 1 月 16 日至 22 日的“视频发布总数”为 2 条，“视频播放总数”为 42 次。另外，该账号 2021 年 1 月 21 日的“视频发布数”为 1 条，“视频播放数”为 26 次。2021 年 1 月 16 日至 19 日的“视频发布数”和“视频播放数”皆为 0，则说明这段时间内账号没有发布过视频，并且用户也没有播放过该账号发布的视频。

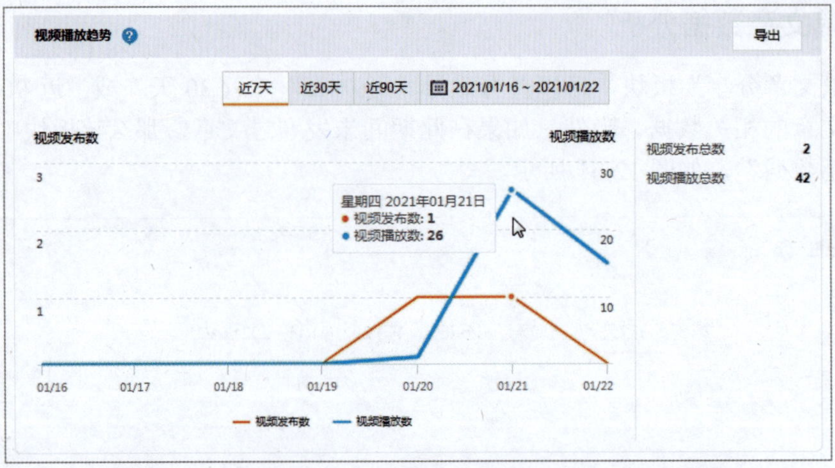

图 12-32　某微博账号“近 7 天”的“视频播放趋势”情况

12.6.2　视频播放人数分析

在“视频播放人数”板块，可以查看账号“近 7 天”“近 30 天”或“近 90 天内”的“视频播放总人数”和“日均视频播放人数”，以及“视频播放人数”的变化情况。

如图 12-33 所示为某微博账号“近 7 天”的“视频播放人数”情况。该账号 2021 年 1 月 16 日至 22 日的“视频播放总人数”为 5 人，“视频日均播放人数”为 1 人。其中，该账号 2021 年 1 月 21 日的“视频播放人数”为 2 人。由这些数据可以判断出，该账号此时间段内发布的视频，对用户的吸引力比较弱。

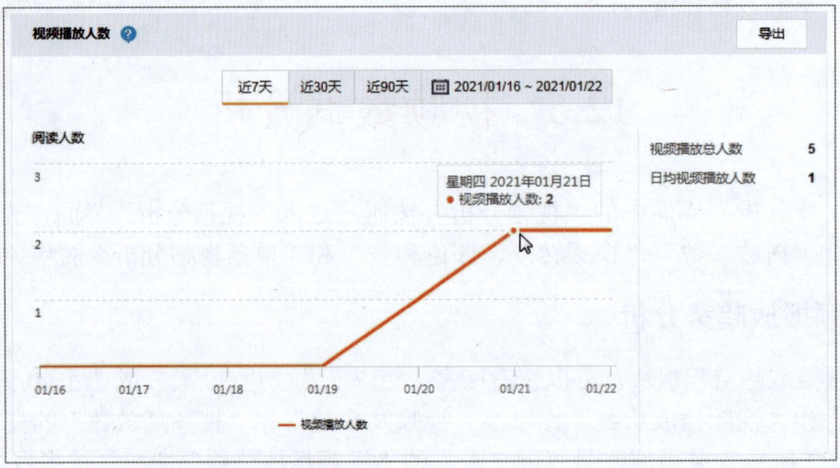

图 12-33　某微博账号“近 7 天”的“视频播放人数”情况

12.6.3　视频转发、评论和赞分析

在“视频转发、评论和赞”板块中，可以查看账号“近 7 天”“近 30 天”或“近 90 天”内的“转评赞总数”“转发总数”“评论总数”和“点赞总数”，以及“转发数”“评论数”和“点赞数”的变化情况。

如图 12-34 所示为某微博账号“近 7 天”的“转发、评论和赞”情况。该账号 2021 年 1 月 16 日至 22 日的“转评赞总数”为 3 次，“转发总数”为 0 次，“评论总数”为 1 次，“点赞总数”为 2 次，并且这些数据都出现于 2021 年 1 月 21 日。

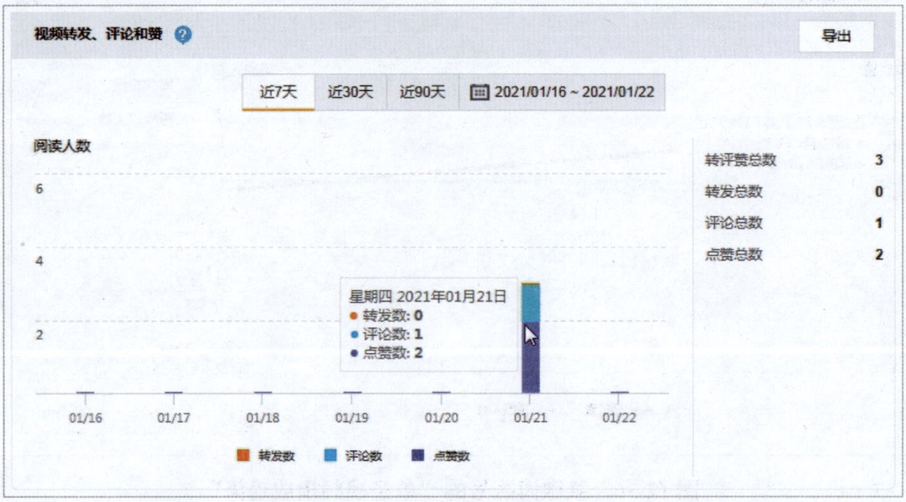

图 12-34　某微博账号“近 7 天”的“转发、评论和赞”情况

12.6.4　单条视频数据分析

在“单条视频分析”板块，可以查看账号“近 7 天”“近 30 天”或“近 90 天内”发布的视频的“播放量”和“播放人数”。如图 12-35 所示为某微博账号“近 7 天”的“单条视频分析”情况。该账号 2021 年 1 月 16 日至 22 日期间只发布了一条视频，该视频的“播放量”为 36 次，“播放人数”为 4 人。

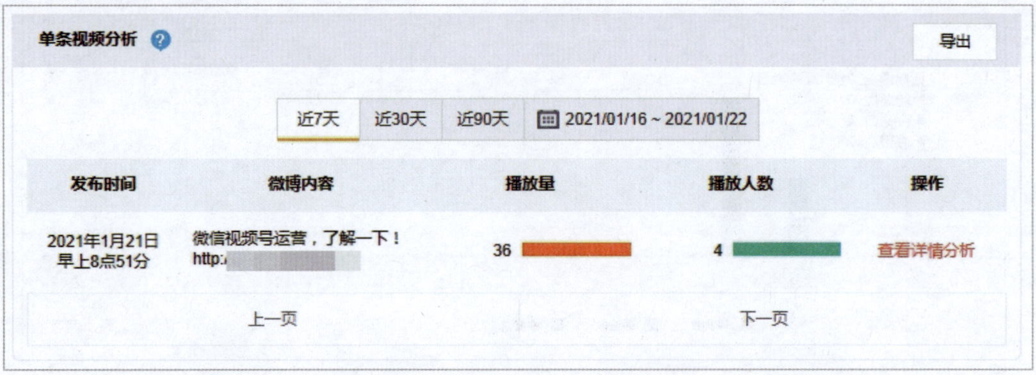

图 12-35　某微博账号“近 7 天”的“单条视频分析”情况

另外，还可以单击“单条视频分析”板块对应视频后方的“查看详情分析”按钮，查看该视频的“单条视频播放趋势”“单条视频转发、评论和赞”和“播放用户性别年龄”等相关信息。

在“单条视频播放趋势”板块，可以查看单条视频的“播放总量”和“播放总人数”，以及“播放量”和“播放人数”变化情况。如图 12-36 所示为某微博账号的“单条视频播放趋势”。该条视频的“阅读总量”为 36 次，“播放人数”为 4 人。另外，该微博 2021 年 1 月 21 日的“播放数”为 21 次，“阅读人数”为 2 人。

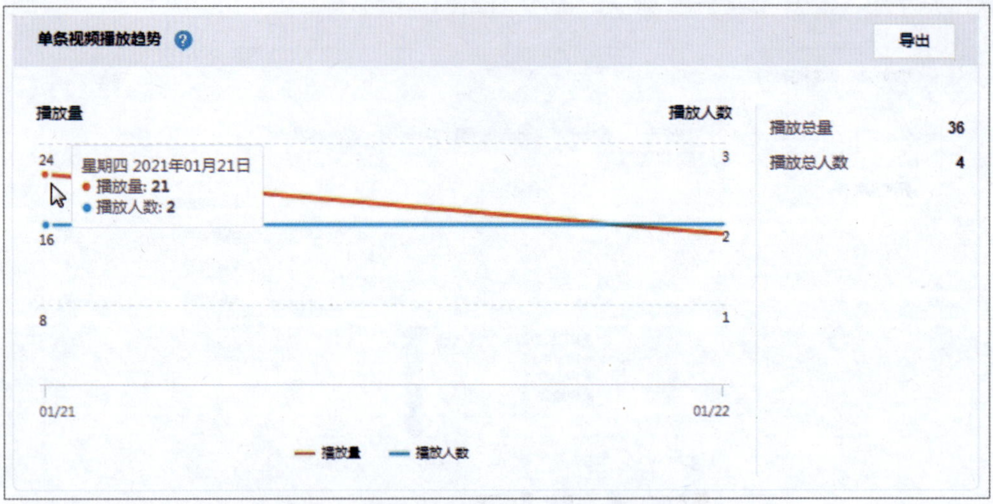

图 12-36　某微博账号的“单条视频播放趋势”

在“单条视频转发、评论和赞”板块，可以查看单条视频的“转发总数”“评论总数”和“点赞总数”，以及“转发数”“评论数”和“点赞数”的变化情况。如图 12-37 所示为某微博账号的“单条视频转发、评论和赞”。该条视频的“转发总数”为 0 次，“评论总数”为 1 次，“点赞数”为 2 次，并且这些数据都出现于 2021 年 1 月 21 日。

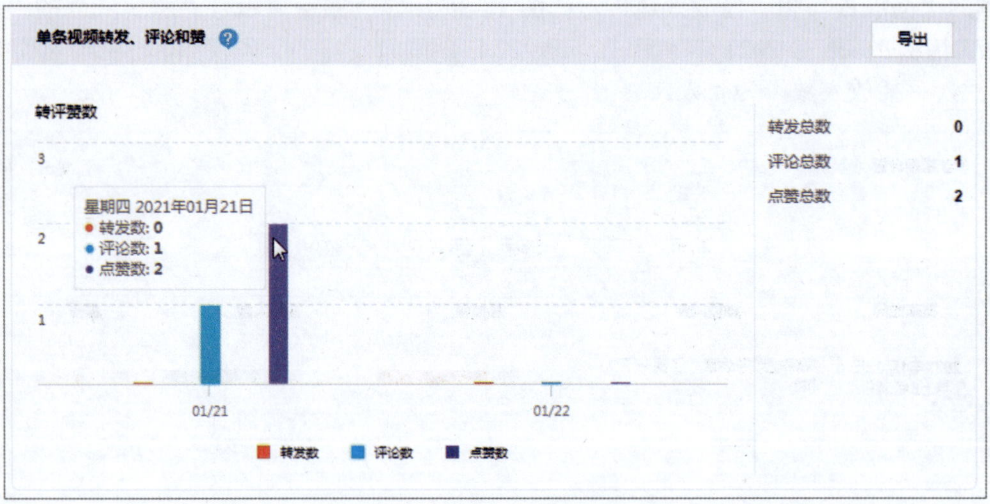

图 12-37　某微博账号的“单条视频转发、评论和赞”

在“播放用户性别年龄”板块，可以播放该条视频的各年龄段用户的男女性别占比情况。如图 12-38 所示为某微博账号的“播放用户性别年龄”。播放该条视频的都为 25～29 岁的男性用户。由此得出，播放该视频的用户可能比较少，甚至只有个别用户播放了这条视频。

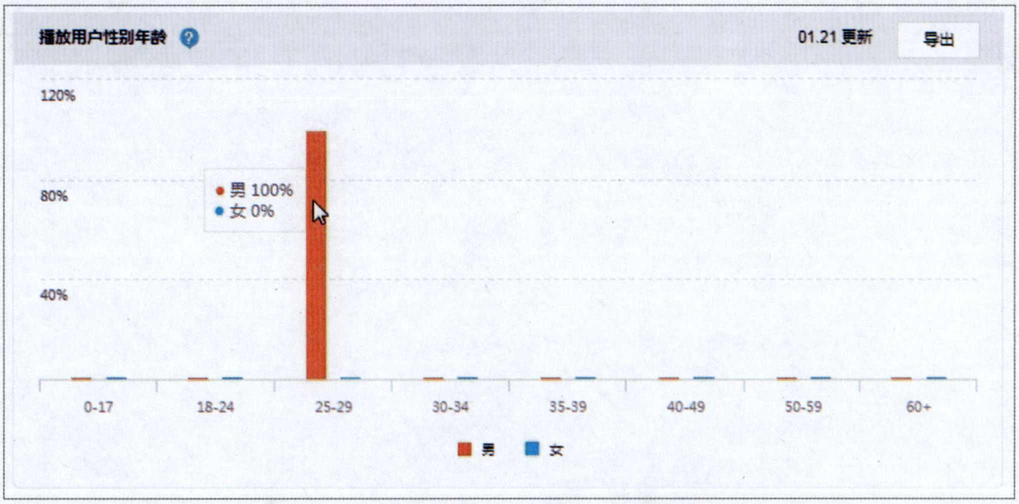

图 12-38　某微博账号的“播放用户性别年龄”

除了“单条视频播放趋势”“单条视频转发、评论和赞”和“播放用户性别年龄”，可以在视频数据详情界面，查看单条视频的“播放来源分析”“播放用户地区”“播放用户兴趣标签”和“播放用户星座”的相关信息；还可以对这些数据进行细致的分析。

本章小结

本章以新浪微博为例，具体对账号数据、粉丝数据、博文数据、互动数据、文章数据和视频数据作了详细解释和说明，希望能通过数据分析掌握粉丝的流量趋势，帮助读者创造出有价值的微博内容。

本章习题

1. 在“我的影响力”板块中，可以查看账号的哪些内容？
2. 如何对文章数据进行分析？

第 13 章　公众号数据分析

本章导读

有些运营者感到疑惑，同样在努力的运营公众号，为什么效果会千差万别呢？其中一个重要原因就是你还没有找到用户真正需要什么，而不同类型的账号，用户也是不同的，这就需要运营者从公众号后台的客观数据中分析用户的需求。

本章重点

- ➢ 用户数据分析
- ➢ 用户画像分析
- ➢ 内容数据分析
- ➢ 消息数据分析
- ➢ 收益数据分析
- ➢ 其他数据分析

详细数据　　导出Excel

时间	调用次数	失败次数	失败率	总共耗时(毫秒)	平均耗时(毫秒)	最大耗时(毫秒)
2021-01-18	209	0	0%	20397	97.59	189
2021-01-17	174	0	0%	17103	98.29	209
2021-01-16	179	0	0%	17450	97.49	187
2021-01-15	195	0	0%	17790	91.23	188
2021-01-14	171	0	0%	16623	97.21	179
2021-01-13	268	0	0%	31428	117.27	3076
2021-01-12	170	0	0%	15426	90.74	191
2021-01-11	194	0	0%	18899	97.42	189
2021-01-10	167	0	0%	16055	96.14	190
2021-01-09	169	0	0%	15610	92.37	188
2021-01-08	142	0	0%	13022	91.70	340
2021-01-07	116	0	0%	10968	94.55	186
2021-01-06	239	0	0%	22724	95.08	302
2021-01-05	140	0	0%	18486	132.04	342

1 / 3　跳转

13.1　用户数据分析

微信公众号营销已经成为当下的一种重要营销模式，微信公众平台的后台数据与用户的行为有着密切的关系，这种关系造就了微信公众平台营销的成功。本节将重点对微信公众号的用户数据进行分析，以便更好地了解账号的发展情况。

13.1.1　新增人数分析

在微信公众平台后台的“新增人数”趋势图中，可以选择查看“最近 30 天”“最近 15 天”和“最近 7 天”这几个时间段的“新增人数”趋势图。

如图 13-1 所示为“手机摄影构图大全”微信公众号的“新增人数”趋势图。在该趋势图上，将鼠标指向不同的节点（日期点），能够看到该日期下的详细的新增人数数据，如图 13-2 所示。

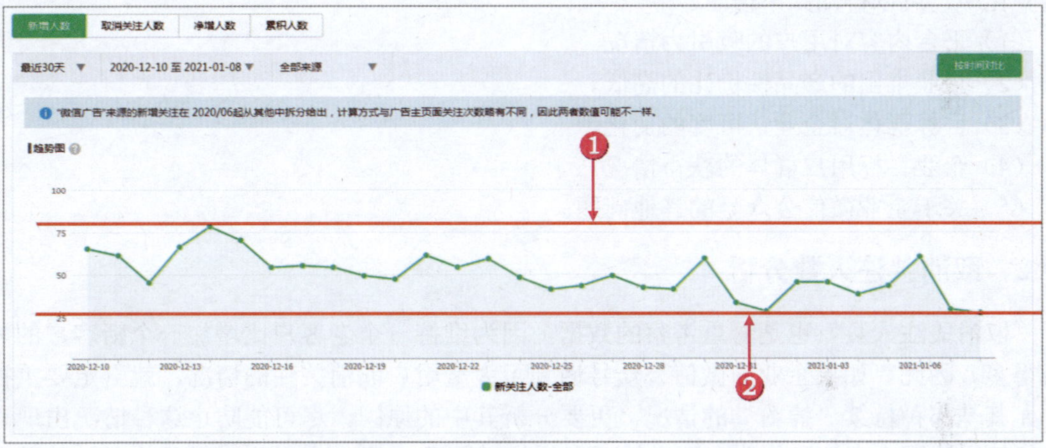

图 13-1　“手机摄影构图大全”微信公众号的“新增人数”趋势图

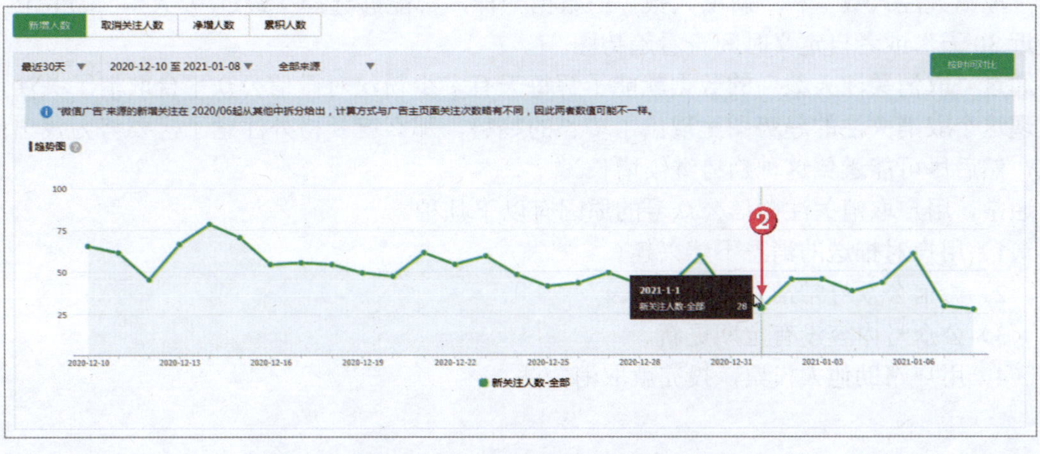

图 13-2　显示具体日期数据的“新增人数”趋势图

分析上面两张“新增人数”趋势数据图，有以下两方面的意义。

（1）观察新增人数的趋势，判断不同时间段的宣传效果。

图中❶代表整体趋势：平台的用户新关注人数趋势虽然有起有伏，但整体上还是比较平稳的，可见在宣传推广上还是不曾懈怠的，时常有吸引用户关注的推广活动，从而取得了非常不错的宣传效果。

（2）观察趋势图的“峰点”和“谷点”，可分析出不寻常情况出现的原因。

图中❷代表谷点：表示的是趋势图上突然下降的节点。它与“峰点”相对，都是趋势图中的特殊的点，意味着平台推送可能产生了不同寻常的效果。

图中❷处，是 2021 年 1 月 1 日的新关注人数，数值为 28 人。那么，为什么这一天的新关注人数呈现出“谷点”的趋势呢？此时就需要找出原因，是因为平台内容不吸引人、关键词布局不合理、文章标题没有吸引力；还是其他的原因。等查明原因后，就相当于积累了一次经验，以后可以避免出现这一情况，并把这种经验复制下去，从而不断地获得更好地运营效果。且从平台发展情况方面来看，“新增人数”数据反映的是平台用户数量变化。从用户的数量变化中，可以得知如下信息。

（1）平台内容对用户的吸引力情况。

（2）企业推出的产品性价比的高低。

（3）目标群体对企业认可度的变化。

（4）企业目标用户群体的获得情况。

（5）关于企业微信公众号的其他问题。

13.1.2 取消关注人数分析

“取消关注人数”也是着重考察的数据，因为维持一个老客户比增加一个新客户的成本要低得多。因此，如果企业的微信公众号遇到了大量用户取消关注的情况，就一定要重视起来，尤其是那种持续“掉粉”的情况，更要分析其中的原因，尽可能防止这种情况出现。在“手机摄影构图大全”微信公众平台的后台，其“最近 30 天”的“取消关注人数”的数据趋势图，如图 13-3 所示。

“取消关注人数”和“新增人数”的数据一样，都能够选择“最近 7 天”“最近 15 天”“最近 30 天”或者自定义时间查看趋势图。

通过“取消关注人数”的数据就能了解每天有多少粉丝对微信公众平台取消了关注，一旦发现这个取消关注的趋势图呈现出了增长的趋势，那么就要格外注意了，要努力找出问题所在，然后尽可能避免这种趋势继续增长。

通常，用户取消关注微信公众号的原因有以下几种。

（1）用户对推送的消息不感兴趣。

（2）微信公众号常常发布硬广。

（3）公众号内容没有定期更新。

（4）用户帮助他人投票，投完就取消关注。

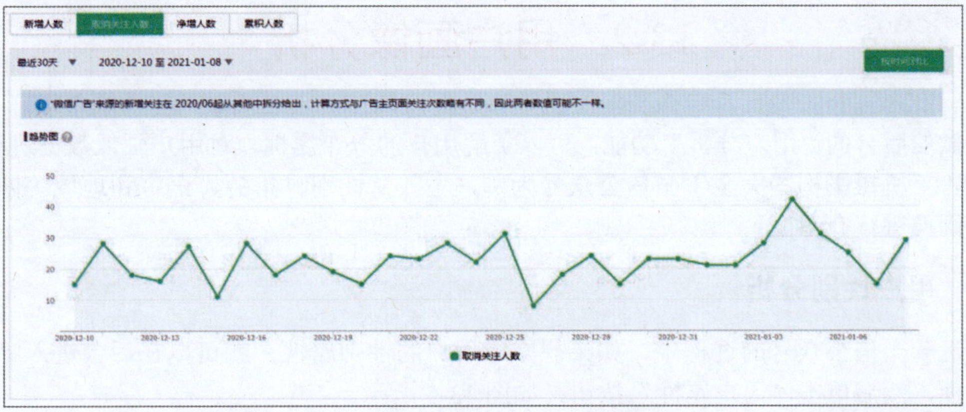

图 13-3　“取消关注人数”趋势图

（5）用户领取了优惠，领完就取消关注。

通常，用户取消关注的主要原因是对推送的消息不感兴趣，如果微信公众号的取消关注人数一直在增加，那么就要从以上几个方面查找原因了，找出原因才能对症下药。

13.1.3　净增人数分析

微信公众平台后台的“净增人数”是用来衡量一定时期内用户的净增人数，看了“新增人数”和“取消关注人数”之后，还不知道每天净增了多少用户。可以通过“净增人数”趋势图，查看具体的数据。

净增人数也是检验微信公众号内容推广效果的很好的手段，假设微信公众号在两个不同的时间点展开了不同内容的推广，那么就可以将这两个时间段的数据进行对比，从而判断不同的推广产生的效果不同。

如图 13-4 所示为“手机摄影构图大全”微信公众号 2020 年 12 月 10 日～2021 年 1 月 8 日和 2020 年 11 月 10 日～12 月 9 日之间“净增人数”的数据对比。

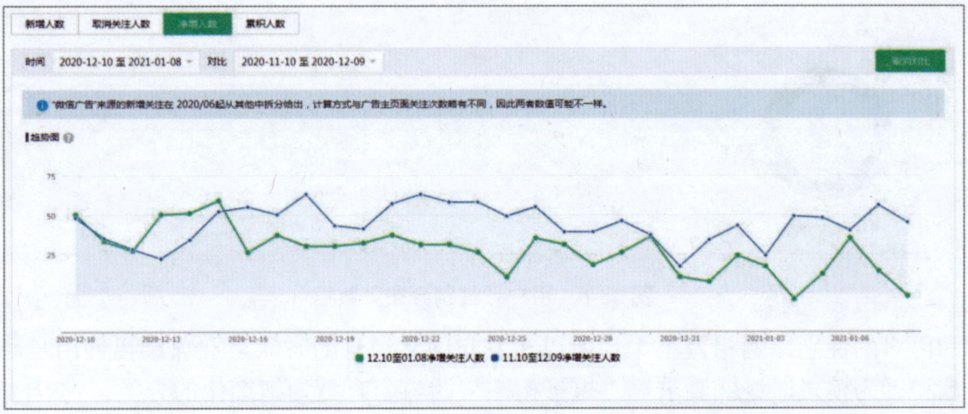

图 13-4　“手机摄影构图大全”微信公众号“净增人数”数据的对比

13.2 用户画像分析

在微信后台的“用户分析”功能，可以了解用户的分布属性，对用户画像数据进行分析。本节以“手机摄影构图大全”微信公众号为例，主要从性别、年龄、语言和地域等四个方面对用户画像进行介绍。

13.2.1 用户性别分析

在运营微信公众号的过程中，如果想知道用户的性别属性，就可以在后台进入“用户分析”界面，然后单击“用户属性”按钮，如图 13-5 所示。

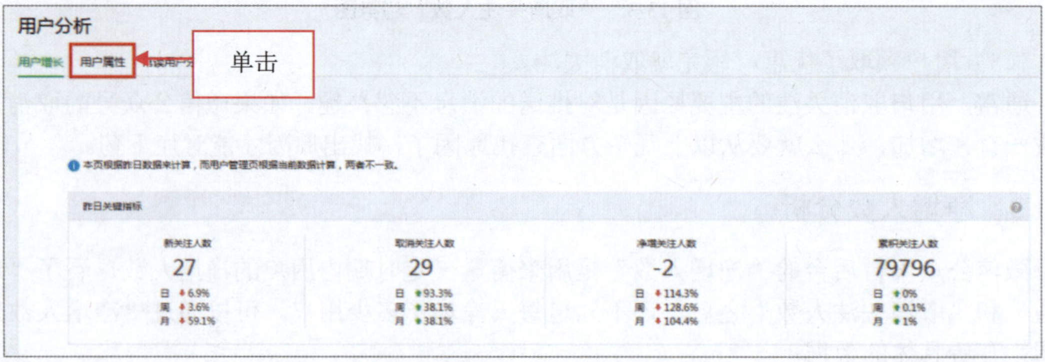

图 13-5 单击“用户属性”按钮

完成上述操作后，进入“用户属性”界面，就能查看微信公众号的用户性别分布图，如图 13-6 所示。从图 13-6 中可以看出，“手机摄影构图大全”微信公众号的男性用户比女性用户要多一些，根据微信公众号的定位判断这样的比例是否与目标用户群体相匹配。

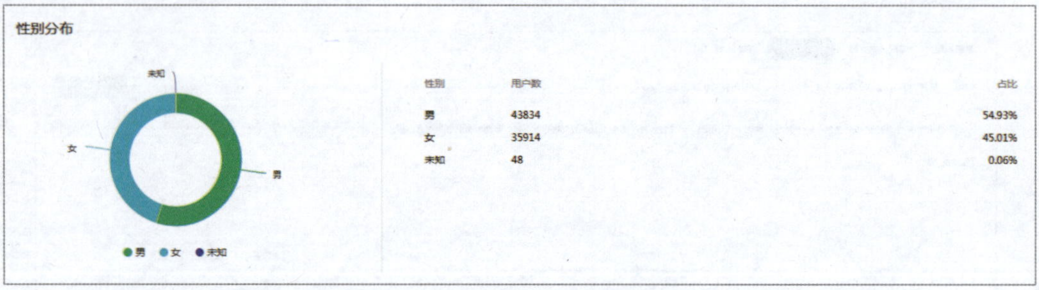

图 13-6 用户“性别分布”数据

因为用户的性别比例相差不大，所以在发布图文消息的时候，要兼顾男性用户和女性用户的习惯和行为模式，这就要求对“摄影构图”的内容有更为精细化的分类。

可以将用户按照性别进行分组，分为女性组和男性组，然后发布一些有个性的或者有针对性的内容。例如，针对女性用户，就可以发布一些和美妆、情感、闺蜜相关的手机构图知识。而针对男性用户，则可以发布一些黑科技、美剧大片相关的手机构图知识。同时，因为微信平台对每一位用户的信息都是保密的，因此在对男女性别进行分类时可能会遇到困难，但是可以看用户的姓名和头像。

微信上很少会出现“非主流”的名字了，很多人的名字都比较有特点，一看名字就知道是男性还是女性了，而且很多用户的头像也很有代表性，因此可以通过用户的头像和名字辨别其真实的性别。

13.2.2　用户年龄分析

用户年龄分布数据在用户性别分布的下方，通过该数据可以了解关注账号的人群主要是哪些年龄段。如图 13-7 所示为“手机摄影构图大全”微信公众号的用户“年龄分布”数据。由该图可以看出，该微信公众号中，多为 18～60 岁的用户。

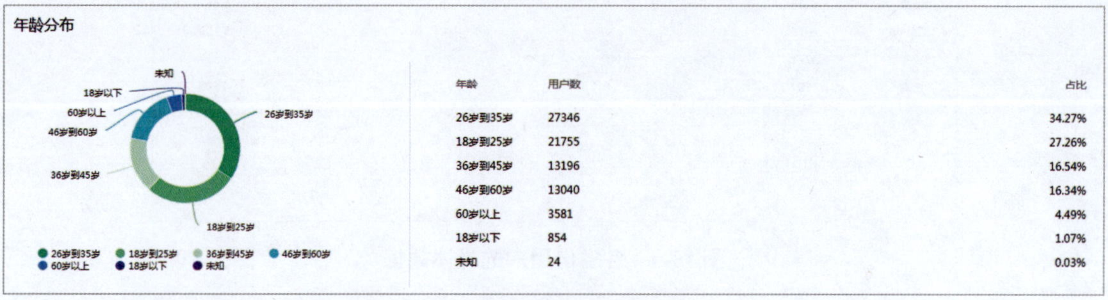

图 13-7　用户“年龄分布”数据

13.2.3　用户语言分析

在“年龄分布”的下方，就是“语言分布”图。如图 13-8 所示为“手机摄影构图大全”微信公众号的用户“语言分布”数据。

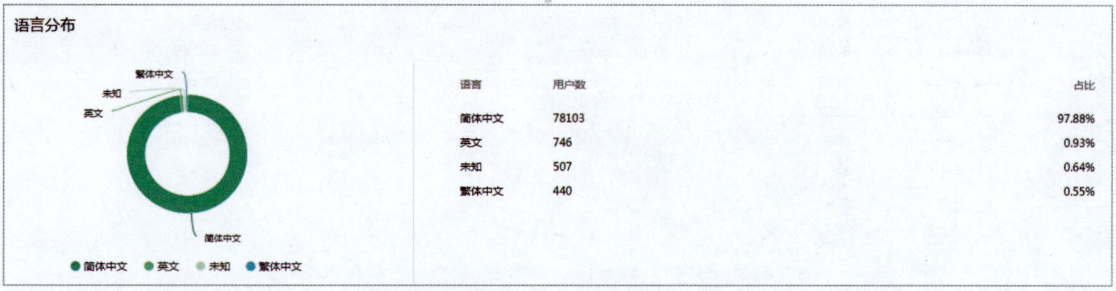

图 13-8　用户“语言分布”数据

从图 13-8 中可以看出，在“手机摄影构图大全”微信公众号的用户群体中，使用简体中文的用户数量为 78 103 人，使用英文的用户数量为 746 人，使用繁体中文的用户数量为 440 人，还有使用未知语言的用户为 507 人。

13.2.4　用户地域分析

2015 年 9 月，微信公众平台对用户的地理位置数据进行了优化，可以直接查看各省份和城市的用户分布情况。单击“用户属性”下方的“地域归属”按钮，可以查看用户“省份分布”和“地级分布”数据，了解用户来自哪里。

1．省份分布

“省份分布”能够看到微信公众号用户在各省的分布情况。在“省份分布”图的左侧是一张省份地图，将鼠标放在地图上，就会出现相应省份的名称和该省份的用户数量。“省份分布”的右侧则是省份对应用户数的具体数据情况。如图 13-9 所示为“手机摄影构图大全”微信公众号各省份用户的具体数据。

地域	用户数	占比
广东省	14155	18.08%
浙江省	5198	6.64%
江苏省	5149	6.58%
北京	4268	5.45%
四川省	4073	5.20%
山东省	3771	4.82%
上海	3597	4.59%

1 / 5 ＞ 跳转

图 13-9　各省份用户的具体数据

2．地级分布

“地级分布”的数据在“省份分布”数据的下方，可以选择某个省份，查看该省城市用户的分布情况。如图 13-10 所示为“手机摄影构图大全”微信公众号广东省地级分布用户数的具体数据。

地域	用户数	占比
广州	4594	33.03%
深圳	3276	23.55%
佛山	1153	8.29%
东莞	1069	7.69%
惠州	458	3.29%
中山	449	3.23%
珠海	414	2.98%

1 / 3 ＞ 跳转

图 13-10　广东省地级分布用户数的具体数据

可以根据地域分布进行营销的思路，如图 13-11 所示。

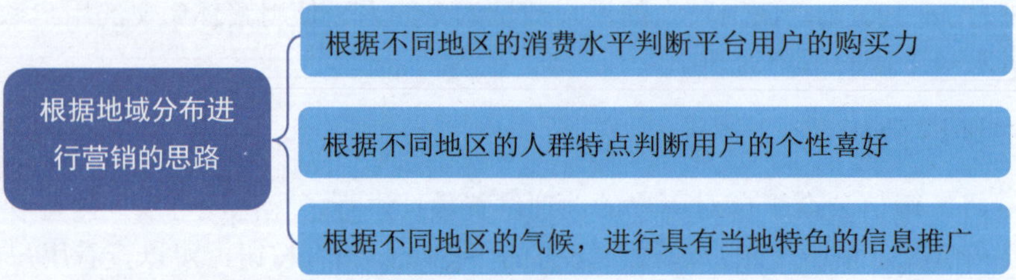

图 13-11　根据地域分布进行营销的思路

13.3　内容数据分析

通过向用户推送图文和视频等内容，起到传播信息、吸引用户的作用，因此分析内容效果是非常重要的一环。微信公众号后台的内容分析主要包括“群发分析”（又包括“单篇群发”和“全部群发”）和“多媒体分析”。本节将介绍微信后台内容分析的方法，以便找准渠道，更好地进行优质内容的推送。

13.3.1　单篇群发数据

在“单篇图文”数据统计界面中可以查看已发布文章的“阅读次数”“分享次数”“阅读后关注人数”“传达阅读率”和“阅读完成率”等数据。如图 13-12 所示为“手机摄影构图大全”微信公众号的“单篇群发”界面。

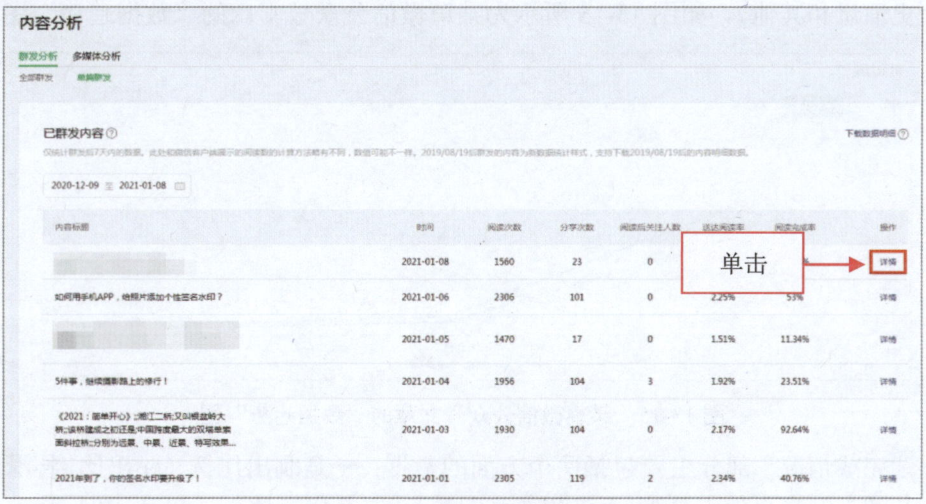

图 13-12　“单篇群发”界面

其实除了阅读次数”“分享次数”“阅读后关注人数”“传达阅读率”和“阅读完成率”，还可单击“操作”栏下的“详情”按钮，进入“单篇群发数据”界面，针对性地对每一篇图文消息进行数据分析。“单篇群发数据”界面主要包括五个方面的数据，即“送达转化”“分享转化”“数据趋势”“阅读完成情况”和“用户画像”。

如图 13-13 所示为某篇微信公众号文章的“送达转化”图。该图中主要对“送达人数”和“公众号消息阅读次数”进行了展示。

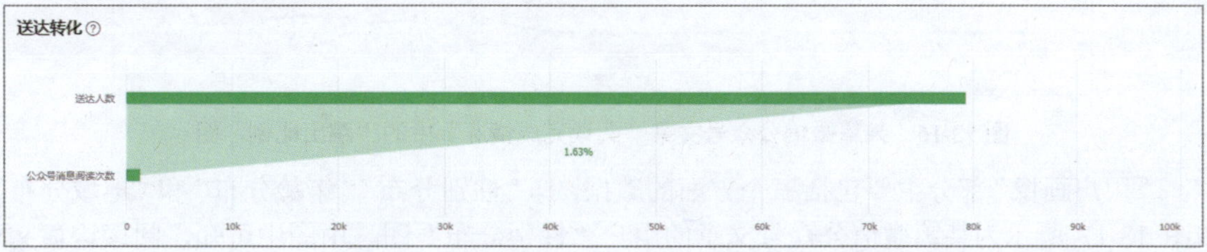

图 13-13　某篇微信公众号文章的“送达转化”图

如图 13-14 所示为某篇微信公众号文章的“分享转化”图。该图中主要对“公众号消息阅读次数”“首次分享次数”“总分享次数”和“分享产生的阅读次数”进行了展示。

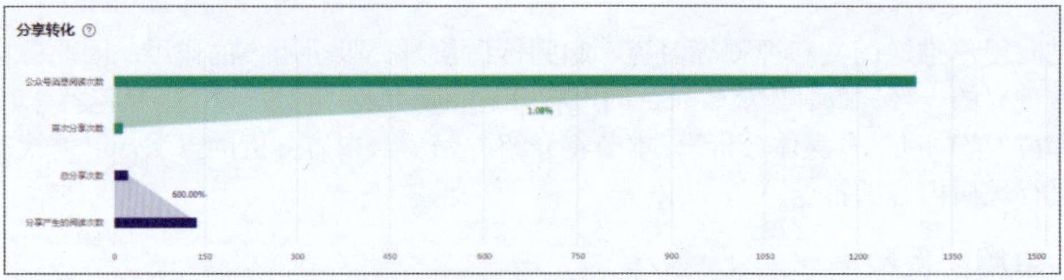

图 13-14　某篇微信公众号文章的“分享转化”图

“数据趋势”部分主要包括两个方面的数据，一是“数据指标”（包括图文阅读和图文分享）；二是“传播渠道”（包括公众号消息、聊天会话、朋友圈、朋友在看、看一看精选、搜一搜、历史消息和其他）。如图 13-15 所示为某篇微信公众号文章的“数据趋势”图。

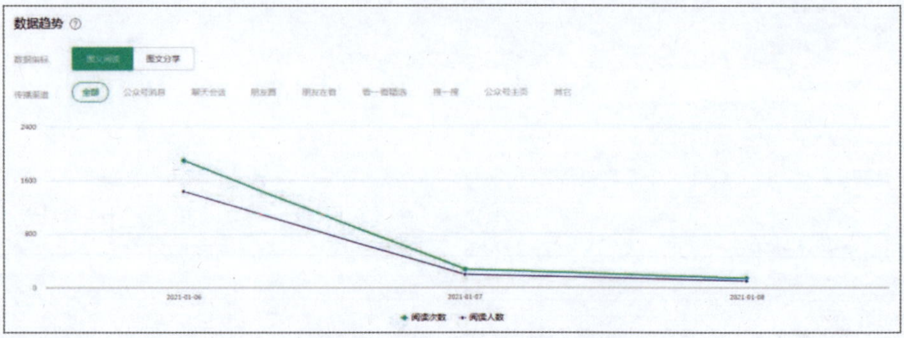

图 13-15　某篇微信公众号文章的“数据趋势”图

“阅读完成情况”部分主要包括两个方面的数据：一是跳出比例（跳出比例=滑动到该浏览位置离开图文消息页的人数/阅读该图文总人数）；二是仍读比例（仍读比例=滑动到该浏览位置仍然还在阅读的人数/阅读该图文总人数）。如图 13-16 所示为某篇微信公众号文章“阅读完成情况”中的“跳出比例”图。

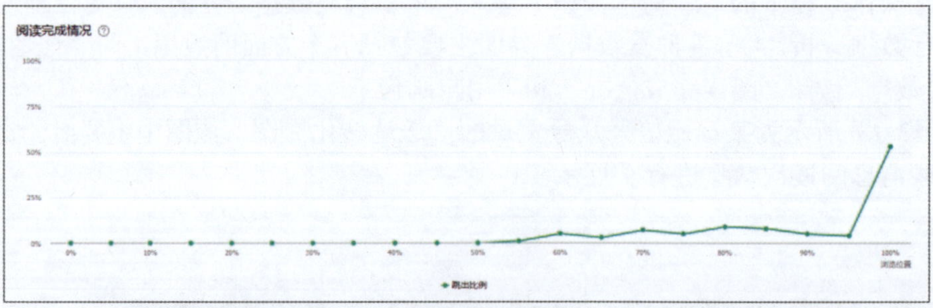

图 13-16　某篇微信公众号文章“阅读完成情况”中的“跳出比例”图

“用户画像”部分主要包括三个方面的数据，即“性别分布”“年龄分布”和“地域分布”。如图 13-17 所示为某篇微信公众号文章的用户“性别分布”图。由图中可知，阅读这篇文章的用户中，男性占比相对较高。

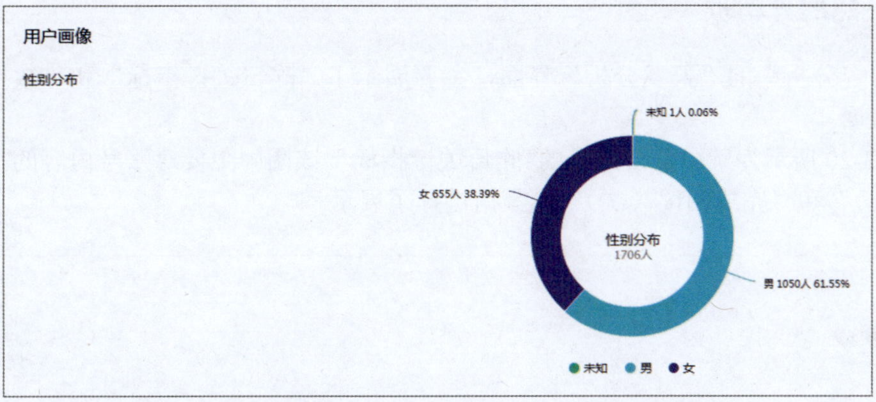

图 13-17　某篇微信公众号文章的用户“性别分布”图

如图 13-18 所示为某篇微信公众号文章的用户“年龄分布”图。从该图中看出，阅读这篇文章的用户中，46～60 岁的人数相对比较多。

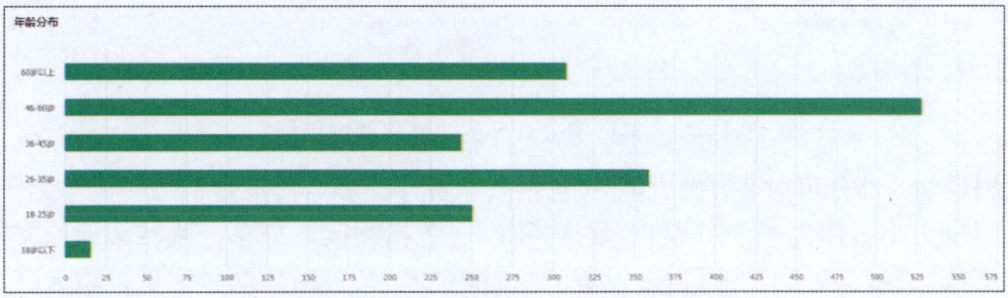

图 13-18　某篇微信公众号文章的用户年龄分布

“用户画像”中的“地域分布”包括两方面的内容，一是呈现各地域用户数量的地图；二是对应地域的用户数和占比。需要注意的是，每个界面中只会展示七个地区的数据。如果要查看更多地区的数据，需要单击下方的页码。如图 13-19 所示某篇微信公众号文章对应地域的用户数和占比数据。从该图看出，阅读这篇文章的用户中，广东省的用户比较多。257 名广东用户阅读了这篇文章，其用户占比更是达到了 15%。

地域	用户数	占比
广东省	257	15%
江苏省	128	8%
浙江省	112	7%
北京	108	6%
上海	95	6%
四川省	92	5%
山东省	81	5%

1 2 3 4 5 >

地域	用户数	占比
河南省	66	4%
湖南省	63	4%
福建省	62	4%
广西	61	4%
湖北省	60	4%
陕西省	50	3%
辽宁省	47	3%

< 1 2 3 4 5 >

图 13-19　某篇微信公众号文章对应地域的用户数和占比数据

13.3.2 全部群发数据

在“内容分析”的“群发分析”界面，主要展示了“昨日关键指标”和“数据趋势”这两部分的数据。

如图 13-20 所示为某微信公众号的“昨日关键指标”。该图中主要对账号内容的“阅读（次）”“分享（次）”和“完成阅读（次）”等数据进行了展示。

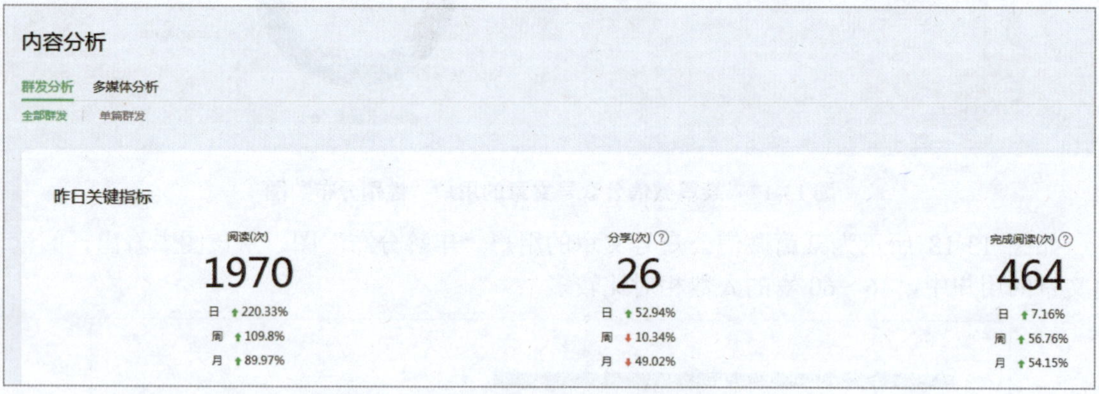

图 13-20 某微信公众号的“昨日关键指标”

“数据趋势”部分可对“数据类型”（包括日报和小时报，日报是将每一天作为一个节点；小时报是将每个小时作为一个节点）“数据指标”（包括阅读、分享、跳转阅读原文、微信收藏和群发篇数）“数据时间”（可自主设置）“传播渠道”（包括公众号消息、聊天会话、朋友圈、朋友在看、看一看精选、搜一搜、历史信息和其他）进行选择和设置。设置完成后，下方的“数据趋势”图和“渠道构成”图会随之发生变化。如图 13-21 和图 13-22 所示分别为某微信公众号的“数据趋势”图和“渠道构成”图。

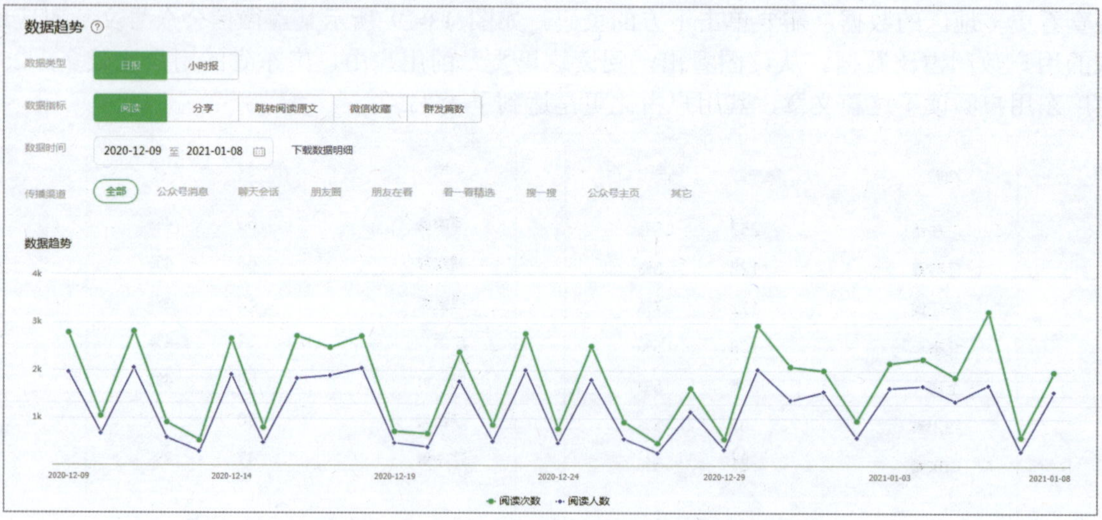

图 13-21 某微信公众号的“数据趋势”图

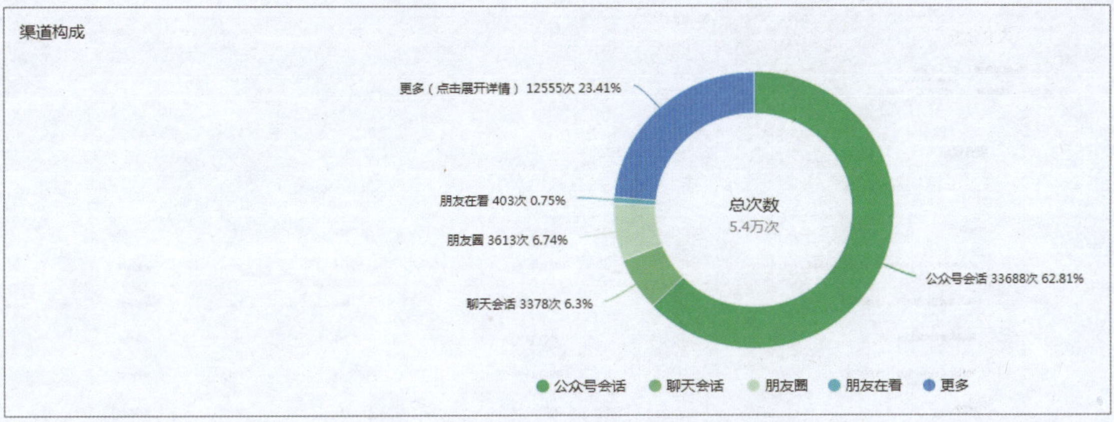

图 13-22 某微信公众号的“渠道构成”图

13.3.3 多媒体数据分析

在“多媒体分析”界面，可以查看“全部视频”“单个视频”和“音频”的相关数据。在“全部视频”界面，可以查看全部视频的“昨日关键数据”和“昨日有播放的视频”的相关数据。

其中，全部视频的“昨日关键数据”板块中，会显示“总播放（次）”“总分享（次）”和“完成播放（次）”等数据。而“昨日有播放的视频”板块中，则会显示“昨日”有用户点击播放的视频的“播放次数”和“播放人数”等数据。如图 13-23 所示为某微信公众号的“昨日有播放的视频”界面。

昨日有播放的视频

视频标题	群发时间	播放次数	播放人数
如何用手机APP，给照片添加个性签名水印？	2021-01-06	132	97
来练练摄影眼！有福利！	2020-08-04	24	17
日转夜延时，再转星空延时	2020-10-08	11	10
日转夜延时视频：水面如镜，夜空如洗	2020-07-10	9	7
《天空之美》	2020-08-09	5	4
再练摄影眼，有奖品！	2020-08-06	5	4
《湘江上空·云卷云飞》	2020-08-15	4	4

图 13-23 某微信公众号的“昨日有播放的视频”界面

“单个视频”界面，会展示某段时间内，微信公众号所有视频的“播放次数”和“分享次数”等数据。如图 13-24 所示为某微信公众号的“单个视频”界面。

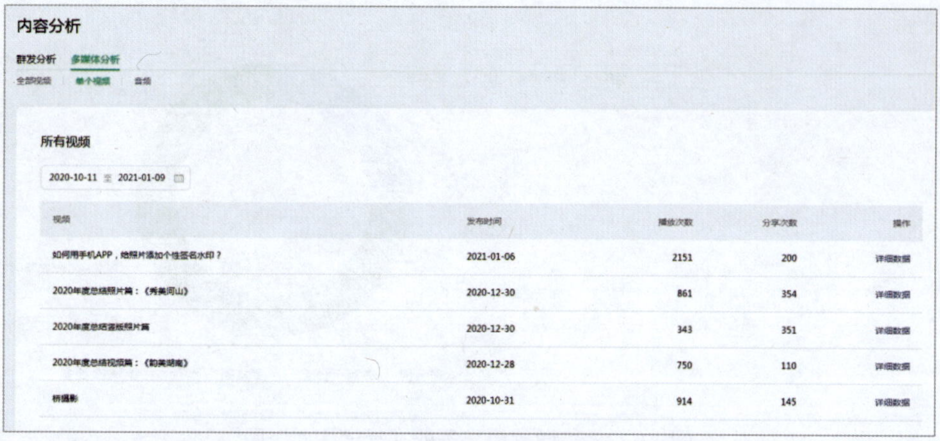

图 13-24 某微信公众号的“单个视频”界面

“音频”界面，会展示音频的“昨日关键数据”“数据明细分析”和“已群发音频”的相关数据。只需在“单个视频”界面，单击菜单栏中的“音频”按钮，便可以查看。

13.4 消息数据分析

用户发送的消息是了解用户及其需求的重要途径。因此，对微信公众平台后台提供的消息数据进行分析，可以在了解用户需求的基础上更准确地找到运营方向。

13.4.1 消息数据分析

在消息分析功能，可以查看公众号“小时报”“日报”“周报”和“月报”的相关数据。下面以“日报”数据的分析为例进行说明。

在“日报”界面，可以查看账号消息的“昨日关键数据”“趋势图”“消息发送次数分布图”和“详细数据”列表。

在“昨天关键指标”板块，可以查看微信公众号“昨日”的“消息发送人数”“消息发送次数”和“人均发送次数”等数据。如图 13-25 所示为某微信公众号“日报”的“昨日关键指标”。

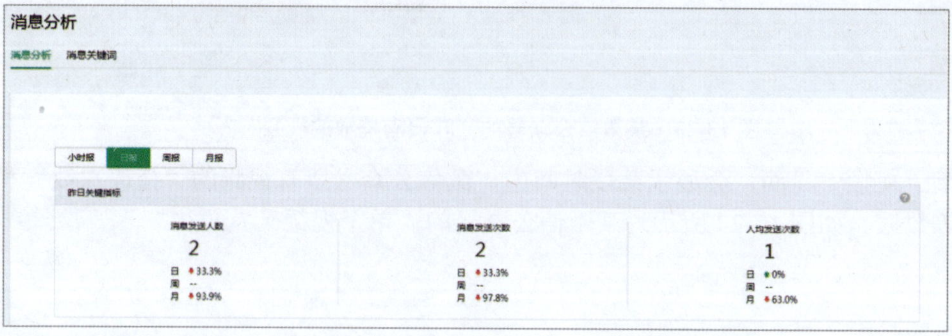

图 13-25 某微信公众号“日报”的“昨日关键指标”

在“趋势图”板块，可以查看“消息发送人数”“消息发送次数”和“人均发送次数”的趋势图。如图 13-26 所示为某微信公众号的“消息发送人数”趋势图。

图 13-26　某微信公众号的“消息发送人数”趋势图

在“趋势图”的下方是“消息发送次数分布图”。在“消息发送次数分布图”中，可以查看对应消息发送次数的人数和占比情况。如图 13-27 所示为某微信公众号的“消息发送次数分布图”。

消息发送次数分布图

消息发送次数	消息发送人数	占比
1-5次	153(84.53%)	
6-10次	19(10.50%)	
10次以上	9(4.97%)	

图 13-27　某微信公众号的“消息发送次数分布图”

“消息发送次数分布图”的下方是“详细数据”列表。在“详细数据”列表，可以查看每一天的“消息发送人数”“消息发送次数”和“人均发送次数”等数据。如图 13-28 所示为某微信公众号的“详细数据”列表。

详细数据　导出Excel

时间	消息发送人数	消息发送次数	人均发送次数
2021-01-08	2	2	1
2021-01-07	3	3	1
2021-01-06	5	5	1
2021-01-05	5	26	5.2
2021-01-04	3	6	2
2021-01-03	2	5	2.5
2021-01-02	5	12	2.4

图 13-28　某微信公众号的“详细数据”列表

13.4.2 消息关键词分析

在“消息分析”界面，有一个需要重点关注的数据就是“消息关键词”数据。如图 13-29 所示为“手机摄影构图大全”微信公众号的“全部”消息关键词界面。

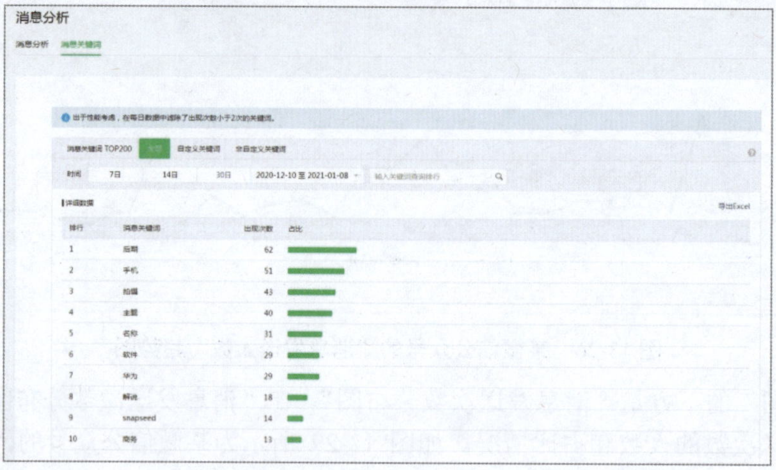

图 13-29 “手机摄影构图大全”微信公众号的“全部”消息关键词界面

除了“全部”消息关键词的数据，还可以查看“自定义关键词”和“非自定义关键词”的数据，具体介绍如下。

1．自定义关键词的数据

单击“自定义关键词”按钮，就能进入自定义关键词界面。如图 13-30 所示为“手机摄影构图大全”微信公众号的自定义关键词数据分析界面。

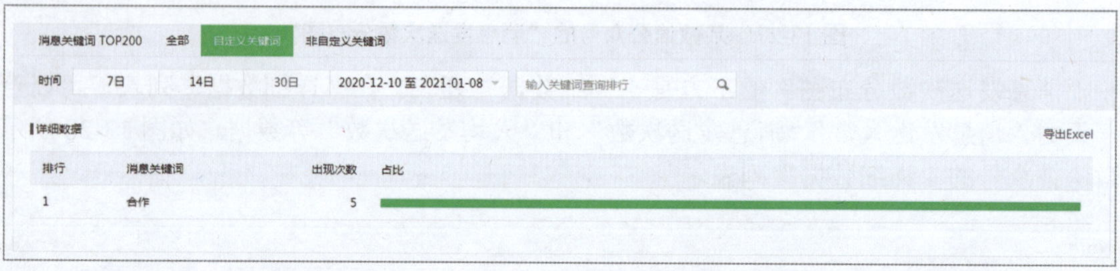

图 13-30 “手机摄影构图大全”微信公众号的“自定义关键词”数据分析界面

2．非自定义关键词的数据

非自定义关键词，而是用户发布的消息中不包含平台设置的关键词，当同一个词语出现超过两次，平台就会将该数据记录下来，作为非自定义关键词进行统计排名。如图 13-31 所示为“手机摄影构图大全”微信公众号的“非自定义关键词”数据分析界面。

在该界面，可以对非自定义关键词进行分析，同时还可以通过这类关键词找出用户的需求点，挖掘出更多创新的营销模式。

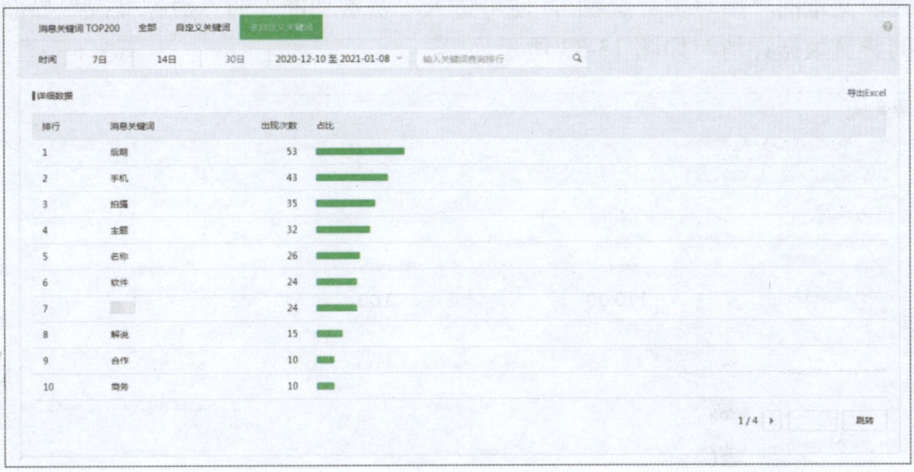

图 13-31　“手机摄影构图大全”微信公众号的“非自定义关键词”数据分析界面

13.5　收益数据分析

在微信公众号后台，可以查看的收益数据主要分为两类，即赞赏收益和流量主收益。本节主要讲述这两部分收益的数据分析方法。

13.5.1　赞赏收益分析

在微信公众号后台的“首页”界面，有一个“已群发”板块。该板块会显示已发布文章的相关数据，其中就包括该文章获得的用户赞赏金额。如图 13-32 所示为某微信公众号后台的“已群发”界面。

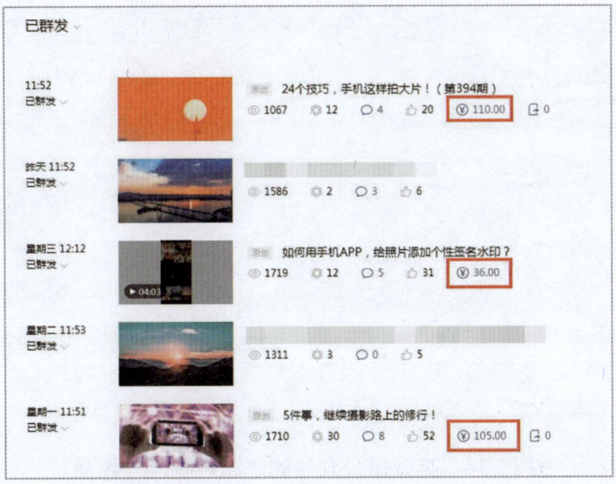

图 13-32　某微信公众号后台的“已群发”界面

单击对应文章的“用户赞赏金额”，便可进入“赞赏功能”的“数据概况”界面，查看该文章获得的赞赏数据详情，如图 13-33 所示。

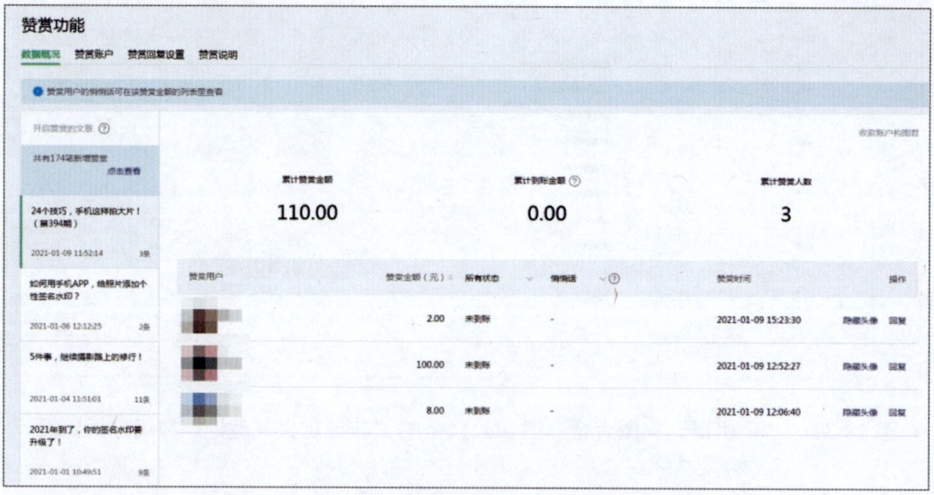

图 13-33　查看文章获得的赞赏数据详情

13.5.2　流量主收益分析

单击微信公众号后台菜单栏中的“流量主”按钮，进入“流量主”界面，查看公众号借助“流量主”功能获得的收益。在“数据概览”界面，可以查看“账户收入”“昨日关键数据”和“昨日产生收入 TOP 10 文章”的相关数据。在“账户收入”板块中，可以查看流量主“昨日收入（元）”“近 7 日收入（元）”和“累计收入（元）”，以及某段时间内收益的变化情况。如图 13-34 所示为某微信公众号的“账户收入”界面。

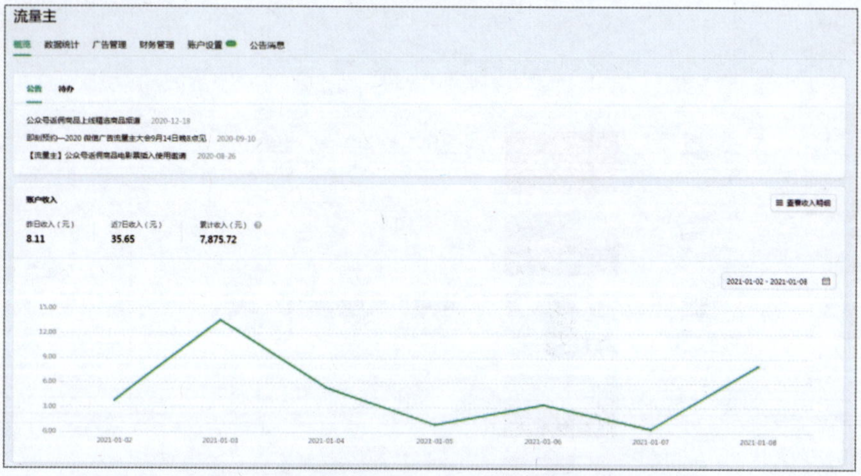

图 13-34　某微信公众号的“账户收入”界面

在“昨日关键数据”板块，可以查看昨日流量主“底部广告”“文中广告”和“返佣商品”的相关数据。如图 13-35 所示为某微信公众号的“昨日关键数据”界面。

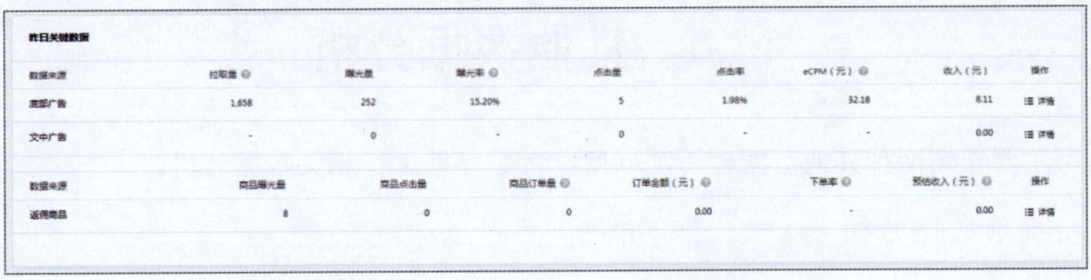

图 13-35　某微信公众号的“昨日关键数据”界面

在“昨日产生收入 TOP 10 文章”板块，可以查看借助“流量主”功能，获得收益较多的文章的“昨日收入”情况。如图 13-36 所示为某微信公众号的“昨日产生收入 TOP 10 文章”界面。

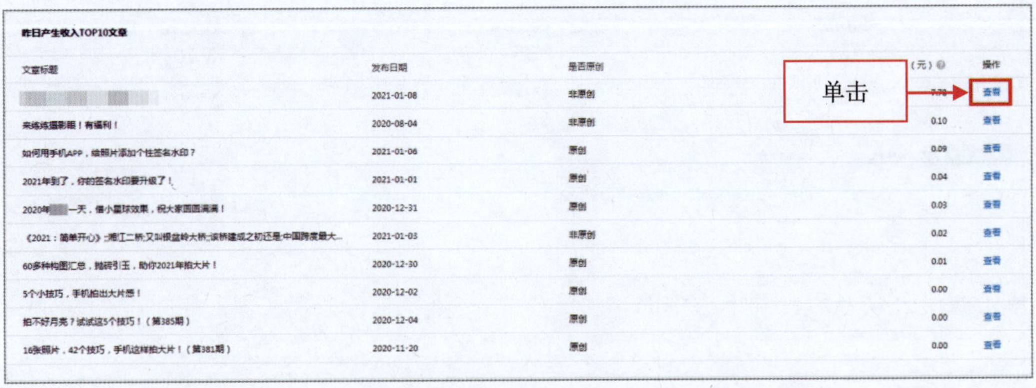

图 13-36　某微信公众号的“昨日产生收入 TOP 10”界面

另外，还可以单击某篇文章后方的“查看”按钮，进入“数据统计”界面。单击对应文章后方的“展开详情”按钮，查看该文章的昨日流量主收入详情，如图 13-37 所示。

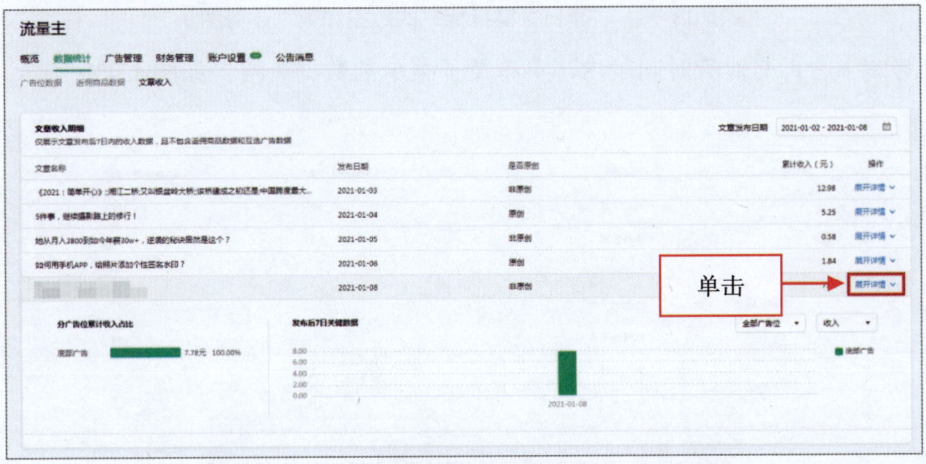

图 13-37　查看文章的昨日“流量主”收益详情

13.6 其他数据分析

本节主要介绍两种其他数据分析，以便读者更好地进行相关数据分析。

13.6.1 菜单数据分析

在数据分析中，有一个很重要的数据分析板块，那就是“菜单分析”。单击“菜单分析”，进入菜单分析界面后显示“昨日关键指标”板块。在“昨日关键指标”板块，可以查看“菜单点击次数”“菜单点击人数”“人均点击次数”的相关数据和对应的数据趋势图，如图 13-38 所示。

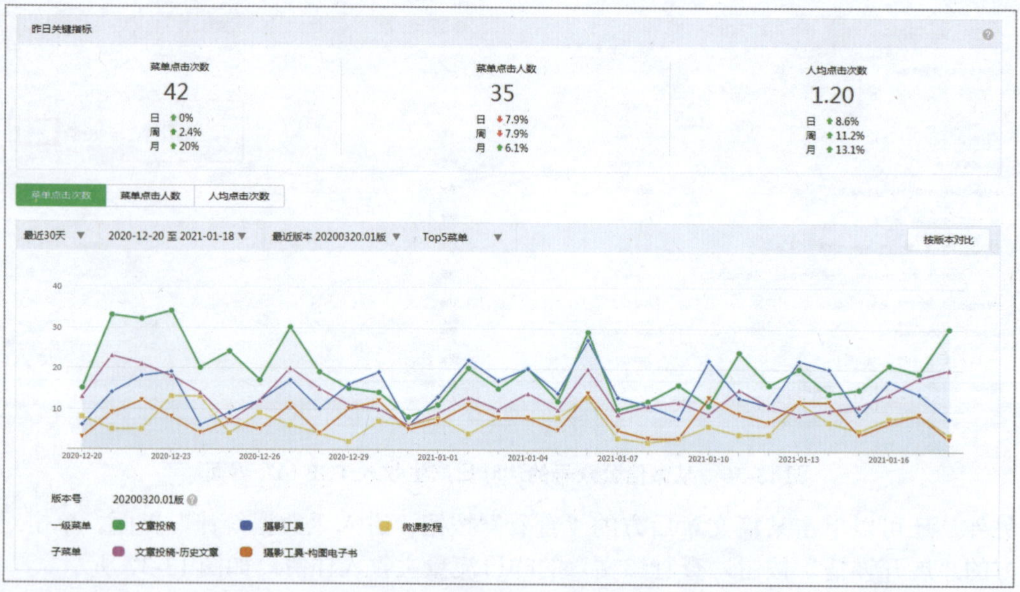

图 13-38 “昨日关键指标”的数据和数据趋势图

在趋势图下方，是对应时间段内，菜单及子菜单的数据表格，如图 13-39 所示。

2020-12-20 至 2021-01-18 ▼　　下载表格

版本	菜单	子菜单	菜单点击次数	菜单点击人数	人均点击次数
20200320.01版 最近版本	文章投稿	历史文章	395	327	1.21
		影展投稿	181	143	1.27
	摄影工具	实体书	109	100	1.09
		构图电子书	230	222	1.04
		修图电子书	94	87	1.08
	微课教程	京东直播	88	73	1.21
		千聊微课	110	98	1.12

图 13-39 对应时间段内菜单及子菜单的数据表格

13.6.2　接口数据分析

在微信公众号后台单击“统计”一栏下的“接口分析”按钮，就能进入“接口分析”界面。“接口分析”是用来检验消息接口是否理想的一种方式。进入“接口分析”界面后，首先显示的是“日报”的“昨日关键指标”，如图 13-40 所示。

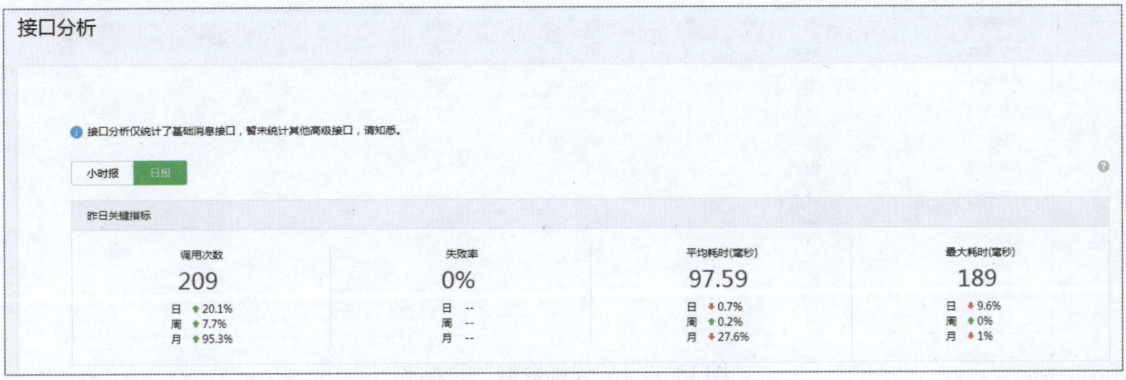

图 13-40　“日报”的“昨日关键指标”

在系统默认的情况下，“接口分析”界面中会以“日报”的形式，对相关数据和趋势图进行呈现。如果需要查看“小时报”数据和趋势图，可以单击界面中的“小时报”按钮，对呈现的内容进行调整。

在“昨日关键指标”下方，是“关键指标详解”的趋势图，该图中包括“调用次数”“失败率”“平均耗时”和“最大耗时”等信息。如图 13-41 所示为“调用次数”的趋势图。

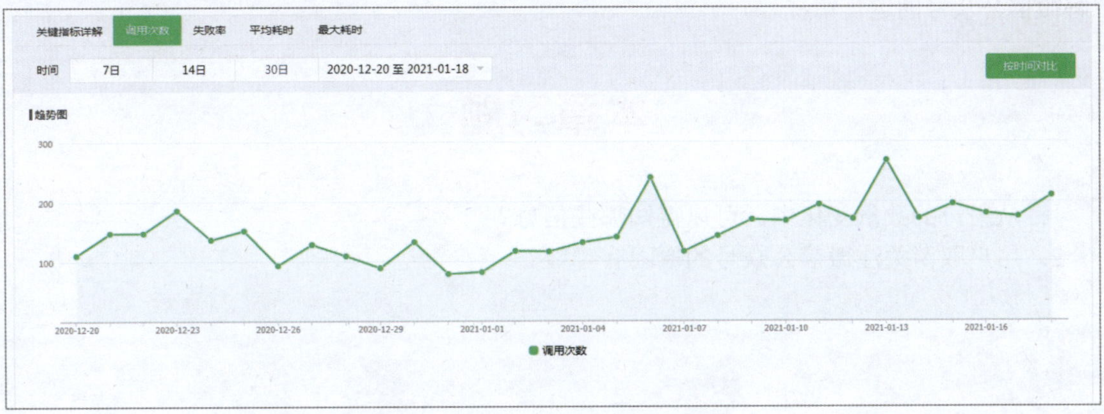

图 13-41　“调用次数”的趋势图

“接口分析”的基本操作和前面的用户、内容和消息分析的操作相似，分析接口的趋势图主要是接口开发功能的使用效率，分析是否有需要改进的地方。

“接口分析”的下方是“详细数据”的表格，可以在数据表格上非常直观地查看各个数据的数值，并且还能将表格导出来，进行详细分析，如图 13-42 所示。

详细数据　　导出Excel

时间	调用次数	失败次数	失败率	总共耗时(毫秒)	平均耗时(毫秒)	最大耗时(毫秒)
2021-01-18	209	0	0%	20397	97.59	189
2021-01-17	174	0	0%	17103	98.29	209
2021-01-16	179	0	0%	17450	97.49	187
2021-01-15	195	0	0%	17790	91.23	188
2021-01-14	171	0	0%	16623	97.21	179
2021-01-13	268	0	0%	31428	117.27	3076
2021-01-12	170	0	0%	15426	90.74	191
2021-01-11	194	0	0%	18899	97.42	189
2021-01-10	167	0	0%	16055	96.14	190
2021-01-09	169	0	0%	15610	92.37	188
2021-01-08	142	0	0%	13022	91.70	340
2021-01-07	116	0	0%	10968	94.55	186
2021-01-06	239	0	0%	22724	95.08	302
2021-01-05	140	0	0%	18486	132.04	342

1 / 3　　跳转

图 13-42　“详细数据”的表格

本章小结

本章以微信公众平台为例，对微信后台数据与用户的行为画像进行具体分析，然后对内容数据、消息数据、收益数据和其他数据进行解释说明。通过本章的学习，读者可以更好地了解微信公众号的运营情况。

本章习题

1．从用户的数量变化中，可以得知哪些信息？

2．用户取消关注微信公众号的原因有哪些？